DROEMER

Bruno Jahn

Sichere Prognosen in unsicheren Zeiten

Wer die Gegenwart richtig liest,
kann in die Zukunft schauen

DROEMER

Besuchen Sie uns im Internet:
www.droemer.de

FSC
www.fsc.org
MIX
Papier aus verantwortungsvollen Quellen
FSC® C083411

Redaktion: Nadine Lipp
Covergestaltung: ZERO Werbeagentur, München
Coverabbildung: FinePic® / Shutterstock
Bildnachweis: Seite 31: Computerkartographie Carrle nach Randy Olson, Quelle: *The Signal and the Noise* von Nate Silver; Seite 39: Computerkartographie Carrle nach zerohedge.com, Quelle: IWF; Seite 86: Computerkartographie Carrle nach Raven's Progressive Matrices (Advanced). Copyright © 1976, 1947, 1943 NCS Pearson, Inc. Adapted and Reproduced with permission. All rights reserved. Alle übrigen Abbildungen wurden nach Vorlagen von Bruno Jahn von Computerkartographie Carrle erstellt.
Satz: Adobe InDesign im Verlag
Druck und Bindung: CPI books GmbH, Leck
ISBN 978-3-426-27737-9

5 4 3 2 1

Inhalt

Vorwort 7

1 Froschmänner am Strand von Aden? 11

2 Prognose-Experten gestern und heute 19

3 Die Stunde der informierten Laien –
Das Good Judgment Project 57

4 Superforecaster – Precogs oder Supernerds? 76

5 Wenn du denkst, du denkst,
dann denkst du nur, du denkst 96

6 König Ödipus und der »Technologieausblick 2030« 128

7 Wahrscheinlichkeiten: Es gibt nicht nur Ja oder Nein 152

8 Bayes und die Anpassung von Einschätzungen 178

9 Filterblasen, Fake News und
wie wir am besten damit umgehen 206

10 Ausblick: Die Zukunft der Prognose 226

Die zehn goldenen Regeln der Prognose 245

Auflösungen 247

Literaturempfehlungen 249

Dank 250

Register 251

Vorwort

> Que será, será,
> whatever will be, will be,
> the future's not ours to see,
> que será, será.
> *Jay Livingston / Ray Evans*

Dass wir die Zukunft nicht kennen, scheint eine geradezu triviale Weisheit zu sein. Sie wird auch in diesem Buch nicht widerlegt werden, mein Ziel ist es aber, Ihnen einen neuen Blick auf das Thema Prognose zu ermöglichen und zu vermitteln, dass wir der Zukunft eben nicht vollkommen unwissend gegenüberstehen.

Seit ältester Zeit versuchen die Menschen, der Zukunft wenigstens einen Teil ihrer Geheimnisse zu entlocken, mit unterschiedlichsten Methoden und meist bestenfalls durchwachsenem Erfolg. In allen frühen Hochkulturen, ob in Mesopotamien, Ägypten oder Griechenland, begegnen uns Orakel und Weissagungen, aber ebenso Erzählungen von ihrem Scheitern.

Die meisten der damaligen Methoden der Zukunftsschau sind heute in Vergessenheit geraten. Dominiert wird das Feld der Vorhersage heute von mathematischen und naturwissenschaftlichen Methoden; an die Stelle von Priestern und anderen kultischen Autoritäten sind Experten getreten. Doch auch auf die können wir uns keineswegs immer verlassen. Oder sind Sie etwa noch nie in einen Regenschauer geraten, obwohl der Wetterbericht strahlenden Sonnenschein versprochen hatte? Und hatten nicht auch viele Experten die Wahl Donald Trumps zum US-Präsidenten für kategorisch ausgeschlossen erklärt?

Werten wir die Prognosen vieler Experten einmal systematisch aus, verdüstert sich das Bild weiter; es zeigt sich, dass die tatsächliche Genauigkeit außerhalb einiger gut mathematisch modellierbarer Bereiche oft erschreckend schlecht ist.

Dass sich die modernen Experten von ihren antiken Vorgängern weniger unterscheiden, als ihnen oft lieb ist, darum wird es in Kapitel 1 gehen. Die wenigsten Experten würden heute nicht von sich behaupten, »Vorhersage« zu betreiben, sondern bezeichnen ihr Handwerk als »Prognose« oder »Forecasting« – ein Unterschied, den ich jedoch für praktisch überwiegend bedeutungslos halte, weshalb ich die Begriffe auch weitgehend deckungsgleich verwende. Die Prognose ist nicht automatisch seriöser oder wissenschaftlicher, oft genug steht sie auf ähnlich tönernen Füßen wie die Vorhersage.

Wetterdienst, Wirtschaftsforschungsinstitute, Demoskopen – all das sind Beispiele für moderne Experten, von denen wir uns Aufschluss über die Zukunft versprechen. Aber auch in noch chaotischeren, schwerer durchschaubaren Bereichen wie der internationalen Politik erheben Menschen Anspruch auf Expertenstatus und werden medial als Autoritäten dargestellt. Zu Recht?

Die Forschungen des amerikanischen Psychologieprofessors Phil Tetlock seit den 1980er-Jahren zeigen, wie zweifelhaft die Qualität vieler Prognosen von Experten ist. Müssen wir also resignieren und die grundsätzliche Unmöglichkeit akzeptieren, die Zukunft zu kennen?

Auf der anderen Seite finden wir immer wieder beeindruckende Beispiele von korrekten Vorhersagen, zum Beispiel von Wissenschaftlern, die um das Jahr 1900 technische Entwicklungen gesehen haben, die wir heute benutzen, wie etwa das Smartphone. Waren das reine Glückstreffer?

Ich denke, es gibt einen gesunden Mittelweg. Das von Tetlock initiierte *Good Judgment Project,* in dem ich seit über sechs Jahren aktiv bin, hat aufgezeigt, welche Fortschritte bei der Prognose auch in chaotischen Systemen wie der internationalen Politik möglich sind. Und das Schöne daran ist: Niemand muss ein sogenannter Experte sein. Diese Fortschritte lassen sich grundsätzlich von jedem interessierten Laien nachvollziehen und auch anwenden, ohne ein Studium der Mathematik oder Statistik.

Tetlock konnte zeigen, dass mehr spezialisiertes Fachwissen ab einem bestimmten Punkt kaum noch weiterhilft. Entsprechend arbeiten wir sehr anders als viele der etablierten Experten. Mit einer Kombination aus den richtigen Recherchemethoden, einigen Grundlagen der Wahrscheinlichkeitsrechnung, Teamwork und geistiger Offenheit haben wir in den vergangenen sechs Jahren unter kontrollierten Bedingungen deutlich bessere Vorhersagen abgegeben als viele Experten. Nach der Lektüre dieses Buches sollten auch Sie imstande sein, viele dieser Techniken anzuwenden, unabhängig davon, was genau sie aus privatem oder professionellem Interesse vorhersagen wollen. Denn Prognosen geben wir alle, mehr oder weniger bewusst, täglich ab. Tausende kleiner und großer Entscheidungen, von der Frage, ob wir zu Fuß gehen oder das Auto nehmen, bis hin zur Wahl von Wohnort, Beruf und Partner, basieren auf Annahmen über die Zukunft.

Aber selbst wenn Sie überhaupt keine Vorhersage im engeren Sinne betreiben (möchten), sind die hier erklärten Techniken hilfreich. Vorhersagen beziehen sich nämlich, anders als im berühmten Zitat von Yogi Berra »Prognosen sind schwierig, vor allem, wenn Sie die Zukunft betreffen« angedeutet, keineswegs immer nur auf die Zukunft. Die gleichen Grundsätze über die kritische Einordnung von Informationen finden auch in anderen Bereichen Anwendung, so zum Beispiel in der medizinischen Diagnostik oder in der Kriminologie. Deshalb geht es in diesem Buch nicht nur um Fragen wie »Wird in den nächsten zehn Jahren ein Atomkraftwerk in den USA explodieren?«, sondern auch

»Wie wahrscheinlich ist es, dass der Lippenstift der Mörderin gehört?« oder »Verbirgt sich hinter dem auffälligen Befund eine echte Krankheit?«.

Und weil auch im Zeitalter von Google, in dem jede beliebige Information problemlos auffindbar erscheint, die Fähigkeit zur Abschätzung und Überprüfung dieser Information wichtig bleibt, werden wir in diesem Buch auch versuchen, ohne Google herauszufinden, wie groß der finnische Verteidigungshaushalt ist und wie viele Katzen gerade Sex in Seattle haben. Einige dieser Fragen dürfen Sie dabei auch selbst eigenständig lösen; am Ende des Buches können Sie dann die Lösung finden.

Aber wie komme ich überhaupt zu alldem? Studiert habe ich es schließlich nicht und mich auch nie auf eine Stelle mit der Bezeichnung »Prognostiker« beworben. Und wie muss man sich diese Arbeit vorstellen, den Versuch, die Gegenwart richtig zu lesen, um die Zukunft voraussagen zu können?

Ich wünsche Ihnen viel Freude beim Lesen dieses Buches und wage an dieser Stelle die Prognose (99 Prozent Sicherheit), dass Sie dabei zumindest einige Dinge erfahren, die Sie noch nicht wussten.

1
Froschmänner am Strand von Aden?

Berlin-Neukölln, März 2015, circa 23.00 Uhr. Ich weiß, dass ich langsam schlafen gehen sollte, schließlich werde ich morgen wieder früh rausmüssen. Aber noch kann ich mich nicht vom PC losreißen; gerade habe ich bei meinen Recherchen eine englischsprachige arabische Nachrichtenseite gefunden, die berichtet, in Aden (Jemen) seien gestern Kampftaucher, sogenannte Froschmänner, von Booten aus an Land gegangen. Saudische Truppen? Amerikanische? Egal, wenn die Meldung stimmt und bestätigt wird, würde sie eine der Fragen auf unserem Prognosemarkt triggern.

Seit Monaten wägen wir die Frage: »Werden Bodentruppen einer nichtjemenitischen nationalen regulären Streitkraft (also keine Guerillaeinheiten) vor dem 30. Juni 2015 im jemenitischen Bürgerkrieg aktiv eingreifen?« ab und aktualisieren unsere Einschätzungen; nun müssen wir innerhalb sehr kurzer Zeit entscheiden, wie wir diese neue Information in unseren Prognosen berücksichtigen. Einmal könnte der gemeldete Vorfall bereits seinerseits die fragliche Intervention darstellen; zum anderen könnte die Meldung einen Hinweis auf spätere, größere Militäraktionen geben. Aber zunächst muss entschieden werden, ob sie überhaupt stimmt.

Ich denke nach: Die Seite, die die Sichtung der Froschmänner meldet, kenne ich nicht, aber sie erscheint hochprofessionell. In einem Konflikt wie diesem sagt das jedoch nicht viel: Das erste Opfer des Krieges ist bekanntlich immer die Wahrheit; alle Seiten streuen Desinformation. Dagegen sind professionelle Medienleute genauso wenig gefeit wie obskure Blogger. Doch absurd erscheint die Meldung auch keineswegs. Der Konflikt eskaliert gerade, die vom Iran unterstützten Milizen der Huthis sind auf dem Vormarsch, ein verstärktes Eingreifen der Saudis, die bisher nur aus der Luft ihre Verbündeten unterstützen, erscheint nur folgerichtig.

Andererseits: Wollen die Saudis in einen verlustreichen Guerillakrieg gezogen werden? Wohl kaum, deshalb war ich bisher auch so skeptisch bei dieser Frage. Das saudische Königshaus steht unter großem Druck, der kürzlich stark gefallene Ölpreis bedroht nicht nur die unmittelbare ökonomische Situation, sondern langfristig die gesamte Grundstruktur des Staates. Doch wer weiß, in solchen Krisensituationen können Staaten auch besonders aggressiv werden und ihr Heil in der Offensive suchen. Und vielleicht handelt es sich um eine begrenzte Kommandoaktion, Aufklärung, Koordination von Luftschlägen …

Dass die Meldung unter Umständen nicht der Wahrheit entspricht, ist eine Sache. Doch selbst wenn sie korrekt ist, könnte die Beweislage nicht ausreichen, um die Frage als klar entschieden zu werten. Üblicherweise ist dafür eine Meldung in klar definierten Referenzmedien wie *The Economist,* BBC oder *New York Times* erforderlich. Und wenn der Einsatz weder offiziell bestätigt wird noch die Vorhut einer großen, dann nicht mehr zu leugnenden Bodenoffensive darstellt, könnte die Frage weiter als offen gelten.

Was ist mit den Amerikanern? Könnten sie hinter einer Aktion stecken? Denkbar, aber wenig plausibel. Obama hat wirklich kein Interesse an einem weiteren Krieg und arbeitet immer noch an einem Abkommen mit dem Iran. Eine Eskalation an dieser Front dürfte ungelegen kommen. Amerikaner schließe ich aus. Es bleiben die Saudis.

Was sagen meine Kollegen? Das Diskussionsforum zu dieser Frage ist äußerst lebhaft, täglich werden neue Ereignisse diskutiert. Ich kenne viele der Diskutanten inzwischen persönlich, andere nur von der Online-Zusammenarbeit, aber ich habe einen Heidenrespekt vor der hier versammelten Brainpower. Doch manchmal hilft diese nicht weiter; die Frage bleibt offen, die Argumente für beide Seiten sind einfach gleichermaßen plausibel. In solchen Situationen bleibt der Preis eben nahe der 50-Prozent-Marke. Theoretisch sollte ich mit meinem fachlichen Hintergrund als Islamwissenschaftler sogar Experte für diese Ecke der Welt sein, aber wenn ich eins gelernt habe, dann, dass Bücherwissen über Länder, Regionen und Akteure in der Vorhersage selten viel bringt. Das ist ja der Ausgangspunkt unserer ganzen Arbeit, die Einsicht, dass Experten oft genug genauso wenig wissen wie jeder andere.

Ich entscheide mich schließlich für das Risiko und kaufe 200 Anteile, für fast ein Viertel meines aktiven Kapitals. Ich bin nicht der Einzige, zeitweise steigt der Preis der »Aktie« auf über 80 Dollar (fiktive Währungseinheit), was eine 80-prozentige Eintrittswahrscheinlichkeit des Ereignisses impliziert. In dieser Zahl stecken verschiedene Teilwahrscheinlichkeiten. Einmal, dass die jüngste Meldung selbst korrekt ist und die Frage als entschieden gewertet wird, doch auch wenn dies nicht der Fall ist, bleiben ja immer noch circa drei Monate Zeit, in denen eine Intervention geschehen könnte.

Doch kurz darauf setzt eine Gegenbewegung ein, eine große Zahl anderer Superforecaster ist nicht überzeugt.

Die hier beschriebene Art der Arbeit ist für mich eigentlich ungewohnt. Normalerweise ist unsere Arbeit eher langfristig orientiert; wir diskutieren Fragen wie diese sonst in Teams von etwa 15 Forecastern, hitzig, aber stets zivilisiert, und geben dann unsere Einschätzungen ab, die wir meist nur langsam anpassen. Aber für dieses Jahr haben sich die Gurus in Philadelphia etwas Neues einfallen lassen, den »Supermarkt«. Wir sollen auf einem *prediction market* Anteile handeln, die Ereignisse darstellen; der

Preis gibt die implizite Wahrscheinlichkeit des Ereignisses an. Theoretisch handelt es sich dabei um einen noch effektiveren Weg, kollektive Intelligenz zu bündeln und individuelle Vorhersagen zu aggregieren.

Im Nachhinein wird sich meine Wette auf die saudischen Froschmänner als einer der größten Fehler meiner Forecasterlaufbahn herausstellen. Die Meldung bleibt allein, verschwindet im Rauschen der weltweiten Medien, es folgen keine weiteren Einsätze. Waren an diesem Tag Kampftaucher am Strand von Aden? Wir werden es aller Voraussicht nach nie erfahren. Manchmal ist nicht nur die Zukunft, sondern auch die Vergangenheit unbekannt.

Ich verliere viel (fiktives) Geld, kann diese Verluste aber im Laufe des Jahres ausgleichen, unter anderem mit soliden Prognosen zum schottischen Unabhängigkeitsreferendum und zur Ausdehnung des Packeises in der Arktis. Am Ende des Jahres steht meine Performance im oberen Mittelfeld der Superforecaster. Das ist, in Anbetracht der Konkurrenz, immer noch etwas, das mich mit großem Stolz erfüllt.

Aber wie bin ich zu alldem gekommen? Warum verbringe ich im vierten Jahr täglich Stunden damit, Fragen nach nordkoreanischen Atomtests, dem Zerfall der Eurozone, Flüchtlingszahlen im Mittelmeer oder eben Bodentruppen im Jemen zu beantworten und dafür Geld (echtes, wenn auch nicht viel) von amerikanischen Informationsdiensten zu bekommen? Warum bin ich Teil einer Gruppe von Menschen, sogenannten Superforecastern, die das scheinbar besser können als die Mitarbeiter ebenjener Dienste selbst? Und was können wir aus alldem lernen, wenn es darum geht, Entscheidungen in unserem Leben zu treffen?

Alles begann knapp vier Jahre zuvor, im Sommer 2011, als mein Freund Mike, ein Soziologiedoktorand aus Chicago, einen Link auf Facebook postete: Freiwillige gesucht, um geopolitische Entwicklungen vorherzusagen. Als ich mich registriere, ahne ich noch nichts davon, wie dieses obskure Nerdhobby mein Leben verändern wird, was ich für unerwartete Fähigkeiten an mir selbst entdecken oder was für faszinierende Menschen ich darüber kennenlernen werde; all das habe ich also nicht korrekt vorausgesagt.

Diese Grundspannung zwischen kleinen Fortschritten in der Vorhersage und dem endlosen Meer des weiterhin nicht Vorhersagbaren ist das zentrale Thema dieses Buches. Nach vielen Umwegen bildet die Vorhersage heute meinen Hauptberuf, was ich mir lange Zeit nicht einmal im Traum ausgemalt hätte. Große Konzerne ebenso wie Regierungsstellen bezahlen inzwischen für die kollektiven Einschätzungen meiner Kollegen und mir über die Zukunft, ob zu sicherheitspolitischen Fragen oder zur Entwicklung der Rohstoffpreise im nächsten Jahr.

Aber wahrscheinlich muss ich noch weiter zurückgehen als sieben Jahre. Versuche, die Zukunft vorherzusagen, sind wohl so alt wie die Menschheit selbst. Ähnlich lang ist die Geschichte des oft spektakulären Scheiterns dieser Versuche – Hellsicht ist keine Gabe der Menschen, die Zukunft bleibt in aller Regel im Dunkeln. Selbst die Explosion wissenschaftlichen Wissens in den letzten Jahrhunderten hat daran nur wenig geändert, mit Ausnahme einiger Gebiete.

Auch um diese mehr als 2000 Jahre alte Geschichte der Vorhersage soll es in diesem Buch gehen, um die zahlreichen Misserfolge ebenso wie die raren Erfolge und Fortschritte, zu denen ich auch »unser« Projekt, das Good Judgment Project, zähle. Geboren wurde es aus besonders folgenschweren Fehlern der Vorhersage, begangen von amerikanischen Nachrichtendiensten in den letzten 20 Jahren. Aus einer historisch äußerst unwahrscheinlichen Konstellation wurde der Versuch geboren, Laien wie mir die Chance zu geben, die Art von Ereignissen vorherzusagen, die sonst Nachrichtendienste beschäftigen. Das Ergebnis überraschte viele, fast alle, Beobachter: Die Laien waren oft besser als die Profis, und das ganz ohne Zugang zu geheimen Informationen. Vor allem aber zeigte sich, dass es eben Menschen gibt, die darin scheinbar noch einmal entscheidend besser als andere sind: die sogenannten *Superforecaster,* in deren erlauchten Kreis auch ich nach zwei Jahren der intensiven Mitarbeit aufgenommen wurde.

Die Superforecaster sind natürlich keine Seher, keine Medien oder Precogs, sondern einfach Individuen mit einer relativ seltenen Kombination von Fähigkeiten – Fähigkeiten, die sich jedoch in hohem Maße erlernen und trainieren lassen. Nichts von unserer Arbeit ist Hexenwerk, gesunde Neugier und die Fähigkeit zur Selbstkritik sind genug. Das ist das dritte Anliegen dieses Buches: einen Blick auf unsere Arbeit zu gewähren, der es Ihnen ermöglicht, daraus Lektionen für Ihre eigene Vorhersage zu ziehen, ganz gleich was sie vorhersagen möchten. Zu diesem Zweck gebe ich einen Überblick über zentrale Erkenntnisse der Psychologie der letzten Jahrzehnte sowie eine Einführung in die Grundlagen der Wahrscheinlichkeitsrechnung, die sich als zentral für den Vorhersageprozess erwiesen haben.

Vielleicht fragen Sie sich nun: Um welche Vorhersagearbeit geht es hier eigentlich? Wahrscheinlich betreiben Sie nicht professionell Vorhersage als Teil Ihrer täglichen Arbeit. Aber Vorhersage ist ein viel breiteres Feld, als den meisten Menschen bewusst ist; ich behaupte, dass wir alle, auch wenn wir nicht bei Prognoseinstituten arbeiten, mehrmals am Tag mindestens implizite Vorhersagen über die (meist nähere) Zukunft treffen. Wo genau Vorhersage beginnt und aufhört, ist dabei keineswegs immer eindeutig – die Methoden, herauszufinden, was in der Vergangenheit geschehen ist, sind oft nahezu dieselben. Sie werden nach der Lektüre nicht nur auf Wetterbericht und Konjunkturprognose anders blicken, sondern auch auf medizinische Diagnosen und kriminalistische Beweisführungen.

Ich habe dieses Kapitel begonnen mit einer ausführlichen Darstellung meines eigenen Denkprozesses am Beispiel einer Frage, bei der ich am Ende ganz falschlag. Da die schonungslose Analyse der eigenen Fehler ein Grundthema unserer Arbeit darstellt, erscheint mir dies auch angemessen. Fast alle Superforecaster, die ich kennengelernt habe, sezieren lieber ausgiebig öffentlich das eigene Versagen, als sich mit einzelnen Ruhmestaten zu brüsten. Dennoch möchte ich Ihnen auch einige Beispiele für korrekte politische Vorhersagen aus unserer Arbeit geben.

Ab Mitte 2013 war die Finanzkrise im Euroraum ein Schwerpunkt unserer Aktivität. Insgesamt sieht unsere Bilanz dabei sehr gut aus; wir haben korrekt vorausgesagt, dass das von vielen Beobachtern angenommene Zerbrechen der gesamten Eurozone ausbleiben wird und das System auch unter großen Opfern und schmerzhaften Kompromissen stabilisiert werden würde.

Als sich im Jahr 2014 die Krise in der Ostukraine verschärfte und Russland die Krim annektierte, gingen die diskutierten Szenarien weit auseinander: Von einer weiteren Eskalation, gar einem Krieg zwischen Russland und der NATO, war ebenso die Rede wie von Visionen eines neuen »Grand Bargain« zwischen Russland und dem Westen, das nach gegenseitiger Anerkennung der jeweiligen Einflusssphären in eine neue Ära der Verständigung münden würde. Wir erkannten korrekterweise, dass beides äußerst unwahrscheinlich und stattdessen ein langfristig eingefrorener Konflikt das plausibelste Szenario war.

Auch dass Benjamin Netanjahu immer noch im Amt des israelischen Ministerpräsidenten ist, verblüffte viele Beobachter, die ihn spätestens im Jahr 2015 als erledigt ansahen. Der nüchterne Blick zeigte jedoch schon damals, dass die Hürden für eine

Ablösung hoch waren: Eine zerstrittene Opposition und eine erwiesenermaßen hohe »Skandalresistenz« Netanjahus, der schon viele Krisen überlebt hatte, sprachen dagegen.

Es geht mir bei der Nennung dieser Beispiele ausdrücklich nicht darum, den historischen Verlauf als absolut alternativlos und unser Urteil als unfehlbar darzustellen. Ein zentraler Bestandteil unserer Methode ist die rigorose Aufzeichnung aller Vorhersagen und ihre unbestechliche Auswertung. Dabei unterlaufen auch uns Fehler, wie das allererste Beispiel gezeigt hat – es ist die Summe von Hunderten Vorhersagen, die den Anspruch der Superforecaster auf bessere Performance als praktisch alle bekannten Experten untermauert.

2
Prognose-Experten gestern und heute

Rom, 105 v. Chr. Der Vorsteher des Kollegiums der Auguren tritt vor das Volk, das sich auf dem Forum versammelt hat. Tagelang haben er und seine Mitauguren den Vogelflug in einem zuvor definierten Gebiet beobachtet und analysiert. Jede Handlung, jede kleinste Bewegung, jedes Zwitschern oder Krächzen kann von großer Bedeutung sein. Die genauen Regeln für die Auswertung sind Geheimwissen und uns nicht überliefert, doch wissen wir, dass sie nicht nur viele Jahrhunderte alt sind, sondern auch höchst komplex und ihr Studium viele Jahre dauert. Dabei ist auch Vogel nicht gleich Vogel, nicht alle Arten werden überhaupt beachtet, und diejenigen, die es werden, stehen in komplexen Hierarchien zueinander. So kann die Handlung eines Adlers etwas ganz anderes bedeuten als die eines Raben oder Spechts. Von der Interpretation dieser Phänomene durch das Kollegium der Auguren hing in Rom viel ab, denn die Auguren mussten Handlungen und Plänen der politischen wie militärischen Führung ihren Segen erteilen. Dabei waren sich die Römer eindeutig im Klaren darüber, dass auch die Auguren die Zukunft nicht wirklich kennen können. Dennoch erschien ihnen die Vorstellung, beispielsweise eine riskante militärische Kampagne ohne Zustimmung der Auguren zu beginnen, geradezu absurd und anmaßend.

An diesem Tag verkündet der oberste Augur, dass der Ernennung des Konsuls Gnaeus Mallius Maximus nichts entgegensteht. Er wird folglich mit der Vorbereitung eines Kriegszuges gegen die Kimbrer in Gallien betraut.

Berlin-Mitte, 17.4.2008. In einem Konferenzraum treten drei Herren in gut sitzenden, wenn auch sehr gleichförmigen Anzügen an die Rednerpulte. Versammelt hat sich nicht das Volk, sondern in erster Linie ein Pulk aus Journalisten. Anlass der Veranstaltung ist die Präsentation des sogenannten Frühjahrsgutachtens über die Konjunkturaussichten. Die vereinten Vertreter der führenden Wirtschaftsforschungsinstitute sagen in der Gemeinschaftsdiagnose ein Wachstum des Bruttoinlandsprodukts von 1,8 Prozent für das laufende Jahr 2008 und 1,4 Prozent für das kommende voraus. Die genannten Zahlen werden nicht nur am nächsten Tag in sämtlichen Zeitungen veröffentlicht; sie bilden zusammen mit anderen Gutachten auch die Grundlage diverser Planungen, so zum Beispiel des Bundeshaushalts.

Vogelschau versus Konjunkturprognose

Die Methoden zur Ermittlung dieser Zahlen sind zwar, anders als im alten Rom, kein Geheimwissen und im Prinzip öffentlich zugänglich, dem Durchschnittsbürger aber wahrscheinlich ähnlich verständlich wie Methoden zur Analyse des Vogelflugs. Doch wie sieht es mit ihrer Bilanz aus? Sind die Vorhersagen moderner Experten zuverlässiger als die der römischen Priester? Tatsächlich bilden die römischen Priester unter den Kulturen des Altertums keineswegs eine Ausnahme, auch wenn wir über sie ungleich mehr wissen als etwa über die gallischen Druiden. Wohin wir blicken, finden wir kultische Praktiken, die versuchen, etwas über die Zukunft zu erfahren. Die erwähnte Vogelschau ist dabei eine wohl genuin römische Praxis, die Römer lasen aber auch aus Eingeweiden von Opfertieren (Leberschau), eine Praxis, die wohl aus dem Vorderen Orient stammt und über den griechischen Kulturkreis zu ihnen gelangte. (Die Leberschau ist ein besonders eindrückliches Beispiel dafür, dass sich das Befragen der Götter *über* die Zukunft und das Opfer und die damit verbundene Bitte *um* eine günstige Zukunft keineswegs immer sauber trennen lassen, sondern vielmehr eng miteinander verbunden sind.) Andere Praktiken waren das Werfen von Orakelknochen, die Beobachtung der Sterne, die Deutung von Träumen oder das gezielte Suchen von Visionen, durch Askese oder auch psychoaktive Substanzen – und das nur in dem geografischen Bereich, in dem wir gemeinhin das klassische Altertum verorten. Würden wir weiter blicken, nach China, Zentralamerika oder ins subsaharische Afrika, würden wir noch viel mehr Techniken finden, aber das Muster wäre immer dasselbe.

Können wir, bei allen Unterschieden dieser Techniken, Gemeinsamkeiten finden? Fast überall obliegt die Vorhersage speziellen Experten und Expertinnen, die oft viele Jahre ausgebildet werden und ihr ganzes Leben in den Dienst dieser Tätigkeit stellen. Auch wird in vielen Kulturkreisen einzelnen Menschen eine besondere Gabe zur Vorhersage zugeschrieben, eine Gabe, die oft keinesfalls einhellig positiv zu bewerten ist, sondern auch eine Bürde darstellt. Dass eine jahrelange Ausbildung nötig ist, liegt auch darin begründet, dass alle hier genannten Techniken eben keine eindeutigen Vorhersagen liefern, sondern zunächst ungeordnete chaotische Signale, die, wenn sie Sinn ergeben sollen, der Interpretation bedürfen. Die genauen Techniken der Interpretation bilden oft Geheimwissen, das eifersüchtig gehütet wird. Und noch etwas zeigt sich: Der Prozess der Vorhersage und seine ExpertInnen sind eigentlich überall eng mit der Machtstruktur des Gemeinwesens verbunden. In manchen Fällen sind die entsprechenden kultischen Autoritäten direkt Teil des Beamtenapparats (wie in Rom), aber auch, wo die Sphären personell streng getrennt bleiben und die PriesterInnen teilweise in Isolation leben (wie in Delphi), beachten sie den politischen Kontext ihrer Voraussagen genau. Dies wird besonders deutlich in den oft bewusst vieldeutig gehaltenen Orakelsprüchen aus Delphi, die zum Beispiel die griechische Kriegsführung gegen das Perserreich stark beeinflusst haben. Die Vorhersage spielt sich also nicht in einem Vakuum ab, sondern muss den genauen politischen (wirtschaftlichen, militärischen) Kontext sehr sorgsam mit einbeziehen. Vor diesem Hintergrund erweist sich auch die erwähnte Verwendung von Methoden, die chaotische und interpretationsbedürftige Ergebnisse liefern, eben nicht als Konstruktionsfehler, sondern als essenzieller Bestandteil des Verfahrens, die Voraussetzung dafür, bei der Vorhersage das nötige diplomatische Fingerspitzengefühl walten zu lassen.

Bevor wir das Thema der Vorhersage im Altertum zunächst ruhen lassen – es soll uns erst wieder in Kapitel 6 näher beschäftigen –, sei nur noch eine Anmerkung erlaubt: Einer der häufigsten Irrtümer, dem moderne Menschen erliegen, ist, unsere Vorfahren für leichtgläubig oder naiv zu halten; die allermeisten Zeitgenossen waren sich der Grenzen der beschriebenen Methoden voll bewusst.

Kehren wir aus Rom, Athen oder Babylon nach Berlin zurück. Können wir Parallelen feststellen zu dem, was wir dort gesehen haben? Die meisten modernen Experten würden den Vergleich mit antiken Vogel- und Leberschauern oder Sternenkundlern wohl entschieden zurückweisen, wenn nicht als Affront auffassen. Wir können natürlich strukturelle Parallelen feststellen, so zum Beispiel den angedeuteten ritualisierten Charakter der Präsentation. Am Ende aber hängt die Antwort davon ab, ob unsere modernen Experten eine signifikant bessere Trefferquote in ihren Vorhersagen erzielen.

Vielleicht ist Ihnen schon aufgefallen, dass ich meine Beispiele am Anfang des Kapitels aus Rom und Berlin nicht ganz zufällig ausgewählt habe. Der Feldzug gegen die Kimbrer im Jahr 105 v. Chr. endete in einer der größten militärischen Niederlagen

Roms überhaupt. Bei der Schlacht von Arausio im heutigen Südfrankreich verloren bis zu 80 000 Legionäre ihr Leben, und eine dauerhafte Unterwerfung Galliens rückte in weite Ferne – sie gelang erst circa 50 Jahre später unter Cäsar. Der Befehlshaber Gnaeus Mallius Maximus musste in Rom zu der Niederlage öffentlich Rechenschaft ablegen und wurde ins Exil verbannt.

Aber auch unsere zeitgenössischen Konjunkturforscher haben sich an dem Tag kaum mit Ruhm bekleckert. Erinnern wir uns an die Situation im Frühjahr 2008. Die Krise an den amerikanischen Finanzmärkten war zu diesem Zeitpunkt bereits klar erkennbar, die Investmentbank Bear Stearns war bereits im März bankrottgegangen. Interessanterweise wurden die daraus resultierenden Risiken für die deutsche Konjunktur im Frühjahrsgutachten durchaus erwähnt, dennoch hielten die Forscher an einer Prognose von 1,4 Prozent Wirtschaftswachstum in 2009 fest. Tatsächlich eskalierte die Krise mit der Pleite von Lehman Brothers im September erheblich. Die deutsche Wirtschaft erlebte mit einem Rückgang des Bruttoinlandsprodukts um circa 5 Prozent die mit Abstand schwerste Krise der Nachkriegszeit. Sämtliche auf den alten Prognosen beruhenden Haushaltsplanungen wurden über Nacht Makulatur. Die Forscher unterschätzten also massiv das Ausmaß der im Ansatz bereits erkennbaren Finanzkrise.

Natürlich arbeiten moderne Experten, die mit der Vorhersage von Phänomenen wie der Konjunkturentwicklung beschäftigt sind, anders als römische Auguren. Zentral für ihre Arbeit sind vor allem gesammelte und aufbereitete statistische Daten und mathematische Modelle. Aber wie gut sind diese in der tatsächlichen Vorhersage der Zukunft? Dafür müssen wir zunächst die Frage klären, was eine Vorhersage eigentlich ist.

Was ist eine Vorhersage?

Die offensichtliche Antwort lautet: eine Aussage über ein Ereignis in der Zukunft. Diese Definition ist richtig, aber ein wenig zu eng gefasst. Wir stellen nämlich fest, dass für viele Aussagen, die sich streng genommen gar nicht nur auf die Zukunft beziehen, logisch ganz ähnliche Regeln gelten. Zum Beispiel: Ich werfe mehrere Münzen, sagen wir fünf, sehe das Ergebnis dieses Wurfs aber noch nicht. Nun treffe ich eine Aussage über die Wahrscheinlichkeit bestimmter Ergebnisse, zum Beispiel: »Die Wahrscheinlichkeit, dass alle fünf Münzen Kopf zeigen, liegt bei etwa 3 Prozent.« Streng genommen bezieht sich diese Aussage nicht auf die Zukunft, da die Münzen eben schon gefallen sind. In diesem Fall bedeutet Vorhersage eher: eine Aussage, deren Wahrheitsgehalt wir erst in der Zukunft überprüfen können oder werden. Daraus folgt, dass das Grundproblem der Vorhersage immer auch ein *epistemologisches* ist, also eine Frage des menschlichen Wissens. Was das genau bedeutet, wird uns in diesem Buch noch häufiger beschäftigen; in jedem Fall bleibt festzuhalten, dass wir gezwungenermaßen andauernd zumindest implizite Vorhersagen treffen, selbst wenn wir dies nicht unbedingt intendieren. Daraus folgt auch, dass Vorhersagen oft genug Prüfsteine unseres Wissens darstellen.

Ich würde den Begriff der Vorhersage aber noch weiter fassen als im obigen Beispiel. Denn es gibt noch viel mehr Aussagen, die wir üblicherweise nicht als Vorhersagen betrachten, die es bei näherer Betrachtung implizit aber sind. Betrachten wir den Satz: »Wenn man einen Topf voll Wasser auf den Herd stellt und den Herd anmacht, beginnt das Wasser nach einigen Minuten zu kochen.« Die Aussage erscheint geradezu lächerlich trivial, stellt aber ebenfalls eine Vorhersage dar. Der Unterschied zu Aussagen über komplexere Systeme besteht nur darin, dass hier der kausale Zusammenhang so offensichtlich und auch aus unserer Alltagserfahrung so präsent ist, dass wir ihn nicht mehr wirklich als Vorhersage ansehen, sondern als schlichtes Gesetz.

Wie ist es aber mit technisch-physikalischen Zusammenhängen in etwas komplexeren Systemen? Betrachten wir ein Auto und die offiziellen »technischen Daten«. Einige dieser Daten beschreiben offensichtliche materielle und weitgehend unveränderliche Gegebenheiten wie Länge, Breite, Gewicht etc. Andere, wie Höchstgeschwindigkeit und Treibstoffverbrauch, sind hingegen schon komplizierter und schwerer zu fassen. Wir sind daran gewöhnt, uns auch hierauf weitgehend zu verlassen oder zumindest, wie beim Verbrauch, für realistischere Bedingungen einen gewissen Aufschlag einzukalkulieren – dennoch bestehe ich darauf, dass die im Datenblatt angegebene Höchstgeschwindigkeit eben keine Eigenschaft des Autos an sich ist (wie etwa das Leergewicht), sondern eine Vorhersage über das Verhalten eines durchaus komplexen Systems unter allerdings relativ präzise definierten Bedingungen.

Dass wir uns auf diese Angaben mehr oder weniger stillschweigend verlassen und sie als schlichte technische Eigenschaften und nicht als vage Vorhersagen ansehen, zeigt nur, dass die Fertigung von Autos heute ein sehr hohes technisches Niveau erreicht hat und damit die millionenfache Herstellung eines Modells mit fast identischen Eigenschaften möglich ist. Vor 100 Jahren war das noch keineswegs der Fall! Aber auch heute stoßen wir bei Systemen, die komplexer als ein einzelnes Auto sind, wieder sehr schnell an Grenzen, wie bei der Wettervorhersage.

Müssen wir den Begriff der Vorhersage noch darüber hinaus erweitern? Ich meine ja. Betrachten wir den weiten Bereich der medizinischen Diagnosen. Sie kommen zu Ihrer Ärztin und schildern ihr Ihre Symptome, darunter allgemeine Kreislaufschwäche, Kurzatmigkeit, Husten und Fieber. Die Ärztin stellt daraufhin, anhand klinischer Erfahrungen ohne Labortests, aber unter Zuhilfenahme eines altmodischen Stethoskops, mit dem charakteristische Atemgeräusche festgestellt werden können, eine Diagnose, nämlich Lungenentzündung. Eine Lungenentzündung kann durch unterschiedliche Erreger ausgelöst werden, unter anderem durch Bakterien (die weitaus häufigste Variante) oder Viren. Ihre Ärztin gibt nun eine Therapieempfehlung ab: die Einnahme von Amoxicillin, einem Antibiotikum. Sie hat zuvor keinen Erregertest durchgeführt, ihre Empfehlung basiert auf impliziten Vorhersagen, sie stützt sich auf diese vier Wahrscheinlichkeiten:

1. Es ist sehr wahrscheinlich, dass Ihre Lungenentzündung von Bakterien ausgelöst wurde und sich die Symptome bei Einnahme eines Antibiotikums im Laufe der nächsten Woche bessern.
2. Es ist gut möglich, dass sich ohne Medizin die Symptome verschlimmern und ernsthaft gefährlich werden könnten. Die Wahrscheinlichkeit ist jedenfalls zu hoch, um das Risiko eingehen zu können, mit einer Behandlung zu warten.
3. Die Wahrscheinlichkeit, dass die Bakterien gegen Amoxicillin resistent sind und Sie ein anderes Antibiotikum benötigen, ist nicht sehr groß.
4. Die Wahrscheinlichkeit, dass es zu schwerwiegenden Nebenwirkungen durch die Medikamente kommt, ist klein genug.

Die Entscheidung für eine Therapie basiert also auf einer Abwägung all dieser Vorhersagen, wobei im Idealfall genug klinische Erfahrung vorliegt, um alle genannten Wahrscheinlichkeiten zuverlässig abschätzen zu können. Im genannten Fall ist das wahrscheinlich auch so, aber bei komplexeren Fällen oder auch selteneren Krankheiten kann die entsprechende Abwägung sehr schnell sehr viel weniger eindeutig werden und oft genug Ärzte auch überfordern. Im Alltagsleben bezeichnen wir solche Entscheidungen in der Regel nicht als Vorhersagen, ich habe das

Beispiel dennoch angeführt, um das Grundproblem von Expertise und Vorhersage zu verdeutlichen.

Wir sehen also: Vorhersagen können Ereignisse in der Zukunft oder auch in der Vergangenheit betreffen, wenn wir diese Vergangenheit noch nicht kennen. Sie können implizit oder explizit sein und reichen von »trivial offensichtlich« bis zu »eigentlich nicht seriös vorhersagbar«. Was wir als nicht triviale Vorhersage und was als schlichte Gesetzmäßigkeit ansehen, hängt stark von dem Niveau unseres wissenschaftlichen Verständnisses und unserer technischen Fähigkeiten ab. Der Ausgang eines Experiments ist beim ersten Mal ungewiss, danach muss das Ergebnis durch Wiederholungen bestätigt werden, irgendwann wird der beobachtete Zusammenhang für uns ein schlichtes Naturgesetz.

Ein Kochtopf auf dem Herd stellt ein sehr einfaches System dar, dessen Verhalten wir bereits mit Alltagserfahrung gut voraussagen können. Ein modernes Auto ist schon wesentlich komplexer, aber immer noch beherrschbar mit unserem heutigen Stand an naturwissenschaftlicher Kenntnis, sodass sein Verhalten überwiegend gut vorhersagbar ist. Bereits in der Medizin stoßen wir jedoch oftmals an Grenzen, unsere Vorhersagen werden immer seltener gesetzmäßig (»Dieses Auto fährt maximal 200 Kilometer pro Stunde«) und immer öfter probabilistisch (»Bei 70 Prozent aller Patienten schlägt diese Therapie an«). Die Fähigkeit zur Vorhersage ist also immer auch ein Indikator dafür, wie viel wir über etwas tatsächlich wissen.

Wie gut unsere Vorhersagemethoden funktionieren, hängt neben unserem Kenntnisstand wesentlich von der Komplexität von Systemen ab. Das allermeiste, was heute landläufig als Vorhersage bezeichnet wird, spielt sich in einem Mittelfeld ab zwischen trivialen Fällen (dem Topf auf dem Herd) und eindeutig unmöglichen (das exakte Wetter an einem bestimmten Tag im Jahr). Beispiele, die uns häufig begegnen, sind die Wettervorhersage, die eingangs erwähnte Konjunkturprognose, die Vorhersage von Wahlergebnissen etc. Aber wie gut und zuverlässig sind unsere dabei verwendeten Methoden, und wie sieht folglich unsere Erfolgsbilanz aus?

Wie gut sind unsere Experten? – Die Wettervorhersage

Bleiben wir doch zunächst beim Wetter. Der tägliche Wetterbericht ist wahrscheinlich die meistkonsumierte explizite Vorhersage der Welt, zumindest dürfte sie den meisten Menschen aus ihrer Alltagserfahrung vertrauter sein als jede andere. Ihre vermeintliche Unzuverlässigkeit ist sprichwörtlich und Gegenstand vieler eher müder Witze (»Meteorolügen«, wie unser alter Berliner Schulhausmeister, Gott hab ihn selig, zu sagen pflegte). Aber ist dieser schlechte Ruf verdient? Ich behaupte nein! (Wenn auch mit ein paar Einschränkungen.)

Die subjektive Wahrnehmung häufiger falscher Vorhersagen ist das Ergebnis einer Verzerrung. Die Tage, an denen die Prognosen spektakulär falsch waren und unser Picknick durch ein völlig überraschendes Unwetter ruiniert wurde, nehmen wir stärker wahr und erinnern uns auch besser daran als an die im Vergleich langweiligen Tage, an denen alles so kam wie erwartet (um das zugrunde liegende Muster wird es in Kapitel 5 ausführlicher gehen). Bei systematischer Auswertung von Wetterprognosen ergibt sich eine sehr respektable Gesamtperformance. Diese Notwendigkeit systematischer Auswertung von Vorhersagen wird uns noch häufiger beschäftigen.

Das Wetter dürfte zu den ersten Dingen gehört haben, die Menschen versucht haben vorherzusagen, hing doch von ihm oft genug das nackte Überleben ab. Eine zu frühe Aussaat oder eine zu späte Ernte konnten direkt zu Hungersnöten führen, wenn junge Pflanzen im Frühjahr erfroren oder herbstliche Regenfälle Getreide noch auf dem Feld schimmeln ließen. Entsprechend hat sich in diesem Bereich auch seit frühester Zeit ein bemerkenswertes empirisches Wissen über grundlegende Zusammenhänge herausgebildet, das uns noch heute in sogenannten Bauernregeln begegnet. Auch diese werden heute gerne verspottet und verballhornt (»Kräht der Hahn aufm Mist, ändert sich's Wetter, oder's bleibt, wie's ist«), beinhalten aber tatsächlich oft wertvolles Wissen und halten mit gewissen Einschränkungen auch wissenschaftlicher Überprüfung stand.*

Doch auf welcher Basis funktioniert moderne Vorhersage? Wir hatten bereits festgestellt, dass die Vorhersagbarkeit eines Systems wesentlich von seiner Komplexität abhängt. Im Prinzip handelt es sich bei der Erdatmosphäre um ein System, das den Gesetzen der Physik und Chemie unterliegt und entsprechend modellierbar ist und damit eigentlich auch in seinem Verhalten theoretisch vorhersagbar sein sollte. Für jeden einzelnen Vorgang gilt dies auch – in der Summe ist das System als Ganzes aber viel zu komplex, als dass man sein Verhalten auf der Basis physikalischer Grundgesetze sinnvoll berechnen könnte. Diese Komplexität hat inzwischen als sogenannter Schmetterlingseffekt Eingang in den allgemeinen Sprachgebrauch und die populäre Kultur gefunden.

Der Begriff Schmetterlingseffekt wurde vom Meteorologen Edward Lorenz in den 1970er-Jahren geprägt. Lorenz arbeitete mit damals neuen, revolutionären Computermodellen zur Wettersimulation und -vorhersage. Die ihm zur Verfügung stehende Rechenleistung war nach heutigen Maßstäben lächerlich gering, repräsentierte damals aber die absolute Spitze der Technologie. Dabei hatte er, zunächst rein zufällig, entdeckt, dass,

* http://www.deutschlandfunk.de/wie-gut-sind-die-bauernregeln-und-wie-wird-das-erntewetter.697.de.html?dram:article_id=72736

wenn er bei der Eingabe von Anfangsgrößen wie Temperatur oder Windstärke unabsichtlich auf eine Nachkommastelle mehr oder weniger abrundete, die Simulation einige Tage später komplett andere Wetterbilder ergab. Die Änderung des Ausgangszustands konnte dabei nahezu beliebig klein sein, auch deutlich kleiner als die unausweichliche Ungenauigkeit in der Messung. Er präsentierte diese Ergebnisse 1972 in einem Vortrag mit dem Titel »Verursacht der Flügelschlag eines Schmetterlings in Brasilien einen Tornado in Texas?« Als Metapher für eine chaotische, unvorhersehbare Welt, in der kleinste Veränderungen und Zufälle riesige Auswirkungen haben können, fand der Begriff schnell Eingang in Populärwissenschaft und -kultur.

Spätestens seit Lorenz' Arbeiten ist damit klar, dass eine absolut präzise Vorausberechnung des Wetters (und damit auch anderer vergleichbar komplexer Systeme) nicht möglich ist. Wie kann dann trotz allem eine halbwegs verlässliche Vorhersage des Wetters gelingen? Warum werden wir nicht regelmäßig von völlig überraschenden Tornados, ausgelöst von brasilianischen Schmetterlingen, heimgesucht?

Tatsächlich hat die Wetterforschung genau deshalb so deutliche Fortschritte erzielt, weil sie die grundlegenden Grenzen der Vorhersage akzeptiert hat und statt Perfektion eine schrittweise graduelle Verbesserung angestrebt hat. Wie das im Einzelnen funktioniert, verstehe auch ich als Laie nur ansatzweise, grundsätzlich gilt aber: Eine Karte wird in Planquadrate zerlegt, in denen die Wetterverhältnisse fortlaufend gemessen werden. Die Größe und damit Zahl der Quadrate, sozusagen die Auflösung der Karte, hängt einmal davon ab, wie dicht die tatsächlichen Messstationen gesät sind, und zum anderen davon, wie viel Rechenleistung zur Verfügung steht. Messstationen auf der Erde oder auch in Wetterballons oder Drohnen können in manchen Funktionen durch Satelliten und ihre Aufnahmen ersetzt werden, aber nicht vollständig. Anschließend werden Berechnungen über die zu erwartende gegenseitige Beeinflussung der Planquadrate angestellt, die aber, und das ist entscheidend, nicht an den physikalischen Grundgesetzen ansetzen, sondern an sehr viel vageren Erfahrungswerten. Diese Erwartungen werden dann konstant mit den tatsächlich gemessenen Werten abgeglichen.

Wie gut sind die Ergebnisse dieser Vorgehensweise insgesamt? Urteilen Sie selbst: Temperaturvorhersagen sind auf 24 Stunden im Schnitt auf circa 1 Grad Celsius genau, auf zwei bis vier Tage circa 1,5 Grad und auf neun Tage 3 bis 3,5 Grad; dieser Wert liegt dann schon sehr nah an der durchschnittlichen Abweichung zum langjährigen Mittel des entsprechenden Datums, die Vorhersage auf der Basis aktueller Beobachtungen bringt dann kaum noch zusätzlichen Nutzen. Bei der Vorhersage von Niederschlägen kann man zumindest Wahrscheinlichkeiten gut abschätzen. In den USA wird die Niederschlagswahrscheinlichkeit täglich in Prozent angegeben, was in Deutschland eher unüblich ist. Eine typische Verteilung sieht so aus:

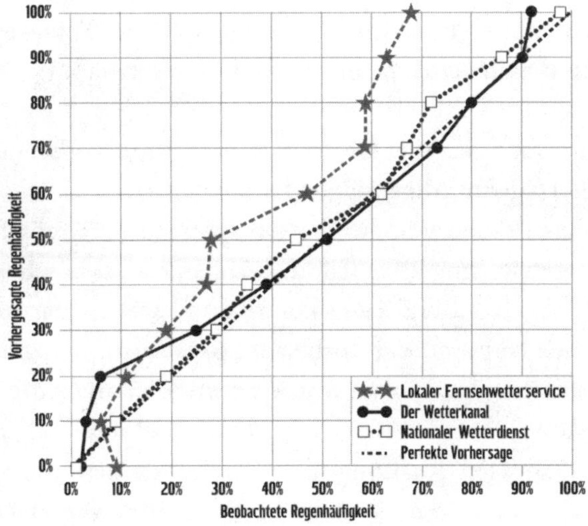

Prognostizierte Regenwahrscheinlichkeit versus tatsächliche Häufigkeit

Wie man sehen kann, weichen angegebene Regenwahrscheinlichkeit und tatsächliche Regenhäufigkeit nur geringfügig voneinander ab.

Natürlich hat die Meteorologie enorm von Fortschritten in der Informations- und Messtechnik profitiert. Heutigen Meteorologen stehen nicht nur Rechnerleistungen, sondern durch mehr Messstationen, Satellitenbilder etc. auch Datenmengen zur Verfügung, von denen man zu Lorenz' Zeiten nur träumen konnte. Das Grundproblem des Schmetterlingseffekts verschwindet dadurch nicht, doch der Zeithorizont, innerhalb dessen eine hinreichend genaue Vorhersage möglich ist, verschiebt sich deutlich. Heutzutage erreicht die Wettervorhersage für vier Tage im Voraus ungefähr die Genauigkeit, die in den 1950ern für einen Tag möglich war, ein Fortschritt mit enormem Nutzen unter anderem für die Landwirtschaft, aber auch für den Katastrophenschutz. Über vier Tage hinaus wird die Präzision deutlich schlechter. Wie viel besser die Disziplin in der Hinsicht noch werden kann, ist umstritten. Viele Forscher nehmen eine harte Grenze bei maximal zwei Wochen an, über die hinaus keine präzise Vorhersage mehr möglich ist, auch deshalb, weil die Dichte der Messstationen irgendwann an eine physische Grenze stößt.

Was kann man aus der Geschichte der Wettervorhersage über die Vorhersage im Allgemeinen lernen?

Absolute Präzision in der Vorhersage ist fast nie möglich, graduelle Verbesserung aber schon. Welche Präzision wir bei welchem Zeithorizont erreichen können und welche wir für einen praktischen Nutzwert der Vorhersage benötigen, ist dabei domänenspezifisch; wir erwarten vom Wetterbericht nicht die Vorhersage: »Morgen um 12:26:35 wird eine Böe von 63,2 km/h in nordnordöstlicher Richtung über Ihr Haus fegen; um 12:28:22 schiebt sich dann eine Wolke vor die Sonne, die zuvor noch schien«, sondern geben uns zufrieden mit: »Morgen heiter bis wolkig, bei frischem, in Böen starkem Wind aus Nord bis Nordost.«

Dies bringt uns zur zweiten Lektion. Wir müssen für jede Domäne lernen, welche Präzision wir erwarten können und wie wir damit umgehen. Ich behaupte, dass die meisten Menschen beim Wetter einen intuitiv guten Umgang mit Vorhersagen entwickelt haben: Wir konsumieren die Vorhersagen der Experten, folgen ihnen aber nicht blind, sondern benutzen unser eigenes Urteilsvermögen, zum Beispiel wenn wir entscheiden, ob wir bei angekündigtem »überwiegend heiter bei gelegentlich möglichen Schauern« einen Regenschirm mitnehmen oder nicht. Das Ganze funktioniert nicht fehlerfrei, im Großen und Ganzen aber näherungsweise gut genug. In anderen Domänen neigen Menschen viel stärker zu den Extremreaktionen: Experten wird entweder blind vertraut, oder sie werden grundsätzlich als Scharlatane abgetan. Beides ist meist nicht gesund! Die dritte Lektion schließlich lautet: Feedback ist zum Lernen unabdingbar. Die Verbesserungen in der Qualität der Wettervorhersage wurden wesentlich dadurch ermöglicht, dass die Meteorologen in sehr kurzen Zeitabständen immer wieder ihre Vorhersagen an der Realität messen und ihre Modelle in der Folge verbessern konnten. Behalten wir diese drei Lektionen im Kopf, wenn wir uns anderen Domänen zuwenden.

Wie gut sind unsere Experten? – Die Konjunkturprognose

Betrachten wir ein weiteres Feld, über das wir regelmäßig Prognosen in den Nachrichten finden: die moderne Ökonomie. Schon das Beispiel am Anfang des Kapitels erwähnte eine ökonomische Vorhersage. Nun war dies ein bewusst gewähltes Beispiel für eine besonders spektakulär schiefgegangene Prognose – wie aber ist das Bild, wenn wir eine etwas systematischere Betrachtungsweise wählen? Wie sieht dann die Trefferquote aus?

Die Wettervorhersage hat einen ganz entscheidenden Vorteil gegenüber Domänen, in denen menschliches Verhalten eine Rolle spielt – sie beeinflusst nicht ihren Gegenstand. Das Wetter wird durch den Wetterbericht und unsere Reaktion auf ihn nicht beeinflusst, genauso wenig übrigens wie ein Rouletterad durch die abgegebenen Einsätze. Und wenn wir einen Regenschirm einpacken, damit es sicher nicht regnet, ist das wohl wirklich eher dem Aberglauben zuzuordnen.

In anderen Bereichen gilt dies so nicht. Betrachten wir die bereits angesprochene Konjunkturprognose. Neben der Wettervorhersage ist es die Vorhersage, die uns medial am häufigsten begegnet. Da die Wirtschaft letztlich das Produkt menschlichen Verhaltens ist, beeinflussen Prognosen unzweifelhaft die zukünftige Entwicklung, da die menschlichen Akteure ihre Handlungen an den Prognosen ausrichten – vorausgesetzt, sie glauben an sie! Im Extremfall kommt es zu sogenannten selbsterfüllenden oder selbstzerstörerischen Prophezeiungen, also zu Ereignissen, die eintreten beziehungsweise eben nicht eintreten, weil sie vorhergesagt wurden.

Wenn die allgemeine Erwartungshaltung besagt, dass zum Beispiel der Aktienmarkt sich im kommenden Jahr positiv entwickeln wird, wird folglich mehr Kapital in den Markt fließen, und die Kurse werden tatsächlich steigen (positive Rückkopplung). Gleichermaßen kann die Angst vor einem Crash durch massive Kapitalflucht diesen Crash erst auslösen. (Leider funktioniert die positive Rückkopplung nicht unbegrenzt, sonst könnten wir endloses Wachstum aus purem Optimismus generieren.) Im umgekehrten Fall, der selbstzerstörerischen Prophezeiung, geschieht das Gegenteil (negative Rückkopplung): Die Prognose, die in der Regel auf einer Fortschreibung aktueller Trends basiert, führt zu einer Verhaltensänderung, die das Vorhergesagte abwendet. Beispielsweise kann eine Warnung vor steigender Inflation eine Zinserhöhung der Zentralbank nach sich ziehen, was die Inflation dann bremst.

Das funktionierende Warnsystem ist das positive Beispiel für die selbstzerstörerische Prophezeiung. Das negative Gegenstück wäre die Sorglosigkeit, die in die Katastrophe führt, beispielsweise wenn der Bestand und die künftigen Fördermengen einer Ressource weit überschätzt werden und diese entsprechend verschwenderisch verbraucht wird, was dann zum Mangel führt.

In allen Bereichen, in denen Vorhersagen auf die eine oder andere hier beschriebene Weise auf das System einwirken können, dessen Verhalten sie eigentlich beschreiben sollen, sind die Möglichkeiten zur Vorhersage damit noch einmal grundsätzlich begrenzt. Das gilt offensichtlich für alle Bereiche, in denen menschliches Verhalten eine Rolle spielt, bei strenger Betrachtung jedoch auch für andere.

Wie gut kann unter diesen Umständen ökonomische Prognostik bestenfalls sein? Bleiben wir in Deutschland und bei den erwähnten Frühjahrs- und Herbstgutachten der führenden Wirtschaftsforschungsinstitute. Betrachten wir die Zahlen über mehrere Jahre:*

<table>
<tr><td rowspan="4">2005</td><td>Frühjahrsgutachten 2004</td><td>1,5 %</td><td rowspan="4">0,8 %</td></tr>
<tr><td>Herbstgutachten 2004</td><td>1,5 %</td></tr>
<tr><td>Frühjahrsgutachten 2005</td><td>0,7 %</td></tr>
<tr><td>Herbstgutachten 2005</td><td>0,8 %</td></tr>
<tr><td rowspan="4">2006</td><td>Frühjahrsgutachten 2005</td><td>1,5 %</td><td rowspan="4">3,4 %</td></tr>
<tr><td>Herbstgutachten 2005</td><td>1,2 %</td></tr>
<tr><td>Frühjahrsgutachten 2006</td><td>1,8 %</td></tr>
<tr><td>Herbstgutachten 2006</td><td>2,3 %</td></tr>
</table>

* http://www.pdwb.de/nd08.htm

2007	Frühjahrsgutachten 2006	1,2 %	2,7 %
	Herbstgutachten 2006	1,4 %	
	Frühjahrsgutachten 2007	2,4 %	
	Herbstgutachten 2007	2,6 %	
2008	Frühjahrsgutachten 2007	2,4 %	1,0 %
	Herbstgutachten 2007	2,2 %	
	Frühjahrsgutachten 2008	1,8 %	
	Herbstgutachten 2008	1,8 %	
2009	Frühjahrsgutachten 2008	1,4 %	minus 4,7 %
	Herbstgutachten 2008	0,2 %	
	Frühjahrsgutachten 2009	minus 6,0 %	
	Herbstgutachten 2009	minus 5,0 %	
2010	Frühjahrsgutachten 2009	minus 0,5 %	3,6 %

Zwischen den Schätzungen aus dem Frühjahrsgutachten des vorhergehenden Jahres und dem tatsächlichen Wachstum besteht praktisch kein Zusammenhang. Der durchschnittliche Fehler liegt bei über 2 Prozentpunkten Abweichung, wobei die Abweichungen ähnlich oft positiv wie negativ sind. Selbst bei Ausklammerung des Extremjahres 2009 bleibt der Durchschnittsfehler bei 1,7 Prozentpunkten; in Anbetracht der absoluten Größenordnungen eine ziemlich katastrophale Leistung.

Beim Wetterbericht hatten wir gesehen, dass sich die Präzision verbessert, je näher wir dem Ereignis kommen. Wir würden ein ähnliches Bild auch hier erwarten, werden zunächst aber ernüchtert. Der Durchschnittsfehler zwischen dem jeweiligen Herbstgutachten des vorhergehenden Jahres und dem echten Wert liegt praktisch genauso hoch. Erst die darauffolgenden Werte zeigen deutlich bessere Präzision, nur vergessen Sie nicht: Da ist ein nicht geringer Teil des Zeitraumes, den wir vorhersagen wollen, bereits vergangen. Die Vorhersage ist also vergleichbar mit einem richtigen Tipp auf das Ergebnis eines Fußballspiels, der in der 23. (Frühjahr) oder 68. (Herbst) Minute abgegeben wird. Es kommt noch schlimmer: Die hier gemessenen Fehler sind von sehr unterschiedlicher Tragweite. Ob das Wachstum bei 1,5 oder 2 Prozent liegt, ist nicht unwichtig, die praktischen Auswirkungen sind aber relativ gering. Anders verhält es sich mit echten Krisen, denn gerade hier will man Früherkennungssysteme haben, um notfalls Gegenmaßnahmen ergreifen zu können. Analogie zum Wetter: Wenn der Wetterbericht 20 Grad ansagt, es aber nur 15 werden, ist das weniger schlimm, als wenn 1 Grad vorausgesagt wird, es aber –4 Grad werden, weil man dann nicht auf Glatteis vorbereitet ist und empfindliche Pflanzen absterben können.

Da im hier aufgeführten Zeitraum in Deutschland nur eine Rezession vorkam, müssen wir Zeit und Raum unserer Betrachtung erweitern. Das Ergebnis ist verheerend: Von 60 Rezessionen weltweit zwischen 1989 und 1998 sagten Experten im April des Vorjahres zwei (!) korrekt voraus.* Selbst im April des Rezessionsjahres wurde für das Gesamtjahr erst in 20 Fällen, also einem Drittel, korrekt die Rezession erkannt und im Oktober, wenn also die Rezession eindeutig bereits am Wirken ist, immerhin 47. Wenn man aber Rezessionen selbst dann oft nicht erkennt, wenn sie bereits begonnen haben – wie will man sie dann vorhersehen?

Dass das dynamische, komplexe System einer Volkswirtschaft oder gar der Weltwirtschaft in seinem Verhalten schwer vorherzusagen ist, dürfte auf der Hand liegen. Aber können wir über die Feststellung dieser Schwierigkeit hinaus aus der Bilanz der Prognostiker etwas schließen und eventuell daraus lernen? Ich

* https://poseidon01.ssrn.com/delivery.php?ID= 9830740960 0908410302 2073015111 015073051078004010056064085117119096003121121098078005085087125119007088035003015099010089012084031084023084003072068101006110080011068004083010011 02812202412 4&EXT=pdf

behaupte ja. Gerade dort, wo wir aus dem Datenmaterial nicht stringent eine belastbare Vorhersage ziehen können, sondern diverse, oft relativ willkürliche Entscheidungen über die Interpretation treffen müssen, werden immer andere Faktoren, insbesondere die Anreizstruktur der Experten, eine zentrale Rolle spielen.

Anreizstruktur ist vielleicht ein übermäßig kompliziertes Wort. Salopp gesprochen geht es darum, welche Art von Fehlern unsere Experten ihren Job kosten können und ob sie überhaupt persönlich davon profitieren, richtiggelegen zu haben. Wäre dies nicht der Fall, sollte sich ein Bild von purem Chaos ergeben, die Übereinstimmung oder Abweichung von Prognose und Ereignis müsste vollständig zufällig sein. Dass Rezessionen praktisch nie korrekt vorausgesagt werden, legt den Schluss nahe, die Prognosen seien grundsätzlich zu optimistisch – tatsächlich aber zeigt der Blick auf die deutschen Frühjahrsgutachten ein anderes Bild: Abweichungen kommen in beide Richtungen vor. Auffällig ist hingegen, dass die Prognose für das nächste Jahr näher an den Werten für das jeweils laufende Jahr ist.

Mit anderen Worten: Ein Gutteil der Prognose basiert einfach auf Fortschreibung laufender Trends. In guten Jahren sehe ich auch positiv in die Zukunft, in schlechten ist der Ausblick merklich getrübt. Die Faktoren, die eine Kehrtwende ausmachen könnten, positiv oder negativ, scheinen kaum vorhersehbar zu sein.

Es gibt auch andere Beispiele: Wenn wir uns die Prognosen des Internationalen Währungsfonds für das Wachstum in Griechenland seit 2010 ansehen und sie mit der tatsächlichen Entwicklung vergleichen, wird vor allem eines deutlich: eine systematische Überschätzung des Wachstums beziehungsweise ein Unterschätzen der Krise.

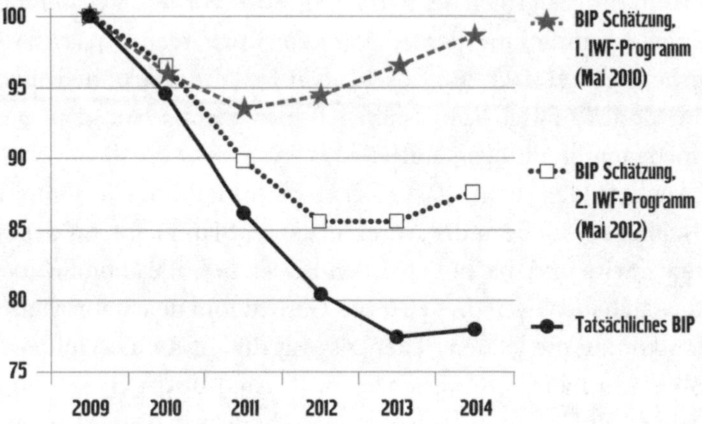

IWF-Wachstumsprognosen für Griechenland versus Realität

Ich behaupte: Was wir hier sehen, hat wenig mit tatsächlichen Problemen ökonomischer Prognostik zu tun, sondern verrät in erster Linie etwas über Anreize und institutionelle Zwänge. Die übermäßig optimistischen Aussichten des IWF für Griechenland sind nicht so sehr Folge spezieller Fehler in den ökonomischen Modellen, sondern spiegeln die institutionellen Anreize und Zwänge des IWF wider, dessen gesamte Krisenpolitik durch die tatsächliche Entwicklung zur Makulatur wurde. Dass die deutschen Wirtschaftsforschungsinstitute nicht systematisch zu optimistisch sind, lässt auf eine andere Anreizstruktur schließen. Die zu große Ähnlichkeit der prognostizierten zukünftigen Wachstumsraten mit den tatsächlichen aktuellen legt nahe, dass in erster Linie versucht wird, im Zweifelsfall das Gesicht zu wahren durch eine scheinbar gut begründbare Vorhersage, unabhängig von ihrer Richtigkeit.

Man lehnt sich lieber nicht zu weit aus dem Fenster durch die Vorhersage einer spektakulären Veränderung, selbst wenn man weiß, dass irgendeine starke Veränderung mit sehr hoher Wahrscheinlichkeit eintreten wird!

Weiterhin zeigt sich bei Betrachtung der Vorhersagen der einzelnen Institute eine bemerkenswerte Konvergenz. Wären die Vorhersagen einfach nur falsch, eben weil die zugrunde liegenden Modelle falsch sind, sollten Fehler chaotisch und in verschiedenen Richtungen auftreten.

Auch das legt nahe, dass es eben nicht die Modelle sind, die falschliegen, sondern die Anreizstruktur: Man bleibt auf der sicheren Seite und macht lieber den Fehler, den alle anderen auch gemacht haben, weil dies eher das Gesicht und den Status wahrt. Man könnte die letzten Seiten als Angriff auf die Disziplin der Volkswirtschaftslehre an sich lesen, als Anklage der Forschungsinstitute als Stümper, Blender und Scharlatane. Das ist jedoch nicht mein Anliegen: die allermeisten Ökonomen sind sich der Grenzen ihrer Modelle voll bewusst. Liest man die Gutachten im Detail über die Schlagzeilen hinaus, wird deutlich, dass die Prognosen unter bestimmten Annahmen zustande kommen und sich die Forscher selbst im Klaren darüber sind, wie unwahrscheinlich es ist, dass diese Annahmen alle so eintreffen.

Viele Ökonomen haben selbst die schärfste und pointierteste Kritik an den gängigen Prognosen formuliert. Was jedoch in der Tat wichtig wäre, ist ein fundamental anderer Umgang der Öffentlichkeit mit ökonomischen Prognosen. Kurz gesagt: Es ist grundsätzlich unseriös, eine Wachstumsprognose für einen Zeitraum von einem Jahr, der in neun Monaten beginnt (der Zeithorizont des typischen Frühjahrsgutachtens), abzugeben. Dies umso mehr, wenn die Prognose schlichtweg aus einer unrealistisch präzisen (eine Nachkommastelle, das heißt, ein zehntel Prozentpunkt!) Wachstumsrate besteht, ohne irgendwelche Angaben von Wahrscheinlichkeiten und Möglichkeitshorizonten. Was wir beim Wetterbericht gelernt haben, nämlich eine realistische Betrachtung dessen, was möglich ist und was nicht, müssen wir auch bezüglich der Wirtschaft (und anderer Bereiche) lernen. Wir verlangen keine exakte Prognose des Wetters in einem

Monat (oder einem Jahr), weil wir wissen oder zumindest ahnen, dass eine solche abzugeben unseriös wäre.

Bei aller Kritik: In gewisser Weise müssen wir den Wirtschaftsforschern sogar dankbar dafür sein, mit schöner Regelmäßigkeit ihre wenig belastbaren und nur scheinbar präzisen Prognosen abzugeben. Denn zumindest eins tun sie: Sie geben uns eine Möglichkeit zur Überprüfung. Nur weil die entsprechenden Zahlen genannt und veröffentlicht werden, können wir einen Vergleich wie den oben angeführten zwischen Prognosen und Realität überhaupt durchführen. Die Vorhersagen sind also regelmäßig falsch, aber eben zumindest *falsifizierbar,* ihr Wahrheitsgehalt ist wenigstens überprüfbar und kann somit widerlegt und als falsch erkannt werden. Es gibt jedoch eine große, noch viel kritischere Gruppe von Vorhersagen, die in eine noch schlimmere Kategorie fallen: nicht einmal falsch *(not even wrong).* Was bedeutet es für eine Aussage, nicht einmal falsch zu sein? Eben, dass sie nicht falsifizierbar sind, dass es keinen definierbaren Prüfstein für ihren Wahrheitsgehalt gibt. Als sinnvoll hat sich für Vorhersagen der sogenannte *Clairvoyance-Test* (Klarsicht-Test) erwiesen: Wenn ein Beobachter in die Zukunft reisen könnte und dort mehr oder weniger vollständigen Zugriff auf alle verfügbaren Informationen hätte, könnte er dann mit Sicherheit die Vorhersage als richtig oder falsch beurteilen?

»Wenn der Aufbau zivilgesellschaftlicher Strukturen in Ägypten keine Fortschritte macht, wird die Transformation zur Demokratie nicht gelingen« besteht den Test nicht,

»Wenn Ägypten das aktuell diskutierte Gesetz über Nichtregierungsorganisationen in dieser Form verabschiedet, wird es innerhalb der nächsten fünf Jahre nicht von Freedom House als ›frei‹, das heißt demokratisch bewertet werden« hingegen schon. Nun ist offensichtlich, dass im Bereich der im weitesten Sinne politischen Entwicklung manche Fragen zu vage oder zu komplex sind, um sie in eine solche falsifizierbare Form zu bringen.

Das Problem besteht aber darin, dass sich weite Teile der Expertenkaste auf diesem Gebiet vollständig gegen die Abgabe klar überprüfbarer Vorhersagen sträuben und, zumindest bislang, die Öffentlichkeit in dieser Hinsicht wenig oder gar nicht Rechenschaft über die tatsächliche Qualität der Expertise verlangt.

Ein Weg aus dem Expertendilemma?

Das Buch *Expert Political Judgment,* das 2006 erschien und auf einer fast 20-jährigen Studie von Phil Tetlock basiert, stellt praktisch den ersten Versuch dar, die Qualität der Vorhersagen von Experten im Bereich der internationalen Politik systematisch zu untersuchen. Es ist eine faszinierende und lohnende Lektüre (einige eher technische Teile mag man dabei ganz nach persönlichem Geschmack auch überspringen), an dieser Stelle sollen einige der wichtigsten Aspekte zusammengefasst werden, die für die spätere Arbeit Tetlocks grundlegend sind und die schließlich zum Good Judgment Project führten.

Phil Tetlock war zu Beginn seiner Studie 1984 ein junger, aufstrebender Professor an der renommierten Universität Berkeley in Kalifornien. Bezeichnenderweise kommt er nicht, wie man denken könnte, aus der Politikwissenschaft, sondern aus der Psychologie. Sein Interesse galt also nicht primär dem Gegenstand der Geopolitik an sich, sondern der Frage nach den grundsätzlichen Möglichkeiten und Grenzen des menschlichen Geistes bei der Vorhersage in einem chaotischen, nicht quantitativ modellierbaren Gebiet.

Die etwa 300 Experten, die Tetlock hierzu befragte, repräsentierten im Wesentlichen die Crème de la Crème des Establishments der wissenschaftlichen Politikberatung: renommierte Professoren, Journalisten, Mitarbeiter der einflussreichsten Thinktanks sowie hochrangige Mitarbeiter von Regierungsstellen wie dem Außenministerium. Die Studie lief – für den schnelllebigen Politikbetrieb erstaunlich – insgesamt fast 20 Jahre, von 1984 bis 2003, was eine langfristige Perspektive auf die untersuchten Fragen ermöglichte; eine Frage könnte also im Jahr 1985 mögliche Entwicklungen bis ins 21. Jahrhundert abdecken. Da, wie wir bereits gesehen haben, der Zeithorizont für die Qualität von Vorhersagen eine entscheidende Rolle spielt, war dieser langfristige Ansatz auch ein großes Wagnis.

Jedem der teilnehmenden Experten wurden eine Reihe von Fragen zur zukünftigen Entwicklung verschiedener Länder und Regionen gestellt, die *probabilistisch* zu beantworten waren. Was dies genau im Einzelnen bedeutet, wird in Kapitel 6 dieses Buches vertieft; an dieser Stelle soll genügen, uns vor Augen zu führen, dass Vorhersagen weder absolut (»X wird eintreten«) noch unbestimmt (»X könnte eintreten«) abgegeben wurden, sondern mit konkreten Wahrscheinlichkeiten (»X wird mit 70-prozentiger Wahrscheinlichkeit eintreten«), womit eine viel präzisere Auswertung der Vorhersageleistung ermöglicht wurde. Weiterhin wurde darauf geachtet, allen Teilnehmern sowohl Fragen aus ihrem eigentlichen Spezialgebiet als auch solche aus dezidiert anderen Gebieten zu stellen.

Um das erwähnte Problem der institutionellen Eigeninteressen und der Reputation zulasten der Vorhersagegenauigkeit zu minimieren, musste Tetlock allen TeilnehmerInnen volle Anonymität zusichern. Auch wenn wir die Namen der Beteiligten also nicht kennen, wissen wir doch viel über ihre individuellen Merkmale. Eines der Hauptziele der Studie war ja, nicht nur herauszufinden, wie gut Vorhersagen in diesem Sektor insgesamt sind, sondern auch, welche Merkmale die individuelle Performance beeinflussen.

Wie genau diese individuelle Performance berechnet und bewertet wurde, werden wir in Kapitel 7 sehr viel ausführlicher darlegen. Die Bewertung von probabilistischen Vorhersagen (»X wird mit 70 Prozent Wahrscheinlichkeit eintreten«) ist nicht ganz einfach, aber nicht unmöglich; den Brier-Score hatten wir bereits im Kontext der Wettervorhersage kennengelernt. Um ein noch genaueres Bild zu erhalten, wurden Teilnehmer in dieser Studie anhand von zwei Dimensionen bewertet, Kalibrierung und Unterscheidung. Vereinfacht gesagt bedeutet Kalibrierung, über eine Vielzahl von Ereignissen ihre Gesamthäufigkeit gut abgeschätzt zu haben. Wenn es zum Beispiel in einer Stadt im Schnitt an jedem dritten Tag regnet, sollte man im Schnitt auch in der Vorhersage aufs Jahr betrachtet auf ein Drittel durchschnittliche Regenwahrscheinlichkeit kommen. Sage ich nun exakt ein Drittel für jeden einzelnen Tag voraus, habe ich am Ende des Jahres zwar eine perfekte Kalibrierung, aber eine miserable Unterscheidung. Der Brier-Score vereint diese zwei Kriterien, unterscheidet aber nicht, sodass zwei Probanden mit identischem Brier-Score sehr unterschiedlich gut in den zwei Teilaspekten abgeschnitten haben können. Im Folgenden werden die Ergebnisse der Experten hier jedoch ohne weitere Differenzierung einfach verbal und nicht numerisch beurteilt; die genauen Daten können in der Originalstudie eingesehen werden.

Benennen wir das erste und wohl auch wichtigste, wenn auch wahrscheinlich wenig überraschende Ergebnis der Studie zuerst: Insgesamt ist die Genauigkeit in der Vorhersage geopolitischer Entwicklungen miserabel. Nicht umsonst wird Tetlock immer wieder zitiert mit dem Ausspruch, die meisten Politikexperten seien kaum besser als *dart-throwing chimps,* als Schimpansen, die Pfeile auf eine Dartscheibe werfen. Kollektiv betrachtet, haben die Experten also überwiegend darin versagt, die wirklich einschneidenden Veränderungen im Untersuchungszeitraum vorauszusehen. An erster Stelle steht, wenig überraschend, der Fall des Eisernen Vorhangs und das Ende der Sowjetunion mit allen weitreichenden geopolitischen Folgen.

Ich betone jedoch immer wieder, dass der Erfolg und das Scheitern von Vorhersagen nicht nur am Erkennen und Nicht-Erkennen tatsächlich geschehender spektakulärer Ereignisse und Veränderungen gemessen werden darf; für eine lehrreiche Analyse muss auch das Gegenstück, also das Voraussagen von Ereignissen und Veränderungen, die nicht eintreten, genau betrachtet werden. Etwas konkreter: Wenn ein Experte im Jahr 1985 vorausgesagt hätte, dass innerhalb von fünf Jahren die Berliner Mauer fällt, würden wir dies als spektakulären Erfolg ansehen und ihm wahrscheinlich prophetische Kräfte zuschreiben. Wenn er hingegen im selben Jahr vorausgesagt hätte, dass China die nächsten 30 Jahre wirtschaftlich rapide mit Durchschnittsraten von etwa 10 Prozent pro Jahr wächst und dabei weder demokratisch wird noch auseinanderbricht oder im Bürgerkrieg versinkt, würden wir dies nicht annähernd gleich hoch schätzen. Dabei ist die Präzision der Vorhersage auf einen Zeitraum dieser Länge außerordentlich beeindruckend.

Unser Problem ist, dass wir diese Entwicklungen im Rückblick als selbstverständlich und letztlich trivial offensichtlich ansehen. Wir beurteilen also Ereignisse anders als Nichtereignisse, wobei Änderung, Wandel oder Kurswechsel stets eher als Ereignis wahrgenommen werden. Wir werden dieses Grundproblem für die Auswertung von Vorhersagen an anderer Stelle noch aufgreifen; ich habe mir den Vorgriff an dieser Stelle erlaubt, weil sonst das Verständnis der Studie von Tetlock kaum möglich ist. Für mich war und ist die Lektüre gerade auch deshalb so spannend, weil sie einen Eindruck davon vermittelt, wie ungewiss die Zukunft (unsere Vergangenheit und Gegenwart) in der Vergangenheit wirklich war. Im Jahr 1985 war es eben nicht ausgemacht, dass China 30 Jahre lang wachsen und weder auseinanderbrechen noch demokratisch werden wird. Und China ist keineswegs das einzige Beispiel: Das Gleiche gilt für das Ende der Militärdiktaturen in Lateinamerika, die weitgehend friedliche Transformation Südafrikas nach dem Ende der Apartheid, das Fortbestehen des nigerianischen Staates als Einheit, Beginn und Ende des Nahost-Friedensprozesses … Für alle diese Dinge wurden von Zeitgenossen viele alternative Szenarien diskutiert und oft auch als viel wahrscheinlicher eingeschätzt als das, was am Ende eingetreten ist.

Nachdem wir also geklärt haben, dass Politikexperten als Kollektiv oft genug im Dunkeln tappen, stellt sich natürlich die nächste Frage: Gibt es Unterschiede? Gibt es Sehende oder zumindest Einäugige unter den Blinden? Steckt vielleicht sogar ein Muster dahinter, welche Merkmale Experten haben sollten, um bessere Vorhersagen abzugeben? Sind diese Muster auch deutlich und robust genug, um auszuschließen, dass es sich um reine individuelle Glückstreffer handelt?

Diesen Fragen sollte jedoch eine weitere Frage vorangestellt werden: Was spielt alles keine Rolle? Die teilnehmenden Experten wurden ja sehr genau erfasst in Bezug auf vielfältige demografische, biografische und Persönlichkeitsmerkmale. Die allermeisten dieser Merkmale scheinen jedoch keinerlei Einfluss auf die Qualität und Präzision von Vorhersagen zu haben. Alter, Geschlecht, Bildungsstand, Rang innerhalb der Institution, in der sie arbeiteten, ihre politische Ausrichtung, ihr Fachgebiet – nichts hiervon scheint an und für sich Menschen zu guten oder schlechten Forecastern zu machen. Negative Ergebnisse wie diese finden oft nicht die nötige Aufmerksamkeit; es lohnt sich jedoch ungemein, innezuhalten und zu überlegen, was sie eigentlich bedeuten.

Die allermeisten der untersuchten Experten arbeiteten in Einrichtungen, die im weitesten Sinne der Regierung zuarbeiten und wichtige außenpolitische Entscheidungsfindungen unterstützen sollen. Dabei hängt das Gewicht ihres Ratschlags und ihr Zugang zu den eigentlichen Schaltstellen der Macht natürlich ganz wesentlich von Statusmarkern ab. Wenn aber der Vorsitzende eines prestigeträchtigen Thinktanks mit Doktortitel von einer Eliteuniversität und 30 Jahren Erfahrung im Geschäft am Ende genau so oft richtig- oder falschliegt wie eine junge Assistentin oder gar der Praktikant, die auch »nur« einen Masterabschluss einer nicht gar so elitären Universität haben – dann stellt dieses Ergebnis die etablierten Strukturen der wissenschaftlichen Politikberatung natürlich grundsätzlich infrage. In einem besonders gerne genüsslich zitierten Teilergebnis ergab die Studie sogar einen teilweise *negativen* Zusammenhang zwischen Status und Präzision!

Diejenigen Teilnehmer, die regelmäßig in Fernsehen oder Radio auftraten, die also in der öffentlichen Wahrnehmung mehr als alle anderen den Status als Experten innehatten, schnitten im Mittel noch schlechter ab als der ohnehin kümmerliche Durchschnitt. Die genaue Ursache hierfür ist Gegenstand von Diskussionen, ich neige jedoch zu der Interpretation, dass diese Gruppe unter besonderem Druck steht, bei ihren regelmäßigen öffentlichen Auftritten stets sicher und wissend zu erscheinen, sich keine Unsicherheit im Urteil eingestehen darf und irgendwann in einer Form der *déformation professionnelle* diese Art des Auftritts auch bei nicht öffentlichen Gelegenheiten übernimmt.

Noch schockierender für alle Experten und diejenigen, die sich dafür halten: Nicht einmal das jeweilige Fachgebiet scheint die Vorhersagequalität zu beeinflussen. Die Sowjetexperten haben die Entwicklungen in der Sowjetunion nicht besser erkannt als die in Lateinamerika, die Ökonomen haben die wirtschaftliche Entwicklung nicht besser abgeschätzt als die Politikwissenschaftler, die Militärexperten haben Kriege nicht besser vorhergesagt als die Historiker etc.

Natürlich waren die Studienteilnehmer als Teil des Politikberatungsbetriebs auch über Dinge außerhalb ihres klar definierten Spezialgebiets wahrscheinlich besser informiert als der Durchschnittsbürger. Dennoch erhärtet dieses Ergebnis weiter den Verdacht, dass schlichtes Faktenwissen jenseits gewisser Basiskenntnisse nicht mehr entscheidend ist für bessere Vorhersagen.

Dass auch die individuelle politische Ausrichtung der Experten keinen signifikanten Einfluss auf die Vorhersagequalität hat, ist wahrscheinlich weniger überraschend – warum sollten rechte oder linke Denker grundsätzlich ein Monopol auf gute Vorhersagen haben? Aber auch hier lohnt sich ein genaueres Hinsehen: Die eigenen ideologischen (wertfrei gemeint) Annahmen und blinden Flecken können im Einzelnen spektakuläre Fehlleistungen hervorbringen! Wenn wir zum Beispiel im Rückblick die erwähnten Fehleinschätzungen aus den 1980er-Jahren über die Zukunft der Sowjetunion analysieren, zeigt sich: Eher linke Experten weigerten sich aus grundsätzlicher Sympathie für die Idee des Sozialismus, zur Kenntnis zu nehmen, wie marode die sowjetische Ökonomie wirklich war. Eher rechte Experten misstrauten grundsätzlich den Reformbemühungen Gorbatschows und hielten diese für ein elaboriertes Täuschungsmanöver ohne Substanz. Am Ende versagten so beide Seiten, die sich abzeichnenden fundamentalen Veränderungen zu erkennen.

Bei anderen Fragen scheint der ideologische Einfluss auf die Korrektheit der Vorhersage eindeutiger beziehungsweise einseitiger zu sein. Bei Fragen nach der Entwicklung der Weltwirtschaft und nahenden ökologischen und humanitären Katastrophen durch Überbevölkerung scheinen sich die Optimisten eindeutig als korrekt erwiesen zu haben.

Hierzu muss man sich vor Augen führen, wie skeptisch viele Experten gerade in den 1980ern in dieser Hinsicht waren. Seit den ersten Veröffentlichungen des Club of Rome in den 1970ern über die fundamentalen Grenzen des Wachstums existierte eine breite Strömung, die für die nahe Zukunft, also die folgenden zehn bis 15 Jahre (aus damaliger Perspektive, also noch weit vor dem Jahr 2000), katastrophale ökologische Probleme prophezeite, die nicht nur die Weltwirtschaft in eine Krise stürzen, sondern unmittelbar die Ernährung großer Teile der Weltbevölkerung bedrohen würden. Selbst weniger apokalyptisch gesinnte Experten waren oft äußerst pessimistisch in Bezug auf die wirtschaftliche Entwicklung der etablierten Industriestaaten und prognostizierten anhaltende Stagnation oder Rezession.

Nichts davon trat ein: Die Hungerkatastrophen der 1980er, zum Beispiel in Äthiopien, waren die Folge lokaler Ereignisse und keine Zeichen einer weltweiten Nahrungsmittelknappheit. Tatsächlich wuchs die globale Nahrungsmittelproduktion, auch auf Pro-Kopf-Basis, deutlich. Die Geburtenrate in vielen Entwicklungs- und Schwellenländern sank dramatisch (nicht nur in China, sondern auch in Indien, Iran, Thailand, Brasilien etc.), was die befürchtete Überbevölkerungskrise zumindest deutlich verzögerte. Das Wirtschaftswachstum im Laufe der 1980er und 1990er war in vielen Ländern deutlich höher als in den 1970ern.

In der Summe scheinen hier die Optimisten, die oft auch grundsätzlich positiver gegenüber dem Kapitalismus und der Marktwirtschaft eingestellt waren, deutlich besser wegzukommen. Ich warne jedoch davor, dieses Ergebnis überzuinterpretieren und als Gesetzmäßigkeit aufzufassen. In anderen Zeiträumen würde sich zumindest beim Wirtschaftswachstum wahrscheinlich ein entgegengesetztes Bild ergeben, also eine langfristige, das heißt mehrere Jahre andauernde Unterperformance, wie wir zuvor bezüglich Griechenland in den 2010ern festgestellt haben.

Bezüglich der ökologischen Horrorszenarien müssen wir außerdem die Dynamik der *self-defeating prophecy* berücksichtigen. Eine solche liegt immer dann vor, wenn in Reaktion auf die Vorhersage Maßnahmen ergriffen werden, die das Vorhergesagte abwenden. Viele Staaten haben zum Beispiel bessere Maßnahmen zur Geburtenkontrolle eingeführt, *weil* sie die Prognosen zu Überbevölkerung ernst genommen haben; die Angst vor dem Waldsterben in den 1980ern in Deutschland erscheint heute vielen lächerlich, aber sie hat zu einer Reihe von Maßnahmen zur Verbesserung der Luftqualität geführt (vor allem Reduktion der Schwefeldioxidemissionen), die auch den Wäldern zugutekamen etc. In solchen Fällen können die Warner oft im Rückblick als geradezu hysterisch erscheinen, lagen aber nicht unbedingt kategorisch falsch.

Weiterhin müssen wir beim Lob des Optimismus im Kopf behalten, dass die, die am Ende recht behielten, eigentlich Moderate waren. Schließlich hat praktisch niemand konstant 10 Prozent jährliches globales Wirtschaftswachstum oder eine vollständige Lösung des Problems der CO_2-Emissionen bis 1995 vorausgesagt. Gesiegt hat, wenn überhaupt, ein vorsichtiger Optimismus, eine Position der Mitte.

Halten wir fest: Wenn Sie wissen wollen, ob die Vorhersagen eines (echten oder vermeintlichen) Experten etwas taugen, sollten Sie sich nicht von Status, akademischen Titeln, institutionellem Prestige und Ähnlichem leiten lassen. Häufige mediale Präsenz kann sich sogar negativ auswirken. Auch politisch-ideologische Ausrichtung ist kein zuverlässiger Anhaltspunkt – Sie sollten nur gegenüber übertrieben negativer oder positiver Grundhaltung (»Alles wird gut« oder »Alles wird schlecht«) misstrauisch sein.

Bleibt uns irgendetwas, um Experten beurteilen zu können? Ja, und zwar der kognitive Stil. Er ist keine Frage von Wissen oder Intelligenz, sondern beschreibt eine allgemeine Herangehensweise an Probleme. Tetlock unterscheidet dabei zwei Idealtypen, den Igel und den Fuchs. Die Unterscheidung geht ursprünglich auf den griechischen Fabeldichter Archilochos zurück, der schrieb: »Der Fuchs weiß viele Dinge, der Igel aber ein wichtiges Ding.«

Igel und Füchse

Die Grundidee von Archilochos' Satz griff der Philosoph Isaiah Berlin (1909–1997) in einem Essay auf, in dem er unterschiedliche Denker als Igel oder Füchse kategorisierte. Igel sind demnach dadurch gekennzeichnet, dass ihr Denken wesentlich von einer zentralen Idee oder Annahme bestimmt ist; alle neue Information wird prinzipiell in das von der zentralen Idee bestimmte Weltbild eingeordnet. Demgegenüber haben Füchse keine zentrale Grundidee, ihr Weltbild wird durch eine Vielzahl unterschiedlicher, möglicherweise auch gegensätzlicher Annahmen geprägt. Berlin schrieb später, der Essay sei nur bedingt ernst gemeint und eher als Gedankenspiel zu verstehen. Dennoch hat sich die Idee erstaunlich weit verbreitet und ist in unterschiedlichen Kontexten zu interessanten Anwendungen gelangt.

Im Kontext der Vorhersage bedeutet diese Unterscheidung, dass kein Mensch eindeutig ein idealtypischer Igel oder Fuchs ist; dennoch lassen sich klare graduelle Unterschiede zwischen Individuen ausmachen.

Tetlock präsentierte seinen Probanden hierfür eine Reihe von Aussagen wie:

- Ich interagiere gerne mit Menschen, die völlig andere Meinungen haben als ich.
- Wenn ich über einen Konflikt nachdenke, sehe ich üblicherweise die Möglichkeit, dass beide Seiten recht haben könnten.
- Wenn ich versuche, ein Problem zu lösen, bin ich oft verwirrt von der Vielzahl an Optionen.
- Auch nachdem ich eine Entscheidung gefällt habe, höre ich mir noch gerne andere Meinungen hierzu an.
- Politik ähnelt eher einer Wolke als einem Uhrwerk (englisch: *more cloud-like than clock-like,* was so viel bedeutet wie: chao-

tisch, schwer zu durchschauen, nicht klar, einfach und präzise).*

Er ließ sie dann einschätzen, inwieweit diese Aussagen auf sie zutreffen. Anschließend ordnete er den Probanden anhand ihrer Antworten einen Wert auf einer Skala zu, die also gewissermaßen ihre Igeligkeit beziehungsweise Füchsigkeit angab. Die Grenzen zwischen den Kategorien sind dabei fließend; grob gesprochen werden die Probanden im »obersten« Viertel als Füchse bezeichnet, im »untersten« als Igel, im zweithöchsten als »Fuchs-Igel« und im dritthöchsten als »Igel-Füchse«. Dass die Füchse hier oben stehen, ist natürlich willkürlich und könnte genauso gut andersherum sein.

Füchse im Tetlockschen Sinn sind also Menschen, die an eine komplexe, chaotische Welt glauben, in der keine festen Gesetzmäßigkeiten herrschen, sondern unterschiedliche Ansätze helfen können, Dinge zu erklären, und die davon ausgehend bereit sind, ihre eigenen Annahmen häufig zu revidieren und dabei auch Argumente von ideologischen Gegnern ernst zu nehmen. Es muss betont werden, dass diese Charakteristika weitgehend unabhängig von Intelligenz, Bildung und ideologischer Ausrichtung sind. Füchse wie Igel können blitzgescheit und hochgebildet sein; man findet beide auf der Linken wie auf der Rechten und in der Mitte.

Insgesamt zeigte sich ein deutlicher Unterschied in der Performance beim Vorhersagen von Entwicklungen. In der Summe haben Füchse eine deutlich bessere Bilanz (gefolgt von den Fuchs-Igeln, dann den Igel-Füchsen) und liegen deutlich häufiger richtig (beziehungsweise, wie ich es lieber ausdrücke, seltener falsch. Vergessen Sie nie, dass auch die besten unter den Prognostikern die Zukunft nicht kennen!). Besonders aufschlussreich ist der

* Vollständiger Fragenkatalog in: Philip E. Tetlock, *Expert Political Judgment – How Good Is It? How Can We Know?*, Princeton 2005, S. 74.

Vergleich zwischen kurz- und langfristigen Vorhersagen. Bei den wirklich langfristigen besteht fast kein Unterschied, doch je näher wir uns an das zeitliche Ziel heranbewegen, desto mehr trumpfen die Füchse auf. Was können wir daraus schließen? Füchse kennen die Zukunft auch nicht, aber sie sind sehr viel lernfähiger und eher imstande, neue Informationen auszuwerten und ihre Einschätzungen anzupassen.

Ein idealtypischer Fuchs und ein idealtypischer Igel haben also zum Beispiel 1985 beide einen stabilen Fortbestand der Sowjetunion in den nächsten zehn Jahren vorausgesagt. Diese Einschätzung erschien auf der Basis der zu jenem Zeitpunkt verfügbaren Informationen gerechtfertigt. Vielleicht war der Fuchs ein wenig vorsichtiger, da er grundsätzlich mehr Raum für Unvorhergesehenes sieht; somit hat er die Wahrscheinlichkeit nur mit 90 Prozent statt wie der Igel mit 95 Prozent angegeben. Im Laufe der Jahre divergieren die Einschätzungen der beiden dann immer weiter. Der Fuchs erkennt die Notwendigkeit, seine Annahmen kritisch zu überprüfen und an die tatsächlichen Entwicklungen, die zum Beispiel in der DDR sichtbar werden, anzupassen.

Anfang 1990 ist er dann überzeugt, dass das Ende kurz bevorsteht. Der Igel hingegen passt sich, wenn überhaupt, viel langsamer an. Vielleicht sympathisiert er mit dem Kommunismus als Idee und glaubt an seinen historisch unaufhaltsamen Triumph, der trotz zeitweiliger Rückschläge irgendwann kommen wird. Vielleicht ist er aber auch glühender Antikommunist, hält die Sowjetunion für grundlegend unreformierbar und meint, die Machthaber würden im Zweifelsfall eher ein Blutbad anrichten, als abzutreten. Wohlgemerkt: Auch der Fuchs mag Sympathie oder Antipathie gegenüber der Sowjetunion empfinden; er ist aber eher imstande, dieses Werturteil, die normative Komponente, von der Vorhersage, der positiven Komponente, zu trennen.

Es gibt noch einen interessanten Unterschied zwischen Füchsen und Igeln: Füchse sind eher bereit, sich Fehler einzugestehen. Tetlock führte auch zahlreiche sogenannte Post-mortem-Interviews mit seinen Probanden durch, in denen diese ihre Prognosen im Nachhinein analysieren und kommentieren sollten. Dabei zeigte sich, dass praktisch alle im Nachhinein falsche Prognosen zu verteidigen versuchten. Dabei tauchten immer wieder bestimmte Grundmuster auf: Man habe doch nur zeitlich ein wenig danebengelegen, man habe die Grundentwicklung eines Landes doch richtig erkannt, und nur ein exogener Schock hätte andere Ereignisse verursacht, die eigene Vorhersage habe, wenn sie auch falsch war, eine richtige und angebrachte Vorsicht reflektiert etc.

Wir beschäftigen uns in Kapitel 5 und 6 noch näher mit Einwänden dieser Art und wie wir sie einzuordnen haben; an dieser Stelle soll es genügen, festzuhalten, dass sie zwar menschlich sehr verständlich, letztlich aber natürlich wenig zielführend sind. Die Fragen waren äußerst präzise formuliert, und die Probanden sollten Wahrscheinlichkeiten angeben, keine Strategieempfehlungen. Wer also einem unwahrscheinlichen, aber sehr gefährlichen Szenario, zum Beispiel einem nuklearen Konflikt auf dem indischen Subkontinent eine auffällig hohe Wahrscheinlichkeit zuschrieb, kann sich nicht darauf berufen, »aus Vorsicht« gehandelt zu haben, sondern hat (wahrscheinlich) eine schlechte Kalibrierungsfähigkeit demonstriert.

Der zeitliche Horizont ist nie irrelevant, sondern beeinflusst die Wahrscheinlichkeit von Ereignissen erheblich. Wer also ein Ereignis innerhalb von zwei Jahren als nahezu sicher vorhersagt, das dann fünf Jahre später tatsächlich eintritt, kann nicht behaupten, eigentlich recht gehabt zu haben. Und das Argument des »exogenen Schocks« ist in einer komplexen, multikausalen Welt wie der internationalen Politik nie stichhaltig. Wer als Experte für Jugoslawien dem Land um 1988 Stabilität voraussagte, kann nicht anführen, die tatsächliche Entwicklung sei nur deshalb anders verlaufen, weil die Sowjetunion 1991 zerbrach, und dies läge schließlich außerhalb der eigenen Expertise.

Bevor nun der Eindruck entsteht, Igel seien im Zweifelsfall alle verbohrte Betonköpfe, müssen wir ein paar Dinge klarstellen. Zum einen handelt es sich, wie gesagt, um Idealtypen – alle realen Menschen fallen irgendwo zwischen die theoretischen Extreme. Zweitens gibt es natürlich Beispiele dafür, dass Füchse vorschnell auf vermeintliche Änderungen reagieren, die sich letztlich als folgenlos erweisen. Es hilft also nicht, als Konsequenz aus Tetlocks Studie einfach, so oft es geht, seine Meinung zu ändern und so viele abseitige Ansichten wie möglich ernsthaft zu diskutieren. Es gibt auch einen Punkt, ab dem zu große geistige Offenheit negative Nebenwirkungen zeigt (im Englischen gibt es den schönen Ausdruck *being so open-minded that your brain sometimes falls out,* der das Phänomen gut beschreibt). Dies zeigt sich zum Beispiel bei sogenannten Szenarioübungen, bei denen Teilnehmer relativ detaillierte hypothetische Ereignisfolgen ausarbeiten, um mögliche Entwicklungen abschätzen zu können. Diese können ein sinnvolles Instrument sein, bergen aber die große Gefahr, dass man anschließend die tatsächliche Wahrscheinlichkeit des fiktiven Szenarios oder zumindest eines sehr ähnlichen deutlich überschätzt (siehe auch Kapitel 5, *narrative bias*). Füchse scheinen für diesen Irrtum besonders anfällig zu sein.

Auch wenn man also individuell nicht unbedingt immer »füchsiger« werden muss – die Gesamtheit der Politikexperten muss es ganz sicher! Das bereits angedeutete Problem der falschen Anreize für die Expertenklasse steht hierbei eindeutig im Zentrum – Experten, ob im akademischen oder journalistischen Bereich, werden nicht systematisch nach ihrer Bilanz bei der Vorhersage von Ereignissen bewertet; ihr Status gründet nicht auf korrekten Vorhersagen und/oder demonstrierter epistemischer Reflexion, sondern im Gegenteil entweder auf übertriebener Gewissheit oder auf möglichst gescheit klingender Nullaussage.

Wie eine sinnvolle Herausforderung des etablierten Betriebs in dieser Hinsicht aussehen kann, darum soll es im folgenden Kapitel gehen.

3
Die Stunde der informierten Laien – Das Good Judgment Project

Ich kenne Mike Bishop aus dem Sommer 2007, meiner Zeit an der University of Chicago. Er lebte in einer Groß-WG von ungefähr 20 Menschen in einem geradezu verwunschenen alten Haus in Hyde Park. Barack Obama wohnte in der Nachbarschaft, und seine Präsidentschaftsambitionen bildeten gerade den vorherrschenden Nachbarschaftsklatsch. Ich ging dort regelmäßig ein und aus und beteiligte mich an den *community meals*. Mike ist Soziologe, ein hochintelligenter, leicht verschrobener Typ, der zu dem Zeitpunkt schon ein bisschen zu lange an seiner Dissertation arbeitete. Die Grenzbereiche von Soziologie und Ökonomie interessierten ihn besonders, und er beschäftigte sich viel mit quantitativen Methoden und Statistik.

Ich arbeitete in jener Zeit als Forschungsassistent am *Chicago Project on Suicide Terrorism,* in dem es um die Erforschung von Selbstmordattentaten als rationaler Strategie geht. Wir diskutierten gerne und regelmäßig, und auch wenn wir nur bei wenigen Themen einer Meinung waren, vereinte uns doch eins: ein Unbehagen gegenüber der verbreiteten Tendenz vieler Sozialwissenschaftler, sich bei Ursachen und Lösungen komplexer Probleme allzu sicher zu sein. In den darauffolgenden Jahren nach meiner Rückkehr nach Berlin habe ich Mike naturgemäß seltener gesehen, aber wir diskutieren immer noch oft lebhaft über Facebook, wo er oft hochinteressante Artikel postet. Im Sommer 2011 schickte er mir einen Link zu der Webseite eines Forschungsprojekts. Es wurden Freiwillige gesucht, um geopolitische Entwicklungen vorherzusagen.

Als ich mich auf der Seite registrierte, ahnte ich noch nichts davon, wie dieses obskure Nerdhobby mein Leben verändern würde, was ich für Fähigkeiten an mir selbst entdecken oder was für Menschen ich darüber kennenlernen würde; all das habe ich also nicht korrekt vorausgesagt.

Die US-amerikanische IARPA *(Intelligence Advanced Research Project Activity)* ist eine Behörde, die, unabhängig von den einzelnen Nachrichtendiensten wie CIA oder NSA, allgemeine Forschungsaktivitäten zum Nutzen aller dieser Dienste finanziert und durchführt. Das bedeutet heutzutage nicht primär die Entwicklung von Geheimtinte, Schießfüllern oder James-Bond-Autos mit Raketenantrieb, Nebelwerfer und Fallschirm (okay, seien wir ehrlich: Das hat es wahrscheinlich nie getan), sondern vor allem Forschung im Bereich Computer und Nachrichtenübermittlung, also zum Beispiel Ver- und Entschlüsselungstechnologie. Die »menschliche« Seite der nachrichtendienstlichen Tätigkeit ist normalerweise eher ein Randgebiet. Dennoch startete IARPA um 2010 ein groß angelegtes Projekt mit dem Ziel der Verbesserung der Leistung der menschlichen Analysten.

Wie kam es dazu? Die amerikanischen Nachrichtendienste, allen voran die CIA, standen in dieser Zeit nach mehreren schwerwiegenden Fehleinschätzungen erheblich in der Kritik. Die bekanntesten und folgenschwersten Beispiele waren die Anschläge vom 11. September 2001, die die Dienste nicht verhindern konnten, sowie die Fehleinschätzungen bezüglich irakischer Massenvernichtungswaffen, die als Begründung für die Militärinvasion im März 2003 dienten. Die beiden Fälle verdeutlichen eindrucksvoll zwei mögliche Fehlermodi: *underconnecting the dots* (9/11) versus *overconnecting the dots* (Irak). Auf Deutsch könnte man von Über- oder Unterinterpretation sprechen. Konkret: In der Zeit kurz vor den Anschlägen vom 11. September haben die Dienste diverse einzelne Beobachtungen über die Aktivitäten von al-Qaida nicht miteinander in Verbindung gebracht. Im Vorfeld des Irakkrieges geschah das Gegenteil: Einzelbeobachtungen, die für sich genommen bestenfalls schwache Indizien für ein geheimes Chemiewaffenprogramm waren, wurden zu einem Bild zusammengefügt, das scheinbar eindeutig auf ein solches Programm hinwies. Beide Fehlermodi werden in Kapitel 5 ausführlicher behandelt; beide sind häufig und kaum hundertprozentig zu vermeiden. Zu welchem man eher neigt, hat neben der individuellen Persönlichkeit auch viel mit Anreizen zu tun (Problem des »richtigen Fehlers«).

Gerade bei dem Irakbeispiel wird häufig der Einwand vorgebracht, es habe sich nicht wirklich um einen Irrtum, sondern vielmehr um eine bewusste Lüge der Bush-Regierung gehandelt. Der Einwand ist berechtigt, aber nicht ganz korrekt. Zum einen nahmen die meisten internationalen Nachrichtendienste, darunter auch der deutsche BND, 2003 an, der Irak verfüge noch über geringe Mengen chemischer Waffen, allerdings kaum in einer Menge, die den USA oder ihren Verbündeten hätte gefährlich werden können. Wir können also mit Recht sagen, die Bedrohung sei bewusst übertrieben oder aufgebauscht worden, aber kaum frei erfunden. Zum anderen ist die Manipulation nachrichtendienstlicher Erkenntnisse unter politischem Druck ja genau eines der Grundmuster, die wir zum Thema Expertenversagen kennengelernt und besprochen hatten. Man darf sich den Ablauf eben nicht so vorstellen, dass ein ansonsten fehlerfrei arbeitender Apparat korrekte Lageanalysen produziert, die ganz am Ende per politischem Druck von ganz oben in ihr Gegenteil verkehrt werden. Vielmehr setzen sich oft kleine, graduelle Fehler im Laufe einer langen Kette von Prozessen durch viele Hierarchieebenen fort. Wenn also ein Memo über ein Dutzend Schreibtische wandert, bevor es einem politischen Entscheidungsträger vorgelegt wird, und bei jedem Schritt durch eine oft sogar unbewusst ablaufende Erwartungshaltung ein kleines bisschen dramatisiert wird, kann am Ende ein fatal falsches Ergebnis stehen.

Ich habe im Laufe der Mitarbeit am Good Judgment Project mehrere aktuelle und ehemalige Nachrichtendienstmitarbeiter aus den USA und Großbritannien kennengelernt, und alle bestätigen dies im Grundsatz. Nachrichtendienste sind, anders als ihr oft verklärter Mythos, in allererster Linie große bürokratische Apparate mit allem, was das mit sich bringt: komplizierte Hierarchien, lange Entscheidungswege, Büroklatsch, persönliche Fehden, Mitarbeiter, die in erster Linie ihre künftige Karriere im Blick haben, und solche, die sich aus Frustration längst in der »inneren Kündigung« befinden. All diese Faktoren beeinflussen den Prozess der Informationssammlung und -auswertung und damit letztlich auch die politische Entscheidungsfindung auf der Basis dieser Informationen.

Die Grundidee des von IARPA geplanten Vorhersageturniers, zu dem Mike mich eingeladen hatte, war, genau solche Fehlerquellen aufzuspüren und auszuschalten, indem man externe, also nicht in die bestehenden nachrichtendienstlichen Strukturen eingebundene Akteure als Vergleichsmaßstab Fragen zu zukünftigen geopolitischen Entwicklungen und Ereignissen beantworten lässt und ihre Performance dann vergleicht. Dabei sollte außerdem ein möglichst offener Methodenwettbewerb unter den Externen herrschen; das heißt, teilnehmende Teams durften mit eigenen, weitgehend frei gewählten Methoden die von IARPA herausgegebenen Fragen beantworten und sollten nur anhand ihrer erreichten Präzision bewertet werden. Vorgabe war allerdings, dass die Ergebnisse auf sogenanntem Crowdsourcing, also der zusammengefassten (aggregierten) Einschätzung mehrerer Individuen, basieren sollte und die Methode der Zusammenfassung klar definierten Regeln zu folgen hatte. Es durfte also nicht ein individueller Teamleiter nach Gusto die aggregierten

Voraussagen verändern, weil dies die Nachvollziehbarkeit des Prozesses verhindert hätte und damit die Möglichkeit, aus den Ergebnissen zu lernen.

Wie aber sollen externe Freiwillige Fragen bearbeiten, die in das Ressort der Nachrichtendienste fallen, ohne ihre Möglichkeiten der Informationsbeschaffung zu haben? An dieser Stelle muss mit einem weiteren Mythos über die Dienste aufgeräumt werden. Entgegen verbreiteter Vorstellung arbeiten sie nämlich nicht ausschließlich, ja nicht einmal primär mit geheimen Informationsquellen. Eine häufig zitierte Schätzung besagt, dass die meisten Dienste zu circa 80 Prozent öffentlich zugängliche Quellen benutzen, also Zeitungen, wissenschaftliche Publikationen etc. Der genaue Anteil ist wohl schwer zu quantifizieren, die Größenordnung dürfte aber ungefähr stimmen. Der andere Teil, etwa abgehörte Telefonate, abgefangene E-Mails und verdeckt arbeitende menschliche Quellen ergänzen diese Informationen nur. 2010 war Philip Tetlock nicht mehr der junge, aufstrebende Wissenschaftler, der 1983 seine ehrgeizige Langzeitstudie begonnen hatte. Er war inzwischen Ende 50 und kürzlich auf die Annenberg-Professur für Psychologie an der renommierten University of Pennsylvania, einer sogenannten Ivy-League-Universität, berufen worden. Er hatte mehr als ein halbes Dutzend Bücher und viele wissenschaftliche Artikel veröffentlicht. Als eine der großen Koryphäen seines Fachs hätte er sich längst auf seinen Lorbeeren ausruhen können. Stattdessen begann er ein neues Unternehmen; er formte ein eigenes Team, das sich am IARPA-Turnier beteiligen sollte.

An dieser Stelle sei darauf hingewiesen, dass Tetlock als geistigem Vater des Projekts natürlich der meiste Ruhm gebührt, er aber keineswegs alleine war, sondern vielmehr ein Team aus phasenweise mehr als einem Dutzend Mitarbeiter (plus natürlich Tausende Freiwillige) zur Seite hatte. Zu nennen wären hier insbesondere Barbara Mellers, Terry Murray und Don Moore. Die

Vorgehensweise sollte die Erkenntnisse aus Tetlocks jahrzehntelanger Beschäftigung mit dem Problem der Vorhersage aufgreifen und umsetzen. Erinnern wir uns für einen Moment an die zentralen Ergebnisse von *Expert Political Judgment* (EPJ) und überlegen uns: Wie könnte eine darauf aufbauende Strategie für ein Vorhersageturnier aussehen?

EPJ hatte ergeben, dass die Vorhersagbarkeit langfristiger Entwicklungen (fünf bis zehn Jahre und mehr) sehr eingeschränkt ist und die individuellen Unterschiede bei so langen Zeithorizonten auch gering ausgeprägt sind. Das IARPA-Turnier würde aber überwiegend nach kurzfristigen Entwicklungen, also innerhalb eines Jahres oder auch deutlich kürzer, fragen – auf solch kurzfristige Sicht hatten sich deutliche Unterschiede gezeigt, mit, wir erinnern uns, klaren Vorteilen für die sogenannten Füchse. Weiterhin hatte sich langfristige formale Ausbildung oder anderweitige Beschäftigung mit einzelnen Spezialthemen oder Regionen nicht als vorteilhaft erwiesen. Was lag also näher, als sich vollständig auf die Rekrutierung interessierter und gut informierter Laien zu konzentrieren, die die richtige kognitive Herangehensweise pflegen? Dabei gibt es natürlich verschiedene Möglichkeiten, die »richtigen« Teilnehmer auszuwählen. Man könnte Interessierte die gleichen (oder ähnliche) Fragen zur Persönlichkeit beantworten lassen, die auch den Experten aus EPJ gestellt wurden und deren Einteilung in Igel oder Füchse begründet haben. Dabei würde man aber nur eine Selbsteinschätzung erhalten; Selbsteinschätzungen sind, wie wir aus der psychologischen Forschung wissen, oft erstaunlich aussagekräftig, aber eben keineswegs immer verzerrungsfrei. Die Alternative: Man nimmt zunächst alle Interessenten auf und filtert im Laufe des Turniers anhand der Performance aus.

Dies hat den weiteren Vorteil, dass wir gar nicht wissen müssen, welche Attribute am Ende wirklich die Fähigkeit zur Vorhersage am stärksten beeinflussen; wahrscheinlich ist die Igel-Fuchs-

Skala gar nicht der Weisheit letzter Schluss! Da mit moderner Computertechnologie die Kosten für die Teilnahme zusätzlicher Probanden sehr gering sind, lohnt sich diese Vorgehensweise, zumal eben auch die Einschätzungen weniger begabter Prognostiker immer noch nutzbare Information enthalten!

Im Kern war und ist dies also die Grundphilosophie des Good Judgment Project: Eine große Anzahl Freiwilliger gibt eine große Menge von Vorhersagen ab, diese werden dann aggregiert, indem nicht nur ein einfacher Durchschnitt gebildet wird, sondern vielmehr eine Gewichtung nach vergangener Performance des einzelnen Probanden stattfindet. Mit anderen Worten: Good Judgement Project tat genau das, was unsere Gesellschaft bei einflussreichen Experten bis heute nicht tut. Es beurteilte die Leistung seiner Teilnehmer ausschließlich anhand der erreichten Präzision in der Vorhersage und verlieh den Stimmen der Besten ein entsprechendes Gewicht. Dabei war dieser Status nicht irreversibel; ließ die individuelle Performance nach, reduzierte sich das Gewicht der Stimme wieder.

Diese Vorgehensweise ist zwar der Kern des Good Judgment Project (GJP), aber noch nicht ganz das Gesamtrezept; um die Präzision weiter zu verbessern, sind noch ein paar weitere Schritte notwendig. Zum einen erhielten Teilnehmer ein grundlegendes Training zu Wahrscheinlichkeiten und zur Vermeidung grundlegender Fehler im Umgang mit diesen. Es zeigte sich im Vergleich experimenteller Gruppen, dass bereits eine Stunde Training zum Thema Wahrscheinlichkeiten die individuelle Performance deutlich verbessern kann! Zum anderen wurden die aggregierten Ergebnisse mithilfe von vorher definierten Algorithmen noch weiter angepasst. Warum das notwendig ist beziehungsweise warum es die Präzision weiter verbessert, darum wird es in Kapitel 7 ausführlicher gehen.

Die Kombination dieser drei Säulen resultierte in einer erstaunlichen Performance: GJP deklassierte sowohl die Konkurrenz der anderen Teams als auch die Referenzgruppe von IARPA. Gemessen am Brier-Score schlugen »wir« die Referenzgruppe im ersten Jahr um circa 60 Prozent, im zweiten um 78 Prozent, die anderen Teilnehmer um jeweils zwischen 30 und 70 Prozent. Daraufhin wurde das ursprünglich geplante Turnier abgebrochen und stattdessen ausschließlich als Forschungsprojekt zur weiteren Verfeinerung der Methoden im Rahmen von GJP weitergeführt.

Noch bemerkenswerter: Scheinbar haben die Laien von GJP auch in einem internen nicht öffentlichen Vergleich deutlich besser abgeschnitten als professionelle Mitarbeiter der Nachrichtendienste. Genaue Zahlen wurden zu diesem Vergleich zwar nicht veröffentlicht, das Ergebnis im Grundsatz wurde aber bestätigt. Das vermeintliche Hindernis, keinen Zugang zu deren geheimen Informationen zu haben, scheint sich also wenn überhaupt eher als Vorteil erwiesen zu haben. Warum genau das so ist, ist bis heute nicht ganz geklärt. Eine Theorie besagt, dass Vorhersage schlicht nicht die Priorität der Nachrichtendienste ist und daher letztlich immer hinter anderen Dingen zurückstehen muss, während wir uns ganz dieser Aufgabe zuwenden konnten. Ein anderer Erklärungsansatz zielt darauf, dass Nachrichtendienste den Wert bestimmter Informationen aufgrund der Schwierigkeit der Beschaffung überbewerten. Das Muster ist uns auch aus anderen Situationen vertraut; zum Beispiel halten Menschen oft eine teurere Flasche Wein subjektiv für besser als eine günstigere, unabhängig vom eigentlichen Inhalt. Wenn nun ein Nachrichtendienst unter großem Risiko erfolgreich eine menschliche Quelle im direkten Umfeld eines fremden Staatsoberhaupts angeworben hat und auf diesen Coup stolz ist, ist die Gefahr groß, dass alle Informationen, die diese Quelle liefert, in ihrer Relevanz überschätzt werden. Uns vom heimischen Rechner aus arbeitenden Zivilisten kann das nicht passieren.

Beide Theorien klingen für mich zunächst plausibel, aber genau werden wir es wahrscheinlich nie erfahren. Etwaige weitere Studien über die interne Arbeitsweise der Dienste würden wohl nicht veröffentlicht werden.

Von all diesen spektakulären Erfolgen des Projekts habe ich in den ersten zwei Jahren meiner Teilnahme wenig mitbekommen. Wie aber muss man sich meine tägliche Arbeit an GJP im Detail vorstellen? Nach einer kurzen, unkomplizierten Registrierung, vergleichbar damit, sich einen neuen E-Mail-Account einzurichten, musste man zunächst ein paar kurze Testfragen zur politischen Bildung und zum logischen Denkvermögen beantworten – die Ergebnisse sollten später eine wichtige Rolle in der wissenschaftlichen Auswertung der Ergebnisse spielen. Danach erhielt man etwa ein bis zwei Dutzend Fragen. Diese Fragen deckten breite Themen der weltweiten Politik mit einem Zeitraum von einigen Monaten bis zu einem Jahr ab. Typische Fragen lauteten zum Beispiel: »Wird Nordkorea im nächsten Jahr einen Atomtest durchführen?« oder »Welcher Kandidat wird die anstehenden Präsidentschaftswahlen in Taiwan gewinnen?«. Manche der Fragen wurden breit in gängigen Medien behandelt, etwa zur künftigen Entwicklung der Eurokrise oder zum TTIP-Handelsabkommen, andere waren im Vergleich hochobskur, zum Beispiel zur Parlamentswahl in Äquatorialguinea. Alle Fragen erfüllten grundsätzlich den erwähnten Clairvoyance-Test, das heißt, sie waren ausgesprochen präzise formuliert, sodass eindeutig entschieden werden kann, ob das fragliche Ereignis eingetreten ist.

Bei der Beantwortung war man nicht ganz alleine, sondern wurde einem Team von anfangs 15 Teilnehmern zugeteilt; die Zahl der aktiven Teilnehmer verringerte sich im Laufe des Turniers aber schnell. Andere Teilnehmer waren zu Testzwecken anderen Bedingungen zugelost worden und arbeiteten teils ganz alleine. Die Einschätzungen meiner Teamkameraden konnte ich lesen, ebenso eventuelle zusätzliche Kommentare. Über ihre persönliche Identität wusste ich die ersten zwei Jahre dabei praktisch nichts. Ich bemerkte schnell, dass das, was hier erwartet wird, sich von unserer üblichen Weise, Politik zu behandeln, gründlich unterscheidet. Zu Beginn lässt dies einen schnell ratlos zurück; die meisten von uns sind es gewohnt, (nicht nur) über Politik entweder in absoluten Aussagen (»Wird passieren/ wird nicht passieren«) oder äußerst vage (»Könnte passieren«) zu sprechen.

Plötzlich gezwungen zu sein, diese Ahnungen in konkrete Prozentzahlen zu übersetzen, ist eine anfangs ernüchternde Erfahrung – ich realisierte, wie wenig ich in aller Regel zu den meisten Themen wusste, darunter auch zu solchen, die theoretisch in mein Fachgebiet fallen sollten (also zum Beispiel Fragen zum Nahen und Mittleren Osten) oder über die ich als Europäer grundsätzlich mehr wissen sollte als die meisten US-Amerikaner (circa 75 Prozent der Teilnehmer kamen aus den USA). Es ist eben etwas anderes, plötzlich nicht mehr einfach sagen zu können »Dieses Szenario erscheint mir sehr unwahrscheinlich«, sondern Farbe bekennen zu müssen und klar zu sagen: »Die Wahrscheinlichkeit beträgt 10 Prozent« (oder 5 oder 20 Prozent). Die eigenen Einschätzungen können im Prinzip täglich aktualisiert werden; die Idee, eben auch einen Lernprozess im Laufe der Zeit nachvollziehen und durch das Punktwertungssystem belohnen zu können, hatten wir ja schon kennengelernt.

Tatsächlich bemerke ich bald, dass ich in zunehmend kürzeren Abständen zu meinen Antworten zurückkehre und versuche, bessere und genauere Einschätzungen zu liefern. Die Zeitmenge, die ich wöchentlich mit dem Projekt verbringe, steigt schnell an und wird neben dem (viel zu späten) Abschluss meines Studiums, meiner Arbeit in einer Immobilienfirma und meiner damals fünfjährigen Tochter zu einem echten Faktor in meiner Zeitplanung. Im Rückblick empfinde ich es oft als geradezu absurd, dass ich in ausgerechnet dieser Lebensphase mit einer so aufwendigen Aktivität ohne irgendwelche Aussichten auf materiellen Nutzen begonnen habe. Und doch: Bald kann ich von der Arbeit nicht mehr lassen.

Innerhalb meines Teams gehöre ich klar zu den aktiveren Teilnehmern; einige der 15 zeigen schon bald keinerlei Aktivität mehr. Manch andere scheinen sehr eigenartige Ansichten zu hegen. Insbesondere der Typus *Doomster* ist erkennbar, also Menschen, die offensichtlich maximalen Pessimismus für eine vielversprechende Strategie halten. Jedes negative Ereignis, also vor allem Kriege, aber auch wirtschaftliche Krisen hält dieser Typus grundsätzlich für sehr wahrscheinlich, auch auf sehr kurze Sicht.

Nach einigen Monaten und einer zweistelligen Zahl beantworteter Fragen erhalten wir langsam einen Eindruck von unserer Performance. Ich gehöre zwar zu den Stärkeren im Team, stehe aber noch nicht an der Spitze. Langsam gesellt sich zur Faszination an der Sache selbst auch eine Portion kompetitiver Ehrgeiz. Ich beginne, noch mehr zu recherchieren, noch häufiger zu aktualisieren, mich noch weniger auf den Input von Teamkollegen zu verlassen.

Überwiegend stellt sich diese Strategie als erfolgreich heraus. Ein spektakulärer Misserfolg verhagelt mir ein wenig die Bilanz; ausgerechnet bei meinem vermeintlichen Spezialthema Deutschland versage ich. Anfang 2012 fragt das Projekt seine Teilnehmer, ob sie einen Rücktritt des Bundespräsidenten Christian Wulff erwarten. Der Skandal, der ihn schließlich zu Fall bringt, entfaltet sich damals gerade. Als einziger Deutscher im Team erkläre ich mich zum Experten, schließlich habe ich Zugang zu einer Vielzahl von Quellen in meiner Muttersprache. Interessanterweise bleibe ich viel skeptischer als andere hinsichtlich eines Rücktritts. Mein Gefühl ist eher, dass Wulff den Skandal aussitzen wird, eine Position, die ich auch in vielen Diskussionen hartnäckig verteidige.

Meine internationalen, wie gesagt mehrheitlich amerikanischen Teamkameraden lassen sich nicht überzeugen und erkennen somit viel schneller, dass Wulffs Rücktritt kurz bevorsteht. Ich erfahre also schnell am eigenen Leibe, wie wenig ein Mehr an Wissen bei der Vorhersage hilft und wie sehr gerade behaupteter Expertenstatus die eigene Position unnötig verhärten kann. Positiv interpretiert bedeutet es aber auch: Man kann aus der Position des internationalen Beobachters, der nur englischsprachige Informationen lesen kann, oft genauso gut oder besser eine Entwicklung vorhersagen wie jemand, der der lokalen Sprache mächtig ist. Und für den allergrößten Teil der Welt zähle ich nun mal zur ersten Gruppe.

Und dennoch: Am Ende der ersten Saison im Sommer 2012 habe ich klar den besten Einzelscore meines Teams. In Rundmails an alle Teilnehmer wird zum ersten Mal die erstaunliche Gesamtperformance des Projekts erwähnt, was mich aber zu dem Zeitpunkt noch nicht besonders interessiert. Das Wort »Superforecaster« fällt, aber was genau das sein soll, ist mir nicht wirklich klar.

Ich gehe motiviert ins zweite Jahr, aber erhalte bald einen Dämpfer. In meinem neuen Team ist die gesamte Aktivität noch wesentlich geringer als im ersten Jahr. Eine gewisse Frustration stellt sich schnell ein, obwohl ich weiter selbst viel an den gestellten Fragen arbeite. Ungefähr zur Mitte der Saison reise ich Anfang 2013 nach Chicago, um alte Freunde zu besuchen. Dabei treffe ich auch Mike, der mir bei einem Stück Pizza in Logan Square erzählt, dass er aufgenommen wurde in den ominösen Kreis der Superforecaster. Begeistert berichtet er von der fundamental anderen Arbeitsweise, umgeben von geradezu fanatisch arbeitenden Teamkollegen. Unbestreitbar kommt ein gewisser Neid in mir auf

Ich beschließe, einen Anlauf zu wagen, um auch in diese Sphäre vorzustoßen. Von nun an wird jede einzelne Frage, während einer Saison sind es knapp 150, von mir persönlich bearbeitet und aktualisiert. Eigentlich wird ein solches Maß an Aktivität nicht vorausgesetzt, doch da man für nicht selbst bearbeitete Fragen den Durchschnittsscore seiner Teamkollegen zugeschrieben bekommt und ich ihrer regelmäßigen Aktualisierung nicht vertrauen kann, kommt dies für mich nun nicht mehr infrage. Am Ende der Saison erhalte ich tatsächlich die ersehnte E-Mail: Mit meiner Performance bin ich unter den besten 2 Prozent aller Teilnehmer; damit bin bin aufgenommen in den Kreis der Superforecaster. Ungefähr zur selben Zeit beginnt in englischsprachigen Medien eine Welle der Aufregung um das Phänomen Superforecaster. Die *New York Times,* die *Washington Post,* die BBC, der *Economist* – alle berichten über diese mysteriöse Gruppe vermeintlich hellsichtiger Personen.

An dieser Stelle sollten wir innehalten und uns fragen: Was genau bedeutet die Performance der Superforecaster, beziehungsweise wie müssen wir diese realistisch einordnen? Offensichtlich sind wir ja nicht hellsichtig im mystischen Sinne, auch wenn immer wieder Menschen das Ergebnis der Studien so interpretieren. Was Superforecaster hingegen mehrfach demonstriert haben, ist extrem gute Kalibrierung und, für viele überraschender, bemerkenswerte Konstanz in der Qualität der Vorhersage. Erinnern wir uns: Es war niemals das erklärte Ziel von GJP, Superforecaster zu identifizieren. Das Interesse an dieser Gruppe wurde eigentlich erst geweckt, als sich zeigte, wie konstant gut ihre Leistungen über längere Zeit blieben. Das erklärt auch, warum die Projektleitung erst nach zwei Jahren mit diesen Ergebnissen an die Öffentlichkeit ging. Nach einem Jahr wäre ein substanzieller Glücksfaktor in den Resultaten noch nicht auszuschließen gewesen. Im zweiten Jahr aber müssten, wenn Glück eine Rolle gespielt hätte, die Ergebnisse der Superforecaster im Durchschnitt wieder deutlich schlechter werden. Zur Anschauung:

Wenn 1000 Probanden jeweils 100-mal eine Münze werfen und notieren, wie oft sie »Zahl« erhalten, werden einige der Teilnehmer sehr viel höhere Werte haben als der Durchschnitt (50). Sie können ungefähr mit 15 bis 20 Teilnehmern rechnen, die 60 oder mehr Zahlwürfe hatten, und eventuell mit einem, der 64 oder 65 erreicht. Wenn Sie diese nun zu »Superzahlwerfern« erklären und sie erneut 100-mal werfen lassen, wird die Gruppe als Ganzes mit großer Sicherheit nicht überdurchschnittlich viele Zahlwürfe erhalten.

In diesem Beispiel ist die höhere »Performance« der Individuen ausschließlich eine Folge von Zufall beziehungsweise Glück und verschwindet daher bei Wiederholung völlig. Das Ausmaß, in dem dies geschieht, ist daher ein guter Indikator für dein Einfluss von Zufall (im weitesten Sinne) auf Leistungen in verschiedenen Bereichen. In den meisten Leistungssportdisziplinen sehen wir eine gewisse »Regression zur Mitte«, aber eben nicht annähernd vollständig. Überdurchschnittlich gute Sportler bleiben überwiegend auch in der nächsten Saison überdurchschnittlich, Zufall spielt also für ihre Leistung auch eine Rolle, aber eben nicht die alles entscheidende.

Nun zeigten Superforecaster nicht nur keinerlei Abnahme ihrer Leistung, sie wurden tatsächlich im Laufe der Zeit immer noch besser. Dies deutet zum einen darauf hin, dass die hier getestete Form der Vorhersage doch eine relativ neue Tätigkeit für fast alle Teilnehmer war und damit die Effekte von mehr Übung noch lange nicht ausgereizt waren (und eventuell immer noch nicht sind, obwohl die Verbesserung sich deutlich abgeschwächt hat). Zum anderen zeigt es die Bedeutung der Teamkomposition; Superforecaster scheinen also im Verbund mit ihresgleichen noch besser zu funktionieren. Subjektiv kann ich dieses Ergebnis nur bestätigen: Die Arbeit in Jahr drei als Teil eines Teams aus Superforecastern unterscheidet sich grundlegend von den ersten zwei Jahren. In der Summe verbringe ich wahrscheinlich ähnlich viel Zeit mit dem Projekt, aber die Art und Weise der Arbeit ist eine ganz andere. Die Zeit des einsamen Brütens an Fragen ist vorbei, alles wird in der Gruppe diskutiert, mit einem oft atemberaubenden Level an Aktivität der anderen.

Ich bin extrem beeindruckt von der Diskussionskultur, in der auch sehr gegensätzliche Auffassungen offen und respektvoll ausgetauscht werden können. Vor allem aber gibt mir die Erfahrung im »Superteam« auch wieder ein Stück weit den Glauben an den Wert von Experten zurück. Bisher könnte man meine Ausführungen gerade des vorherigen Kapitels als radikale Kritik am klassischen Expertentum lesen. Für die medial präsente Kaste von Experten, die mit übergroßer Sicherheit und ohne Rechenschaft ihre Ansichten kundtun, gilt das auch immer noch. Die Arbeit im Team der Superforecaster aber zeigt eine andere Möglichkeit auf: Der Experte als *Primus inter Pares,* als Quelle von Hintergrundwissen zur Einordnung von Information.

Ein Beispiel: Im Jahr 2013/14 beschäftigt die europäische Finanzkrise noch immer die Welt; entsprechend drehen sich eine ganze Reihe von Fragen dieser Saison im weitesten Sinne um das Thema und seine Folgen. Wir werden zum Beispiel gefragt, ob eine Einigung auf einen einheitlichen europäischen Bankenabwicklungsmechanismus bis Mitte 2014 erfolgen wird, wie sich das irische Kreditrating entwickeln wird oder ob der Internationale Währungsfonds neue Kredittranchen für Griechenland bewilligen wird. Für die allermeisten von uns, selbst ausgezeichnet informierte Menschen, sind Fragen wie diese oft nur schwer zu beantworten, da sie eine Menge Hintergrundwissen voraussetzen. Glücklicherweise hatten wir Menschen im Team, die durch VWL-Studium und langjährige Arbeit im Finanzsektor genau dieses Hintergrundwissen mitbringen.

Entscheidend ist, dass diese Experten dann nicht einfach ihre Einschätzung kundtun, und der Rest des Teams folgt. Genau dann schnappt nämlich die Falle des Expertenversagens zu; Wissen führt zu übergroßem Vertrauen ins eigene Urteil, und der Herdentrieb tut ein Übriges … Was hingegen funktioniert, ist ein Format, in dem die Experten zunächst einen grundsätzlichen Überblick über die Hintergründe der Frage geben: Was ist die Idee hinter dem einheitlichen Bankenabwicklungsmechanismus? Was sind die Schwierigkeiten? Wo liegen Widerstände gegen die Einigung? Im Idealfall halten die Experten ihre eigene Einschätzung der tatsächlichen Wahrscheinlichkeit einer Einigung in diesem Stadium sogar noch zurück, wobei man diesen Punkt meiner Erfahrung nach nicht päpstlicher als der Papst sehen muss.

Erst im Anschluss an die Grundlektion beginnen die Teammitglieder dann, eigene Einschätzungen zur eigentlichen Vorhersage kundzutun. Das Beispiel ist natürlich idealtypisch gewählt; bei manchen Fragen gibt es die strikte Rollenverteilung vielleicht nicht, entweder weil es gar keine ausgewiesenen Experten im Team gibt, oder weil das Wissen auch unter den Laien breiter verteilt ist. Aber auch dann gilt der Grundsatz: Versuchen Sie immer, Information und Wissen auszutauschen (und damit in der Gruppe zu vermehren), ohne die konkrete Vorhersage des anderen zu übernehmen, um übermäßiges Gruppendenken zu verhindern.

Im Rahmen von GJP lief dieser Prozess meist weitgehend organisch selbstorganisiert ab, ohne dass irgendeine Führungsfigur zur Anleitung gebraucht wurde. In anderen organisatorischen Zusammenhängen mag das nicht immer der Fall sein. Wenn Sie tatsächlich aufbauend auf den Erfahrungen von GJP in Gruppen Vorhersage betreiben möchten, würde ich Sie sehr ermutigen, dieses Format im Wesentlichen zu übernehmen. Wenn die Expertenrolle dabei unklar ist, zum Beispiel weil die meisten Gruppenmitglieder auf einem ähnlichen Kenntnisstand und möglichst auch im Rang auf Augenhöhe sind, bietet sich die sogenannte Delphimethode an. Dabei gibt zunächst jedes Gruppenmitglied reihum unkommentiert eine erste Abschätzung der Wahrscheinlichkeit für das fragliche Ereignis an. Anschließend diskutiert die Gruppe, trägt Pro- und Contraargumente vor, um dann in einer zweite Runde die revidierten Einschätzungen zu sammeln.

Wenn es möglich ist, sollte die Gruppe dabei nicht gezwungen werden, einen Konsens zu erzielen, sondern stattdessen die Einzeleinschätzungen gemittelt werden. GJP konnte eindrucksvoll zeigen, dass die gemittelten Ergebnisse vieler Forecaster grundsätzlich bessere Ergebnisse bringen als Einzelleistungen. Die Identifizierung individuellen Talents ergänzt diese Strategie und steht nicht, wie man eventuell denken könnte, im Widerspruch zu ihr. Die allerbesten Leistungen erzielen also Teams aus zuvor ausgewählten Einzeltalenten.

Zwingt man Teams hingegen dazu, sich auf einen Wert zu einigen, begegnet man immer wieder dem Problem des übergroßen Selbstvertrauens Einzelner. Überspitzt gesagt, setzen sich dann in Gruppendiskussionen allzu oft eben diejenigen Mitglieder durch, die sich ihrer Sache am sichersten sind, und das sind selten die, die am besten den eigenen Kenntnisstand reflektieren.

Diese Vorgehensweise stößt natürlich im realen Leben oft an Grenzen, zum Beispiel wenn eine Strategieentscheidung gefällt werden muss, bei der es keinen Mittelweg gibt. Aber selbst dann gibt es noch Möglichkeiten, das Prinzip zu nutzen. Beispielsweise können Mitglieder eines Teams ihre Schätzung für eine Zielgröße wie die Absatzzahlen eines Produkts im nächsten Jahr abgeben und auf der Basis des Mittelwerts dann eine Ja-oder-nein-Entscheidung treffen.

Insgesamt ein Jahr lang arbeite ich auf diese Weise im Team mit anderen Superforecastern; eine grandiose Erfahrung, die ich nicht missen möchte. Dennoch lasse ich mich im letzten Jahr des regulären Projekts zu Forschungszwecken in eine neue Plattform einteilen: den sogenannten Supermarkt. Wiederum arbeite ich mit anderen Superforecastern zusammen, aber der Modus der Zusammenarbeit ist ein anderer. Die Einzelmeinungen werden nun nicht mehr gesammelt und gemittelt, sondern aggregiert, indem man die Teilnehmer in einem sogenannten Prognosemarkt handeln lässt. Jeder Teilnehmer erhält ein Budget in fiktiver Währung. Dann werden zu jedem fraglichen Ereignis Anteile, ähnlich Unternehmensaktien, gehandelt, die bei Eintritt 100 Dollar wert sind, bei Nichteintritt am Ende des Zeitraums hingegen wertlos sind. Wenn man also der Ansicht ist, die Eintrittswahrscheinlichkeit läge bei 30 Prozent, sollte man bereit sein, circa 30 Dollar für den Anteil zu zahlen. Die in Echtzeit notierten Preise für einzelne Anteile geben also einen guten Indikator für die kollektive Einschätzung der Marktteilnehmer für die Eintrittswahrscheinlichkeit des entsprechenden Ereignisses ab.

Die Arbeit im Markt ist sehr anders als im Team und hat mir nie gleich viel Freude bereitet. Man muss zwar auch im Markt langfristig denken, gleichzeitig aber auch viel kurzfristiger auf aktuelle Ereignisse reagieren. Die Szene, die ich zu Beginn des Buches beschreibe, gibt einen guten Eindruck hiervon. Theoretisch sollten solche Märkte noch effektiver darin sein, kollektives Wissen zu aggregieren und zu bündeln; dies setzt jedoch eine große Zahl von Teilnehmern und eine hohe Liquidität, also viel verfügbares Geld voraus. Die Testergebnisse von GJP waren am Ende nicht ganz eindeutig. Die Gesamtperformance von Markt und konventionellen Teams war fast identisch.

Es gibt übrigens online ähnliche Prognosemärkte, die auch mit echtem Geld arbeiten; allerdings sind sie nach deutschem Recht illegal, und auf internationalen Seiten aktiv zu sein kann rechtliche Probleme mit sich bringen, auch weil solche Seiten gerne zur Geldwäsche genutzt werden. Daher bin ich dort nicht mehr aktiv, aber wenn Sie sich versuchen möchten … wenn Sie rechtlich lieber auf der sicheren Seite sind und auch kein eigenes Geld riskieren wollen, können Sie natürlich auch einfach auf der noch immer öffentlich zugänglichen Seite von Good Judgment (www.gjopen.com) mit der Vorhersage beginnen.

4
Superforecaster – Precogs oder Supernerds?

Berkeley, Kalifornien, Ende August 2014. Ich stehe im Aufzug des feinen Shattuck Plaza Hotel und fühle mich, ehrlich gesagt, deplatziert. Hier soll meine erste Superforecasterkonferenz stattfinden; ich soll zum ersten Mal meine Brüder und Schwestern im Geiste persönlich kennenlernen, nachdem ich bereits seit einem Jahr täglich online mit ihnen interagiere. Der Weg bis hierher gestaltete sich holprig: In der Nacht zuvor bin ich um 2.00 Uhr nach einer über 20-stündigen Reise in Berkeley angekommen und habe einige Stunden in einem arg heruntergekommenen Hostel, das eher an ein studentisches *Frat House* erinnert, im Schlafsaal übernachtet - vorausschauende Reiseplanung und treffsichere politische Prognostik scheinen doch zwei unterschiedliche Fähigkeiten zu sein.

Beim Frühstück habe ich den Fehler begangen, einem dort scheinbar dauerhaft lebenden Althippie etwas über den Hintergrund meiner Reise zu erzählen, worauf er eine Diskussion über den militärisch-industriellen Komplex vom Zaun gebrochen und Proteste seiner politischen Aktionsgruppe vor der Konferenz angekündigt hat (es bleibt bei der Ankündigung). Neun Stunden Zeitverschiebung zwischen Berlin und Kalifornien stecken mir zusätzlich in den Knochen; auch wenn ein ausgedehnter Spaziergang über den überaus beeindruckenden modernistischen Campus der Universität Berkeley und der Duft des Pazifischen Ozeans, von Pinien, Zypressen und frisch geröstetem Kaffee meine Lebensgeister wieder zurückgebracht haben, stehe ich immer noch ein wenig neben mir. In meiner gesamten Erscheinung passe ich in diesem Moment eher in einen Berliner Afterhour-Club am Sonntagmittag als in ein internationales Businesshotel.

Die erste Superforecasterkonferenz

Im Fahrstuhl fällt mir ein Mann auf, für den das auf ganz andere Weise auch gilt. Ihn würde man rein optisch wohl eher für einen deutschen Rentner in Freizeitkleidung auf Reisen halten; einen Preis für modisches Stilempfinden gewönne er wohl ebenso wenig wie ich. Mich beschleicht sofort der Verdacht, es könnte sich um einen meiner Kollegen handeln, und als er meine Nachfrage bejaht, kommen wir schnell ins Gespräch. Hinter seinem unprätentiösen Auftreten verbirgt sich eine interessante Geschichte. Steve (Name geändert) ist Anfang 60 und lebt in Nordkalifornien. Er ist seit Kurzem im Ruhestand, nachdem er 30 Jahre als Programmierer für Oracle gearbeitet hat, einen der Technikgiganten des Silicon Valley. Er gehört zur Generation von Programmierern, die die digitale Revolution der letzten Jahrzehnte wesentlich geprägt haben. Er hat im Wesentlichen am Good Judgment Project teilgenommen, um, wie er sagt, seine Fähigkeit zur Risikoabschätzung bei der Kapitalanlage zu trainieren und zu schärfen. Das heißt, eigentlich sollte man sagen, er hat deshalb mit dem Good Judgment Project begonnen, denn wie auch ich hat er schnell Blut geleckt und zunehmend einfach Spaß und schließlich auch Ehrgeiz beim ständigen Ringen um die genaueste Vorhersage entwickelt. Mit sichtlichem Stolz erzählt er mir auch, dass sein Sohn im Teenageralter zum ersten Mal denkt, sein Vater habe ein cooles Hobby, ihm Fragen dazu stellt und nicht nur peinlich berührt mit den Augen rollt.

Trotz unserer völlig unterschiedlichen Hintergründe können

wir sofort über diverse Themen sprechen. Schnell stellt sich heraus, dass wir viele ähnliche oder sogar dieselben Blogs lesen. Und diese beschäftigen sich eben nicht nur mit knallharter politischer und wirtschaftlicher Vorhersage. Steves Plan für das Wochenende ist, neben der Konferenz ins nahe gelegene San Francisco zu fahren, um dort den von Nate Silver kürzlich gekürten besten Burrito der USA zu probieren. Nate Silver, dessen Blog auch für mich zur regelmäßigen Pflichtlektüre zählt, ist einer der aktuellen Helden der politischen Prognostik in den USA. 2014 wollte er seine Methoden der Datenaggregation auch in anderen Lebensbereichen nutzbar machen und hat versucht, den besten Burrito der USA ausfindig zu machen.

Dass ich Steve als einen Superforecaster erkannt habe, ist kein Beweis für prophetische Fähigkeiten. Und doch ist mir unsere erste Begegnung nicht zufällig im Gedächtnis geblieben, stellte sie doch den Auftakt dar für 72 der intensivsten Stunden, die ich je erleben durfte. Nie habe ich in so kurzer Zeit eine solche Vielzahl unterschiedlichster Menschen getroffen, mit denen ich sofort eine so intuitive Verbindung und eine solche Vielfalt von Gesprächsthemen teilte. Und mit dieser Erfahrung bin ich nicht alleine – viele andere Superforecaster beschreiben Ähnliches. Am schönsten hat es Nick Hare aus England beschrieben: »Es ist wie am Ende von *E.T.*, als die anderen Aliens kommen, um E.T. zu holen. Plötzlich ist er kein Alien mehr.«

Steve und ich sind auch in anderer Hinsicht zumindest nicht untypisch für unsere Art: Die wenigsten scheinen sehr viel Wert auf die äußere Erscheinung zu legen; eine Zusammenkunft erinnert klamottentechnisch oft eher an die Informatik-AG als an ein Businessmeeting. Nennen wir das Kind beim Namen: Es ist eine Bande von Nerds. Gleichzeitig herrscht großer Respekt, aber eben keine übertriebene Ehrfurcht voreinander, weitgehend unabhängig von sonstigem sozialem Status. Wir alle haben uns in diesem Feld bewiesen, und wir alle wissen, was das heißt.

Realität und Brier-Score sind unbestechlich, niemand wird durch Einschleimen beim Vorgesetzten Superforecaster, und auch Glück hilft bestenfalls bei ein oder zwei Fragen, aber nicht bei 150. Wir wissen, was es, bei aller Freude an der Sache, für Arbeit macht, wie viele Stunden an Recherche und Kopfzerbrechen wir neben Arbeit, Studium, Familie investiert haben und wie ernüchternd und manchmal demütigend es sein kann, das schöne Gedankenkonstrukt von der Realität jäh zerschlagen zu sehen. Zähneknirschend die eigene Unwissenheit einzugestehen und beim nächsten Mal eben noch genauer hinschauen zu müssen. Zum grundsätzlichen gegenseitigen Respekt gesellt sich oft einfach eine wunderbare Menge Gesprächsstoff. Trotz unterschiedlichster Spezialgebiete pflegen viele Superforecaster äußerst breite Interessen, die sich zwar auch oft überlappen, aber eben nie zu sehr, um nicht noch voneinander lernen zu können.

Asim Manizada aus Aserbaidschan, der in den USA Mathematik studiert hat und inzwischen bei Facebook arbeitet, schrieb mir auf meine Frage nach seiner Erfahrung bei der Konferenz: »Es war unglaublich. Du konntest zu jedem Thema, zu dem du kürzlich etwas gelesen hattest, ob im Libanon oder in Burma, etwas in die Runde werfen und musstest nicht einmal fragen ›Habt ihr davon gehört?‹, denn du konntest sicher sein, dass sie Bescheid wussten.« Und, so möchte ich hinzufügen, sie haben eben nicht nur den gleichen Artikel wie man selbst gelesen; garantiert weiß mindestens einer in der Runde noch viel mehr darüber. Und: Die Diskussion verharrt nie beim eigentlichen Gegenstand, sondern bewegt sich oft sehr schnell auf Metaebenen – nichts interessiert Superforecaster so sehr wie Fragen danach, wie wir überhaupt Dinge wissen und beurteilen können. *Wie* wir denken und *wie* wir etwas wissen können ist für die meisten viel spannender als *was* wir wissen.

Der Austausch ist dabei generell viel freier und angeregter, als ich es zum Beispiel aus akademischen Kontexten kenne, wo oft viel mehr auf Status und interne Hackordnungen geachtet wird und ein viel größeres Bedürfnis herrscht, sich selbst in Szene zu setzen. Superforecaster freuen sich, voneinander lernen zu können. Superforecaster stammen aus der ganzen Welt, auch wenn die USA im Moment die mit Abstand größte Zahl stellen, gefolgt vom Vereinigten Königreich und Kanada. Doch auch aus Kolumbien, Rumänien oder Georgien waren Vertreter nach Berkeley gereist. Später habe ich mit Forecastern aus Jamaika, Indien und Südafrika online zusammengearbeitet. Hier zeigt sich die verbindende Wirkung des Internets einmal wirklich eindrucksvoll, und zwar in zweierlei Hinsicht. Erstens ermöglicht es die unkomplizierte Zusammenarbeit zwischen Ländern und Kontinenten; zweitens ermöglicht es Menschen überall auf der Welt überhaupt erst, die für die Teilnahme nötigen Recherchen durchzuführen. Die Implikationen dieser enormen Demokratisierung des Wissens werden uns noch an anderer Stelle beschäftigen.

Nicht nur kommen die Superforecaster von überallher; sie sind auch auffallend oft weit gereist und in mehr als einem Land zu Hause. Bezüglich Alter und Ausbildung gibt es keinen typischen Superforecaster. Von Anfang 20 bis über 70 sind alle Altersgruppen vertreten, wobei eine substanzielle Fraktion im Rentenalter dabei ist – der hohe Zeitaufwand der ständigen Aktualisierung dürfte hierbei eine Rolle spielen. Überraschender ist die Vielzahl von Berufen: Die allerwenigsten sind klassische Experten im Politikbereich, etwa akademische Politikwissenschaftler, Journalisten oder Mitarbeiter bei politischen Stiftungen. Berufe mit quantitativer Komponente wie aus dem Finanz- oder IT-Bereich sind deutlich stärker vertreten. Doch es sind auch Künstler und Kreative dabei, und auch Apotheker oder Lehrer. Und viele sind einfach beeindruckende Multitalente mit oftmals sehr ungeraden Lebenswegen.

Wie zum Beispiel Scott Eastman. Scott ist ein stämmiger, bärtiger Mann Mitte 40, der eine bemerkenswerte Ruhe und Freundlichkeit ausstrahlt, ein Papa-Bär-Typ. Wir kommen bereits am ersten gemeinsamen Abend in Berkeley ins Gespräch. Scott hat Kinder in einem ähnlichen Alter wie meine und stellt sich bescheiden als Fotograf vor, der aus purem Interesse am GJP teilgenommen hat. Tatsächlich liest sich, wie ich erst später erfahren sollte, Scotts Biografie sehr viel beeindruckender. Er hat bereits als Kind bemerkenswert vielseitige Talente, künstlerische wie mathematische, gezeigt. Als Fotograf spezialisierte er sich auf die Dokumentation von Regionen, die nach Katastrophen oder in schweren wirtschaftlichen Krisen im Verfall begriffen sind, eine Tätigkeit, die komplexe Recherche weit jenseits der eigentlichen Fotografie erfordert. Im Laufe seines Lebens hat er außerdem jahrelang erfolgreich eine Malerfirma in Seattle geleitet; vor gut zehn Jahren ist er im Anschluss an ein Fotoprojekt in Rumänien dort geblieben, arbeitet als politischer Berater und an einer Dissertation in Linguistik. Nichts davon würde er seinem Gesprächspartner sofort auf die Nase binden.

Einen geraderen Lebenslauf hat Elaine Rich vorzuweisen – sie ist Apothekerin, und das seit vielen Jahren, heute in einem Großkrankenhaus im suburbanen Maryland nahe Washington, D.C. Elaine ist inzwischen mehrmals medial porträtiert worden, darunter in einem groß angelegten Feature für NPR, den öffentlichen Rundfunk in den USA, und damit ein bisschen so etwas wie das öffentliche Gesicht von GJP, und das, obwohl (oder vielleicht auch gerade weil) sie so gar nicht bestimmte Erwartungen erfüllt. Als still auftretende, sanftmütige Frau von Anfang 60 mit geradezu großmütterlicher Ausstrahlung ist die Vorstellung, dass sie in der Prognose weltpolitischer Ereignisse CIA-Agenten aussticht, für viele wahrscheinlich zunächst schwer zu glauben. Doch verbringt man erst einmal fünf Minuten im Gespräch mit ihr, verwundert einen gar nichts mehr; Elaine ist hervorragend informiert über das Weltgeschehen und eine messerscharfe Analytikerin.

Als etwas weniger zurückhaltend würde ich Regina Joseph beschreiben. Ihr Auftritt ist schillernder und glamouröser als der der meisten Superforecaster. Ursprünglich aus der New Yorker Kunstwelt stammend, gehörte sie in den frühen 90ern zu den Pionieren des digitalen Journalismus und gründete das erste auf CD-ROM erscheinende Magazin der Welt. Später veröffentlichte sie ein erfolgreiches Fitness- und Beautyratgeberbuch und berät heute verschiedene Regierungen und supranationale Organisationen zu sicherheitspolitischen Themen. Regina ist nicht nur aufgrund ihrer selbst in dieser Gruppe bemerkenswerten Vielfalt von Talenten bemerkenswert; sie hat nach ihrer Auszeichnung als Superforecasterin auch »die Seiten gewechselt« und in der späteren Phase nicht mehr selbst prognostiziert, sondern als Teil des GJP-Teams an der Generierung neuer Fragen gearbeitet – eine ganz eigene Fähigkeit.

Fragt man Superforecaster wie Asim, Scott, Elaine und Regina nach der Motivation für ihre Teilnahme, kommt immer wieder ein Grundmotiv zum Vorschein: das Bedürfnis, die eigenen Gedanken und Fähigkeiten auf die Probe zu stellen. Die meisten beschäftigen sich seit Langem mit den Themen, um die es auch bei GJP geht, und haben die Art, wie diese auch öffentlich verhandelt werden, oft als letztlich unbefriedigend erlebt, eben weil allzu oft vermeintliche Experten wenig fundierte Meinungen als Tatsachen kundtun und selten einer kritischen Prüfung unterzogen werden.

Als neues und überraschendes Phänomen, das im Design der ursprünglichen Studie nie angelegt war, haben die Superforecaster als Gruppe natürlich viel Aufmerksamkeit erfahren und wurden gründlich psychometrisch untersucht. Was kam dabei heraus?

IQ-Tests

Eine der häufigsten spontanen Fragen, die Menschen stellen, nachdem sie zum ersten Mal von den mysteriösen Superforecastern hören, ist: »Sind die alle besonders schlau?« Es liegt daher nahe, die Gruppe zunächst einmal einigen klassischen Intelligenztests zu unterziehen wie dem sogenannten Wechsler-Test. Ich höre an dieser Stelle schon die Einwände: »Aber sagen denn IQ-Tests überhaupt irgendetwas aus?«, »Gibt es nicht multiple Intelligenzen?«, »Alles, was der IQ-Test misst, ist die Fähigkeit, den IQ-Test zu lösen« etc. Das Thema kann hier natürlich nicht wirklich angemessen vertieft werden, daher nur so viel: Nein, der IQ ist kein überholtes oder gar widerlegtes Konzept. Er genießt, gerade in Deutschland und insbesondere im gebildeten akademischen Milieu, zu Unrecht einen schlechten Ruf. Tatsächlich ist der IQ eines der empirisch am besten abgesicherten und auch zuverlässig reproduzierbaren Konzepte der modernen Psychologie und von hoher Aussagekraft für die Vorhersage einer ganzen Reihe von Persönlichkeitsmerkmalen und Lebensbereichen.* Insbesondere sagt der IQ in hohem Maße die Performance bei kognitiv anspruchsvollen Tätigkeiten voraus. Es liegt also nahe, anzunehmen, auch die Präzision der Vorhersage sei stark beeinflusst vom IQ.

Im Wesentlichen bestätigten die Ergebnisse diese Annahme, wenn auch mit Einschränkungen. Superforecaster sind ausnahmslos überdurchschnittlich intelligent, aber keineswegs alle außergewöhnliche Genies. Tatsächlich hat praktisch kein Superforecaster einen IQ unter 115. Ein IQ von über 115 ist überdurchschnittlich (der Durchschnitt liegt bei gängiger Kalibrierung bei 100), aber nicht allzu weit, sondern nur eine sogenannte Standardabweichung. Die gängige Definition von Hochbega-

* Wer eine gute, konzise Zusammenfassung des gegenwärtigen Forschungsstands lesen möchte, dem empfehle ich *Intelligence – All That Matters* von Stuart Ritchie.

bung erfordert hingegen einen Wert von 130, also zwei Standardabweichungen über Durchschnitt. Hochbegabt sind nach dieser Definition nur circa 2 Prozent aller Menschen. Einen Wert von 115 erreicht hingegen circa jeder sechste Mensch – in einer gewöhnlichen Schulklasse sind also etwa vier bis fünf Kinder mit einem IQ in diesem Bereich. Die allermeisten Menschen sind aber keine Superforecaster – wie passt das zusammen?

Hier zeigt sich einmal mehr ein verbreitetes Missverständnis in Bezug auf den IQ. Eine gewisse Mindesthöhe ist für viele anspruchsvolle Tätigkeiten eine notwendige, aber eben keine hinreichende Voraussetzung. Ein Vergleich mit anschaulicheren, körperlichen Fähigkeiten ist hilfreich: Die Fähigkeit, schnell oder ausdauernd laufen zu können, macht alleine noch keinen guten Fußballer. Andererseits wird man wohl kaum Bundesligaspieler, wenn man 20 Sekunden für 100 Meter braucht oder nach 15 Minuten Spiel am Ende seiner Kräfte ist. In einer stark nach fußballerischen Fähigkeiten ausgewählten Gruppe, zum Beispiel der Nachwuchsmannschaft eines Bundesligavereins, liegen die Durchschnittswerte für generelle Fitnessindikatoren (also beispielsweise die Zeiten für einen Mittelstreckenlauf von circa 2000 bis 3000 Meter) wahrscheinlich deutlich über dem Bevölkerungsdurchschnitt, aber kaum auf dem Niveau olympischer Läufer. Stellen Sie hingegen aus diesen olympischen Läufern eine Fußballmannschaft zusammen, könnte diese kaum auf höchstem Level mitspielen.

Fluide Intelligenz

Ganz ähnlich verhält es sich mit der »rohen« Intelligenz und anspruchsvollen Tätigkeiten. Sie brauchen eine gewisse Menge an »roher« Intelligenz, analog zur Grundfitness zum Fußballspielen, und der IQ bietet eine gute Abschätzung für diese, analog zum 3000-Meter-Lauf. Eine Gruppe wie die Superforecaster, ausgewählt nach ihrer Performance bei einer anspruchsvollen Tätigkeit, analog zur Fußballnachwuchsmannschaft, hat einen höheren IQ (ist fitter) als die Gesamtbevölkerung, aber nicht auf dem Niveau einer noch stärker spezialisierten Gruppe. So wie die olympischen Läufer schneller laufen als die Fußballer, so hat höchstwahrscheinlich die Fakultät für theoretische Physik an der Harvard-Universität einen höheren Durchschnitts-IQ als die Superforecaster, kann diese aber deshalb noch lange nicht auf ihrem Spezialgebiet (Fußball beziehungsweise Vorhersage) schlagen.

Es besteht also keinerlei Grund, sich vom Durchschnitts-IQ der Superforecaster irgendwie einschüchtern zu lassen. Eine nicht geringe Zahl von Lesern wird selber auf dem Niveau liegen, und ganz sicher kennen Sie Menschen, Freunde, Nachbarn, Kollegen, Familie, die das tun. Superforecasting benötigt keine Einsteins, und die grundlegenden Fähigkeiten, die hierfür benötigt werden, finden sich in jeder größeren Gruppe von Menschen zur Genüge.

Was ich hier als »rohe« Intelligenz bezeichnet habe, wird wissenschaftlich meist *fluide* Intelligenz genannt. Sie bezeichnet die Fähigkeit zur schieren Aufnahme und Verarbeitung von Information und wird vor allem an der Fähigkeit zur Lösung neuer, unbekannter Probleme gemessen. Dabei wird versucht, Aufgabenstellungen zu entwerfen, die so wenig Vorwissen wie möglich erfordern. Das bekannteste Beispiel dürften die sogenannten Raven-Matrizen sein.

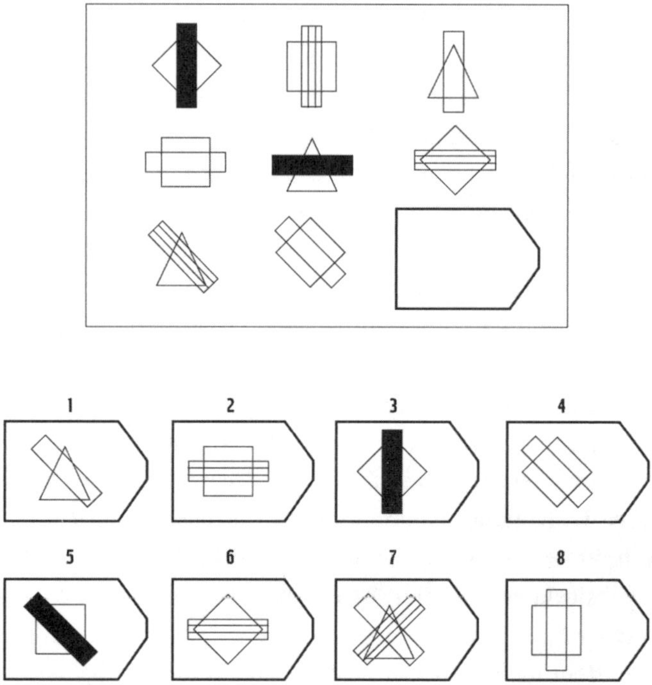

Raven-Matrix: Welche Figur vervollständigt die Reihe?

Das Gegenstück ist die sogenannte *kristalline* Intelligenz; diese schließt Vorwissen ausdrücklich mit ein, wozu nicht nur schlichtes Faktenwissen, sondern auch Dinge wie der allgemeine Wortschatz zählen. Die kristalline Intelligenz ist stärker als die fluide abhängig von Umwelteinflüssen wie Erziehung und Bildungsgang. Auch hier bestätigt sich das Bild: Die Superforecaster schneiden bei gängigen Tests überdurchschnittlich, aber nicht spektakulär ab.

Interesse und Aufmerksamkeit, Recherche und Spaß

Eine gewisse Ausnahme stellt der speziell vom Good Judgment Project angewandte Test zur politischen Allgemeinbildung dar. Dieser ist nicht Gegenstand typischer Intelligenztests, da er eben nicht Intelligenz, sondern reines Wissen misst. Hier liegt der Unterschied zwischen Superforecastern und der Gesamtbevölkerung höher – Erstere erreichen ein Niveau, das eher zwei bis drei Standardabweichungen über Durchschnitt liegt, was in etwa den besten 1 bis 2 Prozent der Bevölkerung entspricht. Doch Grund zu übertriebener Ehrfurcht besteht trotzdem nicht. Das hier demonstrierte Wissen kann sich fast jeder interessierte Mensch ohne große Schwierigkeiten aneignen. Denn es geht eben nicht darum, im Einzelnen zu wissen, welche Staaten Mitglied in der ASEAN sind, was der START-II-Vertrag besagt, seit wann Kim Jong-un an der Spitze Nordkoreas steht oder ob Frankreich zu den zehn größten Volkswirtschaften der Welt zählt.

Die Zahl derartiger Fragen, die man richtig beantworten kann, ist vielmehr ein Indikator für allgemeines Interesse und Aufmerksamkeit, mit dem der einzelne Proband dem Weltgeschehen folgt. Vergessen Sie nicht: Superforecaster sind eben überwiegend keine Professoren für Internationale Beziehungen, sondern einfach aufmerksame Nachrichtenleser. Außerdem interessieren sie sich ja nicht ausschließlich für die Prognose von Politik – die Lektionen des Good Judgment Project sind auf andere Bereiche übertragbar. Dass in chaotischen, nicht einfach modellierbaren Domänen breites Allgemeinwissen wichtiger ist als hoch spezialisierte Expertise in Teilbereichen, deckt sich trefflich mit dem, was wir schon in Kapitel zwei und drei gesehen hatten.

Was Superforecaster im Weiteren auszeichnet, ist ein Zusammenhang, der sich deutlich aus den Daten zeigt: Vorhersagen werden umso besser, je mehr Zeit die einzelnen Forecaster insgesamt auf der Plattform verbringen, je länger sie recherchieren, je öfter sie ihre Vorhersagen aktualisieren und je mehr Diskussionsbeiträge sie posten. Auch das erscheint wieder intuitiv einleuchtend: Bei ähnlichem Talent sollte mehr Übung zu besseren Ergebnissen führen, und die Besten werden die sein, die Talent und Arbeit kombinieren. So kennen wir es aus vielen Kontexten, im Bereich des Superforecastings muss man jedoch genauer hinschauen. Denn: Möglichst detailliertes Faktenwissen scheint nicht weiterzuhelfen, manchmal ist es eher hinderlich. Das Mehr an Aufwand dürfte also kaum einfach aus mehr Faktenbüffeln bestanden haben, sonst würden wir kaum einen großen Einfluss auf die Ergebnisse erwarten. Und überhaupt: Wo kommt der größere Eifer, die größere Anstrengung her?

Vielleicht ist *Fleiß* hier ein irreführender Begriff. Am Anfang des Good Judgment Project waren wir alle Freiwillige und die gezahlte Aufwandsentschädigung weitgehend symbolisch. Dass dabei irgendwann Lorbeeren zu verdienen waren, mediale Aufmerksamkeit, Fernsehauftritte und Jobperspektiven – nichts davon ahnten wir damals (eine gute und ernüchternde Erinnerung an die Grenzen unserer Prophetie, nebenbei bemerkt). Es gab eine definierte Mindestzahl von Fragen, die bearbeitet werden musste, um dabeizubleiben, aber viele Superforecaster, darunter auch ich, haben ein Zigfaches dieses Mindestaufwands investiert. Warum? Es hat einfach Spaß gemacht!

Auch die anderen haben es so empfunden: Sie haben die Arbeit an der Vorhersage, die Mischung aus Recherche, intensivem Nachdenken, Reflektieren und Diskutieren nicht primär als unangenehme Mühe oder Pflicht, sondern als hochgradig befriedigend erlebt. Auch hier besteht wieder eine interessante Parallele zu anderen komplexen Fähigkeiten, seien sie künstlerischer, sportlicher oder wissenschaftlicher Natur (oder auch in einem Grenzbereich wie etwa Schach). Oft wird das Zustandekommen dieser Fähigkeiten zu Recht als Mischung aus Talent und Arbeit angesehen und leidenschaftlich über das Verhältnis der zwei diskutiert. Sehen wir uns aber Ausnahmetalente an, ob Mathematiker, Musiker, Maler, Schriftsteller oder Schachspieler, stellen wir oft fest, dass sie sich schon seit früher Jugend geradezu obsessiv mit »ihrem« Feld befassten, ohne sich hierzu zwingen zu müssen, ohne dies als lästige oder anstrengende Arbeit zu empfinden. Dass sie sich oft eben nicht in einem Akt der Willenskraft dazu zwingen mussten, zu musizieren, schreiben, zeichnen oder Schach zu spielen, sondern, im Gegenteil, darunter litten, nicht mehr Zeit damit verbringen zu können, zum Beispiel weil sie noch eine normale Schule besuchen mussten.

Ohne die zum Erreichen höchster Fähigkeiten unbestreitbar notwendige Mühe in Abrede zu stellen, scheint diese Art der Besessenheit mit einer bestimmten Tätigkeit doch in sehr vielen Ausnahmetalenten vorzukommen und die strikte Unterscheidung in Arbeit und Talent infrage zu stellen.

In einem brillanten Essay *The Parable of the Talents,* der auf dem Blog *Slate Star Codex* gelesen werden kann, beschreibt Scott Alexander nicht nur die Schwierigkeiten des mathematischen Genies Ramanujan, sich mit irgendetwas anderem als Mathematik zu befassen, die ihn fast das Leben gekostet hätten, sondern auch, wie Scotts musikalisch hochbegabter Bruder seit frühester Kindheit aus eigenem Antrieb musizieren wollte und noch im Urlaub immer irgendwo ein Klavier auftat, weil er das Spiel vermisste, während Scott froh war, im Urlaub nicht üben zu müssen. Umgekehrt schreibt Scott, der mehrfach für sein Schreiben ausgezeichnet wurde, seit Jahren mehrere Seiten pro Tag in unterschiedlichen Genres und kann kaum aufhören, selbst wenn er übernächtigt zwischen zwei Schichten in der Cafeteria sitzt, und leidet, wenn ihm die Möglichkeit dazu genommen wird. Er beschreibt eindrucksvoll die Ratlosigkeit, die ihn befällt, wenn

Menschen ihn nach Rat fragen, wie sie besser schreiben lernen. Natürlich weiß Scott, dass er seine Fähigkeiten, aufbauend auf einem natürlich vorhandenen Talent, durch jahre-, inzwischen wohl jahrzehntelange Übung weiterentwickelt hat. Aber wie man das genau tut, und vor allem, wie man die Disziplin aufbringt, täglich zu schreiben – er weiß es nicht, es ist ihm einfach geschehen, es ist einfach über ihn gekommen.

Der Verdacht liegt jedenfalls nahe, dass die Zusammensetzung der Gruppe derer, die am Ende am meisten Zeit investiert haben, nicht ganz zufällig ist und auch nicht einfach durch Fleiß erklärt werden kann. Die Messungen erhärten den Verdacht: Die Superforecaster zeigen ein sehr hohes allgemeines Kognitionsbedürfnis *(need for cognition)*, einen ausgeprägten Ehrgeiz und ein sogenanntes dynamisches Selbstbild *(growth mindset)* in Bezug auf das Forecasting. Mit anderen Worten: Sie haben einen starken Drang nach Beschäftigung mit kognitiv fordernden Inhalten (Kognitionsbedürfnis), sie wollen dabei von sich aus (intrinsisch) eine gute Leistung erbringen, auch ohne konkreten materiellen oder sonst wie greifbaren Anreiz, und sie glauben an die Möglichkeit, in der Beschäftigung noch dazulernen zu können. Das Forecasting an sich ist ihnen Befriedigung und Bestätigung genug; der geradezu sportliche Ehrgeiz ist nicht primär ein persönliches Konkurrenzdenken, ein Bedürfnis, den Teamkollegen zu übertreffen oder am Ende bestätigt zu werden, sondern eine Lust daran, die eigenen Überlegungen in die Arena zu werfen und bestätigt oder widerlegt zu werden. Und praktisch alle erwähnen sofort Beispiele von eigenen Vorhersagen, die deutlich falschlagen, und reflektieren die eigenen Irrtümer und Lernprozesse.

Zusammengefasst scheinen Superforecaster also einigermaßen aufgeweckt, jedenfalls nicht ganz dumm, zu sein, halbwegs regelmäßig die Zeitung jenseits des Sportteils zu lesen, mit Spaß und Ehrgeiz an die Sache heranzugehen und aus Fehlern zu lernen. Das klingt alles einleuchtend, aber für sich genommen auch nicht besonders aufregend oder außergewöhnlich. Die Frage, was das eigentliche Geheimnis, die Spezialzutat im Superforecastingcocktail ist, dürfte damit kaum beantwortet sein.

Bereits in Kapitel 3 hatten wir bei der Betrachtung nomineller Experten den Unterschied zwischen Füchsen und Igeln kennengelernt, und zwar als eine Frage der »kognitiven Stils«, also »Wie denke ich?« statt »Was weiß ich?«. Wie steht es mit dem kognitiven Stil der Superforecaster? Sind sie auch mehrheitlich »Füchse« nach Tetlocks Terminologie? Die Antwort lautet: ja, und noch mehr.

Selbsteinschätzung

Der ursprüngliche Test des kognitiven Stils bestand nur aus einem Satz von knapp einem Dutzend Fragen und beschränkte sich folglich komplett auf die Selbsteinschätzung der Probanden. Selbsteinschätzungen sollten zwar generell nicht einfach für bare Münze genommen werden, verraten aber oft mehr als gedacht. Auch hier zeigte sich ja ein deutlicher Zusammenhang zwischen dem selbst eingeschätzten kognitiven Stil und der Vorhersageleistung – die Selbsteinschätzung war also kaum willkürlich oder zufällig.

Seit der Publikation von *Expert Political Judgment* haben Tetlock und andere Forscher, darunter auch Barbara Mellers, die Methoden zur Erfassung des kognitiven Stils deutlich ausgebaut und verfeinert.Die Tests, denen die Superforecaster unterzogen wurden, gingen weit über die Fragebögen aus EPJ hinaus. Als Kernfähigkeit der Superforecaster, als Schlüssel zu ihrem Erfolg, kristallisierte sich dabei etwas heraus, das Tetlock als *active open-minded thinking* bezeichnete, also in etwa »aktiv-offenes

Denken«. Was muss man sich darunter vorstellen, und wie kann man diese Fähigkeit testen?

Viele Menschen behaupten heute von sich, »geistig offen« *(open-minded)* zu sein, auch viele Institutionen suchen in ihren Stellenbeschreibungen nach Menschen mit einer solchen Qualität. Niemand will sich mehr nachsagen lassen, geistig verschlossen, also engstirnig, dogmatisch, ein »Betonkopf« zu sein. Doch wie weit ist es mit dieser Offenheit wirklich her? Ist sie nicht im Wesentlichen ein reines Modewort, eine Floskel ohne tatsächlich überprüfbare Substanz geworden? Oft genug bedeutet der Begriff eine vage Idee von oberflächlicher politischer Liberalität, zum Teil noch gepaart mit der Bereitschaft zur Anwendung neuer Technologien und Organisationsformen. Selbstverständlich ist offen zu sein und nicht grundsätzlich feindselig gegenüber anderen Lebensentwürfen als der heterosexuellen Kleinfamilie oder Menschen anderer Herkunft, Hautfarbe und Religion eine gute Sache.

Bei der hier untersuchten Offenheit geht es jedoch um etwas sehr anderes, nämlich die grundlegende Bereitschaft zur tatsächlichen Infragestellung der eigenen Annahmen und Überzeugungen; eine, wie ich behaupte, sehr viel seltener vorkommende Eigenschaft, sowohl in Institutionen, Organisationen als auch bei Individuen. Bereits der Test zur Unterscheidung von Igeln und Füchsen enthielt ja Fragen danach, wieweit man Aussagen wie »Ich interagiere gerne mit Menschen, die völlig andere Meinungen haben als ich« oder »Auch nachdem ich eine Entscheidung gefällt habe, höre ich mir noch gerne andere Meinungen hierzu an« zustimmt. Das berührt bereits das Thema, doch ist die Offenheit, nach der hier gefragt wird, noch überwiegend passiv: Bin ich bereit, mich in der Begegnung mit jemandem, der eine ganz andere Ansicht hegt, überzeugen zu lassen?

Die aktive Offenheit geht darüber hinaus: Sie zeichnet sich gerade dadurch aus, bereits von sich aus immer wieder Möglichkeiten, die den eigenen Annahmen widersprechen, zu erörtern. Sich also immer wieder zu fragen: Was, wenn ich in diesem und jenem Punkt fundamental falsch liege? Welche neuen Informationen oder Beobachtungen würden mich zwingen, diesen Standpunkt zu hinterfragen? Ist jene Vorhersage vielleicht überwiegend in Wunschdenken oder übertriebener Angst begründet?

Im gemeinsamen Arbeiten an einzelnen Vorhersagen, im Dialog mit anderen, sind diese zwei Formen der Offenheit nicht immer streng zu unterscheiden beziehungsweise gehen sie einfach Hand in Hand. Wer bereits selbst die Möglichkeit, falschzuliegen, erwogen hat, wird sich im Allgemeinen auch eher von anderen überzeugen lassen (oder zumindest dem anderen Standpunkt mit Respekt begegnen und die Argumente des anderen ernst nehmen). Es geht auch nicht darum, zu sagen, die Superforecaster seien »besser« oder noch offener als die Füchse aus EPJ, sondern vielmehr darum, dass wir seitdem viel differenziertere Methoden zur Untersuchung ebendieser Fähigkeiten haben.

Auch den Superforecastern wurden also zunächst Fragen zur Selbsteinschätzung gestellt, also zum Beispiel: »Wie sehr stimmen Sie der folgenden Aussage zu: ›Seine Meinung zu ändern ist ein Zeichen von Schwäche.‹« Anschließend wurde diese Selbsteinschätzung jedoch nicht einfach übernommen, sondern durch weitere Tests überprüft. Seine Meinung zu einem komplexen politischen Thema zu ändern kann im Rahmen eines solchen Tests kaum simuliert werden; zum Glück reichen aber schon viel einfachere Tests, um die grundsätzliche Bereitschaft einer Person zum Hinterfragen der eigenen Meinung zu testen.

Ein Beispiel sind Aufgaben wie diese; dabei soll nicht gezählt oder gar gerechnet, sondern ausdrücklich nur abgeschätzt und die eigene Sicherheit beurteilt werden:

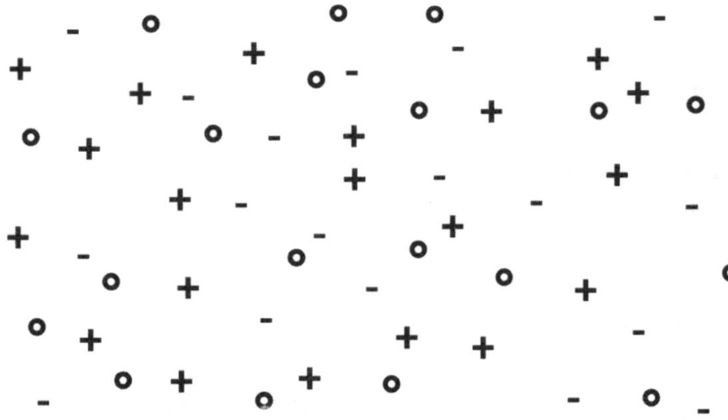

Welches Symbol ist das häufigste? Schätzen Sie, ohne nachzuzählen, und beurteilen Sie, wie sicher Sie sich sind (in Prozent).

Die Aufgabe erscheint simpel, und, da es sich um eine rein visuelle Abschätzung handelt, auch nichts mit komplizierter politischer Einschätzung zu tun zu haben. Sie testet jedoch etwas anderes, nämlich die Bereitschaft zur epistemischen Reflexion. Aus der Antwort auf eine einzelne Frage dieser Art können wir noch nicht viel schließen; aus der Verteilung der Antworten auf viele mit unterschiedlichen Verteilungen hingegen sieht man erstaunlich gut, inwieweit jemand bereit ist, eigene Annahmen zu hinterfragen und unterschiedliche Grade von Sicherheit des eigenen Wissens zu unterscheiden.

In der nächsten Stufe kann man diese Fähigkeiten dann anhand sehr viel komplexerer Aufgaben untersuchen; Beispiele für solche Aufgaben erfolgen in Kapitel 8 beim »bayesianischen Aktualisieren«. Interessant ist aber: Die Ergebnisse passen generell sehr gut zusammen. Selbsteinschätzung, einfache Schätzaufgaben, komplexere Aufgaben und schließlich die eigentliche Performance in der Vorhersage – alle Ergebnisse sind stark untereinander korreliert und ergeben zusammen ein sehr eindeutiges Bild von der zentralen Bedeutung des aktiv-offenen Denkens.

Am Ende kochen auch Superforecaster nur mit Wasser; es gibt keinen, der nicht auch schon spektakulär falschlag. Des Weiteren ist jede einzelne der hier besprochenen Fähigkeiten und Attribute an und für sich kein Hexenwerk oder auf absolute Ausnahmetalente beschränkt. Eine gewisse Auffassungsgabe, eine solide Allgemeinbildung (echte, nicht bloß behauptete), geistige Offenheit plus Motivation und eine Menge Arbeit – die Grundzutaten sind fast überall vorhanden, vielleicht nicht immer in der Kombination. Aber es muss ja auch nicht jeder zum Superforecaster werden; lernen lässt sich daraus trotzdem. Erstens kann man viele der hier genannten Fähigkeiten trainieren beziehungsweise sich auch tatsächlich als Wissen aneignen. Zweitens ist der Zusammenhang zwischen all den hier genannten Eigenschaften und der Vorhersagequalität mehr oder weniger linear; das heißt, mehr Allgemeinwissen oder mehr Offenheit oder mehr Arbeit und Aufwand führen generell zu besseren Ergebnissen, auch unterhalb des relativ willkürlich definierten Levels der Superforecaster. Egal ob als Individuum oder als Organisation – aufbauend auf den Erfahrungen aus dem Good Judgment Project kann man an vielen Stellen den Prozess der Vorhersage entscheidend weiterentwickeln.

5
Wenn du denkst, du denkst, dann denkst du nur, du denkst

Was genau ist mit »offenem Denken« gemeint, und was bedeutet es im Einzelnen? Die Frage, wie wir denken und was für Fehler wir dabei machen, wird inzwischen nicht nur in der Psychologie eingehend behandelt und erforscht; auch die Wirtschaftswissenschaften haben längst erkannt, wie wichtig Einblicke in menschliches Verhalten und vor allem in menschliche Denkweisen und Denkfehler sind. Entsprechend war Daniel Kahneman auch der erste Psychologe, der den Nobel-Gedächtnispreis der schwedischen Nationalbank, landläufig Wirtschaftsnobelpreis genannt, gewann.

Kahneman hat, gemeinsam mit seinem langjährigen 1996 verstorbenen Forschungspartner Amos Tversky, seit Ende der 1950er-Jahre menschliche *biases* (Singular *bias*), also Verzerrungen der Wahrnehmung erforscht. Dabei sprechen wir hier nicht von Verzerrungen der sinnlichen Wahrnehmung, wie wir sie von optischen Illusionen kennen, sondern von einer verzerrten Bewertung von normalerweise verbal oder numerisch ausgedrückten Informationen, die uns zu falschen Schlüssen und Einschätzungen, gerade auch in der Bewertung von Risiken und Wahrscheinlichkeiten führt. 2011 hat Kahneman mit dem populärwissenschaftlichen Werk *Schnelles Denken, langsames Denken* Jahrzehnte seiner Forschungsarbeit konzentriert einem breiten Publikum zugänglich gemacht.

Als Grundessenz seiner gesamten Forschung stellt er das Konzept von zwei gleichzeitig im menschlichen Geist arbeitenden »Systemen« vor, die er, recht prosaisch, System 1 und System 2 nennt. System 1 arbeitet unbewusst, weitgehend automatisch, sehr schnell, aber auch auf der Basis oft völlig unvollständiger Informationen und ist daher anfällig für diverse Verzerrungen. Landläufig würde man die Vorgänge in System 1 oft als »instinktiv«, »intuitiv« oder »reflexhaft«, zum Teil auch einfach »emotional« bezeichnen, im Folgenden wollen wir aber beim Begriff »System 1« bleiben.

System 2 muss der Mensch aktiv bemühen. Seine Vorgänge sind uns viel stärker bewusst; sie laufen deutlich langsamer ab, sind dafür aber viel eher imstande, eigene Fehler auch zu erkennen und zu reflektieren, zusätzliche Informationen heranzuziehen oder grundsätzliche logische Überlegungen anzustellen.* Im normalen Sprachgebrauch beschreiben Begriffe wie »Reflexion«, »nachdenken«, »überdenken« oder auch »rational betrachten« die Arbeit von System 2.

Ein Beispiel für Vorgänge, die in System 1 ablaufen, wäre zum Beispiel die Orientierung auf einer belebten Straße, auf der wir permanent Zusammenstöße mit anderen Passanten vermeiden müssen. Auch unsere Gesichtserkennung läuft weitgehend über System 1 ab, sie ist also automatisch und weitgehend unbewusst, genauso wie auch unsere erste emotionale Bewertung neuer Gesichter, der berühmte »erste Eindruck«. Für die meisten Menschen ist auch ein komplexer Vorgang wie das Lesen inzwischen durch langjährige Übung so weit internalisiert, dass es praktisch nicht abgeschaltet werden kann – versuchen Sie einmal, eine Folge von Buchstaben nur als solche zu betrachten, ohne darin ein Wort zu erkennen. Das ist durchaus bemerkenswert und ein

* Es sei an dieser Stelle darauf hingewiesen, dass Kahneman ausdrücklich nicht behauptet, diese Systeme in irgendeiner Form im menschlichen Gehirn identifiziert zu haben. Tatsächlich ist es eher unwahrscheinlich, dass zwei getrennte Systeme im Gehirn an unterschiedlichen Stellen lokalisiert sind oder eindeutig nur einem der Systeme zuzuordnende Strukturen existieren.

Hinweis darauf, wie viel Zeit der durchschnittliche Mensch, zumindest in weiten Teilen der Welt, heutzutage mit dem Lesen bereits verbracht hat.

Ich kenne die Erfahrung, beim Erlernen einer neuen Schrift, in meinem Fall der arabischen, diesen Grad an Automatisierung noch nicht erreicht zu haben; für das Entziffern arabischer Wörter benötige ich immer noch eine bewusste Anstrengung, und vor allem kann ich überhaupt noch arabische Schrift ansehen, ohne sie in Worte zu übersetzen. Umgekehrt gibt es viele Menschen, die eine bestimmte Fähigkeit wie Schach oder Musik so lange trainiert haben, dass sie ein Notenblatt oder eine Schachstellung nicht ansehen können, ohne dass ihr Hirn automatisch beginnt, die notierte Melodie zu spielen oder nach geeigneten Zügen zu suchen. Interessanterweise hat ein Superforecaster, Tim Minto, der die beste Einzelperformance aller Forecaster in einer Season (2013/2014) erzielt hat, in einem Interview beschrieben, dass für ihn selbst das Beurteilen und Berechnen von Wahrscheinlichkeiten ein weitgehend automatischer Prozess ist, den er selbst beim Spazierengehen und Füttern der Enten kaum abschalten kann. Ich muss gestehen, dass ich noch nicht an dem Punkt angelangt bin; ich bin mir auch nicht ganz sicher, ob ich das möchte.

Nun wäre Kahneman für diese Hypothese allein wohl kaum mit dem Nobelpreis ausgezeichnet worden; dass der Mensch zu logischem Denken und Reflexion ebenso imstande ist wie zu impulsiven und emotionalen Urteilen und reflexartigen Handlungen, ist für sich genommen weder eine neue noch besonders interessante, geschweige denn kontroverse Aussage.

Kahnemans (und Tverskys) Verdienst liegt vielmehr darin, mit größerer Präzision und Detailversessenheit als jemals zuvor (oder auch danach) untersucht zu haben, unter welchen Umständen wir welches System heranziehen, wie die zwei Systeme zusammenwirken und zu was für Fehlern und Verzerrungen System 1 neigt.

Die Fachliteratur kennt und unterscheidet inzwischen über 300 verschiedene *biases*. An diesem Punkt ist jedoch Skepsis angebracht. Viele dieser *biases* sind entweder keineswegs universell, treten also keineswegs bei allen oder auch nur der Mehrheit aller Menschen auf und sind selbst bei enger gefassten Gruppen nicht verlässlich.

Weiterhin widersprechen sich manche der konstatierten *biases* gegenseitig, können also rein logisch nicht gleichzeitig wirken, zumindest nicht in der Mehrzahl der Fälle; andere sind letztlich nur Sonderfälle anderer, allgemeiner formulierter *biases*. Inzwischen ist auch dieses Feld der Psychologie in den Strudel der sogenannten Replikationskrise in der Psychologie geraten; viele im Labor gemachte Beobachtungen an Probanden lassen sich von anderen Forschern nicht zuverlässig wiederholen. Ihre universelle Gültigkeit steht damit im Zweifel. Die nächsten Jahre werden gerade auf dem Feld der Biasforschung eine gewisse Klärung bringen, welcher Teil der Literatur verworfen werden muss und welcher überdauert.

Die gute Nachricht: Niemand muss also 300 verschiedene *biases* kennen und permanent reflektieren, ob eine von ihnen gerade in seinem Denkprozess wirkt. Es reicht, sich mit einer Handvoll von besonders häufigen und folgenreichen zu befassen, um typische Fehler zu vermeiden oder zumindest zu verringern.

Die Verfügbarkeitsheuristik

Die Verfügbarkeitsheuristik ist eine der grundlegendsten Funktionsmuster unseres Denkens überhaupt, sie ist geradezu das Wesen von System 1. Entsprechend kann sie ganz unterschiedliche Erscheinungsformen annehmen und begegnet uns auch an allen möglichen Stellen – zum Teil wird sie noch weiter ausdifferenziert in mehrere verschiedene *biases* unterteilt, die letztlich alle auf dem gleichen Prozess basieren. Was bedeutet also dieses im Deutschen doch recht sperrige Wort Verfügbarkeitsheuristik?

»Heuristiken« sind Suchverfahren beziehungsweise Abkürzungen. Wenn Sie aus einer Vielzahl von Möglichkeiten eine aussuchen sollen und nicht jede einzelne Option ausführlich durchgehen wollen, bedienen Sie sich in der Regel verschiedener Abkürzungen, um zu einer Entscheidung zu gelangen. Eine Heuristik wäre zum Beispiel »Suche im Urlaub nach Restaurants, in denen viele Einheimische sitzen« oder auch »Wenn etwas zu gut klingt, um wahr zu sein, dann ist es auch nicht wahr«. Nun sind dies noch relativ bewusst eingesetzte Heuristiken – System 1 arbeitet aber mit vielen unbewusst ablaufenden.

Die Verfügbarkeitsheuristik bedeutet nun nichts anderes, als dass unser Gehirn dazu neigt, zunächst die Information heranzuziehen, die da ist beziehungsweise nah und einfach verfügbar. Stellen Sie sich vor, Sie sitzen im Präcomputerzeitalter an einem Schreibtisch in einem Büro im zehnten Stock. Sie haben eine Menge Material, Bücher, Zeitschriften und anderes in ihrem Büro; ein noch sehr viel größeres Archiv an Material befindet sich aber im Keller. Wenn Sie nun Aufträge bekommen, zu bestimmten Themen Informationen zu recherchieren, werden Sie zunächst die Materialien in Ihrem Büro benutzen. Oft genug ist dies eine zeit- und arbeitssparende Methode, und die dabei gewonnenen Informationen reichen völlig aus, sodass Sie sich den Gang in den Keller ganz sparen können. Manchmal hingegen …

Ein einfaches, aber schön anschauliches Beispiel ist der bei Kindern sehr beliebte Trick, jemandem drei Fragen schnell hintereinander zu stellen, auf die die richtige Antwort jeweils »weiß« ist (wie »Welche Farbe haben Zähne?«), und dann unmittelbar darauf zu fragen »Was trinkt die Kuh?«. Die allermeisten Menschen antworten spontan »Milch«.

Wenn sie darüber nachdenken, wissen sie natürlich, dass die korrekte Antwort »Wasser« ist, aber dies ist eine Leistung von System 2. System 1 antwortet »Milch«, weil, bildlich gesprochen, die Beschäftigung mit den vorhergehenden Fragen das Wort »weiß« vom Keller auf den Schreibtisch (ins Bewusstsein) gerückt hat, was in Kombination mit den dann gehörten Wörtern »Kuh« und »trinken« eben auf Milch verweist.

Wenn die Verfügbarkeitsheuristik uns nur anfällig für die Tricks naseweiser Zehnjähriger machen würde, wäre sie wohl kaum zum Gegenstand mit dem Nobelpreis prämierter Forschung geworden. Tatsächlich aber bestimmt sie in hohem Maße unsere gesamte Wahrnehmung der Welt mit weitreichenden Konsequenzen. Auch im bereits genannten Beispiel der Wettervorhersage ist es nötig, systematisch Vorhersagen aufzuzeichnen und auszuwerten, weil wir uns eben besonders stark an besondere Ereignisse erinnern, wie den durch einen überraschenden Regenguss ruinierten Ausflug, und all die Tage, an denen die Prognose korrekt war, schnell vergessen. Das ist ein klassisches Beispiel für die Verfügbarkeitsheuristik!

Interessanterweise wirkt sie in unterschiedlichen Bereichen auch sehr unterschiedlich. Zum Beispiel erinnern wir uns in anderen Domänen eher an positive besondere Ereignisse, zum Beispiel ein Glücksspieler eher an die seltenen Gewinne als an die viel häufigeren Verluste, was die Wahrnehmung der tatsächlichen Gewinnchancen verzerrt. Die Verfügbarkeitsheuristik wirkt also nicht nur auf unsere unmittelbare Wahrnehmung, sondern gerade auch auf unser Gedächtnis und unsere darauf basierenden Annahmen über die Welt.

Die Verfügbarkeitsheuristik alleine ist noch keine eigentliche *bias.* Sie ist eher ein Grundmuster des menschlichen Verstandes, das in Abhängigkeit von den Umständen unterschiedliche Verzerrungen produziert. Sie begegnet uns an unterschiedlichsten Stellen immer wieder, und auch wenn sie sich niemals ganz ausschalten lässt, gibt es doch Mittel und Wege, ihren Einfluss auf unsere Fehlleistungen zu minimieren.

Confirmation bias

Dass Menschen bei großen, politisch und ideologisch hoch aufgeladenen Fragen dazu neigen, neue Informationen im Spiegel ihrer Ideologie zu betrachten, ist wenig überraschend; Kahneman aber konnte zeigen, dass wir bereits auf viel kleinerer, ideologisch völlig neutraler Ebene ganz ähnliche Denkmuster zeigen – das ist die *confirmation bias.*

Ein Beispiel direkt aus Kahnemans Forschung: Probanden wird die Aufgabe gestellt, die Regel hinter einer Zahlenfolge zu identifizieren. Zu diesem Zweck dürfen sie Vorschläge zu ihrer Fortsetzung machen und erhalten dann eine Antwort, ob diese Fortsetzung mit der Regel konform geht. Der Anfang der Folge lautet 2, 4, 6.

Die allermeisten Menschen nehmen nun an, die wahrscheinlichste Regel der Folge sei: Addiere immer 2 zur vorhergehenden Zahl. Die nächste Zahl wäre dann entsprechend 8. Schlägt man 8 als nächste Zahl vor, erhält man die Antwort, diese Fortsetzung sei regelkonform. Schlägt man daraufhin als Lösung für die Regel vor »Addiere immer 2«, erhält man die Antwort, dies sei nicht die Regel. Man darf nun weitere Fortsetzungen vorschlagen, um die Lösung zu finden.

Bis hierhin verhalten sich fast alle Menschen identisch, und dies auch mit gutem Grund. Die Lösung »Addiere 2« erscheint zu Recht naheliegend, und nach der Fortsetzung 8 zu fragen ist ein probater Test für die Hypothese. Wie aber sollte man vorgehen, nachdem man erfahren hat, dies sei nicht die korrekte Regel? An dieser Stelle bemühen sich nun viele um zunehmend kompliziertere Lösungen und testen diese. Beispielsweise könnte auch die Regel »Multipliziere abwechselnd mit 2 und addiere 2« den Anfang 2, 4, 6 erklären. Die nächste Zahl wäre dann die 12, und auch diese wird als regelkonform eingestuft, die Regel »Abwechselnd mit 2 multiplizieren und 2 addieren« aber wiederum zurückgewiesen.

Spätestens an dieser Stelle müsste man nun beginnen, die Strategie zu ändern. Stattdessen aber bemühen sich viele weiterhin um immer kompliziertere Regeln, mit immer gleichem Ablauf: Die Fortsetzung wird akzeptiert, die Regel nicht. Wo liegt der Fehler?

Das Problem besteht darin, dass der Mensch dazu neigt, nach Bestätigung für seine Ideen zu suchen; um der Regel auf die Spur zu kommen, wäre es aber zielführender, Fortsetzungen vorzuschlagen, die die Regel verletzen!

Schlüge man zum Beispiel 7 oder 9 vor, würde man wahrscheinlich damit rechnen, dass diese nicht angenommen werden. Tatsächlich würden sie es aber, da die Regel nur lautet, dass jede Zahl größer als die vorhergehende sein muss. Nach dem Versuch mit 7 oder 9 hätte man also, um sie eindeutig zu identifizieren, eine kleinere Zahl wie 5 vorschlagen müssen und hätte sich nach deren Ablehnung relativ sicher sein können.

Man könnte dieses Beispiel als etwas spitzfindig abtun; die meisten Probanden haben die Anweisung wahrscheinlich implizit etwas anders aufgefasst und nach einer möglichst konkreten

Regel gesucht. Ich halte es dennoch für aussagekräftig, aber sehen wir uns ein weiteres an: Gegeben seien vier Karten. Jede Karte trägt auf einer Seite einen Buchstaben, auf der anderen eine Zahl. Auf den sichtbaren Seiten sehen wir die Buchstaben A und F sowie die Zahlen 5 und 8. Die Aufgabe lautet: Überprüfen Sie den Wahrheitsgehalt der Aussage »Wenn eine Karte einen Vokal auf einer Seite hat, hat sie eine gerade Zahl auf der anderen Seite« durch das Umdrehen von zwei Karten. Welche drehen Sie um? Überlegen Sie gerne kurz, bevor Sie weiterlesen.

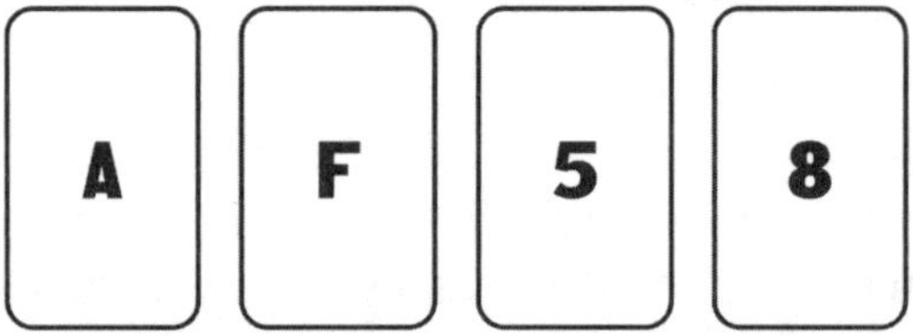

Welche zwei Karten müssen umgedreht werden?

Die richtige Antwort lautet: die Karten mit A und 5, die häufigste hingegen: A und 8. Warum? A und 8 umzudrehen sucht nach Bestätigung für die aufgestellte Behauptung. Nehmen wir an, wir drehen A und 8 um und sehen auf den Rückseiten eine 6 und ein E. Dann erfüllen beide Karten die Regel – aber wissen wir, ob diese universell gilt? Nein!

Aber welche der Karten könnten eine Verletzung der Regel zeigen? Das F muss uns nicht interessieren, da die Regel nicht lautet: »Nur Karten, die einen Vokal auf einer Seite tragen, tragen auf der anderen eine gerade Zahl.« Eine 4 auf der Rückseite des F stellt also keine Verletzung dar. Interessanterweise nennen weniger Menschen die Karte mit F, hingegen mehr die 8, dabei gilt logisch das Gleiche: Ein S auf der Rückseite der 8 verletzt ebenfalls nicht die Regel.

Hingegen würden eine 7 auf der Rückseite des A oder ein U auf der Rückseite der 5 eine Verletzung darstellen. Vergessen Sie nie: In der Mathematik beweisen noch so viele Positivbeispiele gar nichts über die Allgemeingültigkeit eines Zusammenhangs, aber ein einziges Negativbeispiel reicht zur Widerlegung!

Nun sind Spielkarten oder Zahlenfolgen für die meisten Menschen wohl relativ neutrale Objekte. Kaum jemand dürfte eine starke emotionale Bindung zu irgendeiner dieser Regeln empfinden, und doch scheinen wir nicht willens, uns von unseren einmal gefassten Hypothesen zu verabschieden. Wie viel schwieriger ist es dann, einzusehen, dass der real existierende Sozialismus, an dessen positive Entwicklung und endgültigen historischen Triumph man vielleicht jahrzehntelang geglaubt hat, zu Ende gewirtschaftet hat? Wenn gar auch noch das eigene berufliche Renommee als Meinungsforscher auf dem Spiel steht und man monatelang Donald Trump als chancenlos bezeichnet hat, kann man sich leicht ausmalen, warum Menschen sich oft verzweifelt dagegen wehren, im Lichte neuer Information ihre Einschätzung zu überdenken. Im letzten Fall haben wir es übrigens noch mit einer zweiten *bias,* der sogenannten *sunk cost fallacy* zu tun (eine gute deutsche Übersetzung gibt es nicht wirklich, man könnte etwas sperrig von »Fehlbewertung irreversibler Kosten« sprechen). Die *sunk cost fallacy* ist mit der *confirmation bias* verwandt, aber nicht ganz identisch. Sie beschreibt die Tendenz, mehr in Dinge zu investieren, in die man bereits investiert hat, anstatt die Projekte aufzugeben und die Verluste zu begrenzen, unabhängig davon, ob die vergangenen Investitionen sich ausgezahlt haben oder nicht. Umgangssprachlich gibt es hierfür den Ausdruck »Gutes Geld schlechtem hinterherwerfen«.

Wir sehen diesen Fehlschluss regelmäßig an der Börse, wo viele Menschen ihre in den 1990ern gekauften Telekom-Aktien bis heute halten in der vagen Hoffnung, sie würden irgendwann zu ihren Höchstständen zurückkehren. Aber auch der Besitzer eines alten Autos, der längst viel mehr in Reparaturen investiert hat, als der Wagen wert ist, und jede weitere Reparatur damit rechtfertigt, bereits so viel investiert zu haben, unterliegt dem gleichen Grundfehlschluss.

In diesen Beispielen sind die Kosten tatsächlich finanzieller Art, aber sie können durchaus auch immateriell sein, zum Beispiel in Form von Reputation und Ansehen. Je stärker Menschen sich öffentlich oder zumindest vor anderen Leuten auf eine Position festgelegt haben, desto schwerer fällt es ihnen im Allgemeinen, eine Änderung zu vollziehen.

Gibt es ein einfaches Mittel gegen die *confirmation bias?* Nicht wirklich. Auch die für ihre Offenheit gerühmten Superforecaster sind nicht grundsätzlich gegen sie gefeit. Ich behaupte aber, dass wir, mehr oder weniger bewusst, einen guten Zwischenweg entwickelt haben, um zwischen den Extremen hindurchzunavigieren. Denn: Einfach ins Gegenteil zu verfallen und in Anbetracht jeder kleinsten neuen Information die eigene Einschätzung um 180 Grad zu drehen ist auch keine Lösung.

Auch wenn insgesamt Menschen eher zur *confirmation bias* neigen, habe ich im Rahmen des Good Judgment Project oft genug auch das Gegenteil erlebt: Eine letztlich nur relativ kleine Veränderung der Situation wird zum Anlass genommen, die zugeschriebene Wahrscheinlichkeit fundamental zu ändern, sagen wir von 10 Prozent (sehr unwahrscheinlich) zu 70 Prozent (ziemlich wahrscheinlich). Dies ist oft ein Anzeichen dafür, sich zu sehr auf tagesaktuelle Medien zu verlassen, die mehr oder weniger naturgemäß zur Übertreibung von Entwicklungen neigen oder zumindest dazu, die Relevanz dessen, was in den letzten Tagen geschehen ist, überzubewerten.

Ist die *confirmation bias* allein schon ein hartnäckiges Problem für Individuen, wächst sie in Organisationen oft zum größten

Einzelhindernis für gute Vorhersagen heran. Der Grund sind die bereits erwähten Probleme in der Anreizstruktur für Individuen innerhalb organisatorischer Kontexte: Die individuelle *confirmation bias* verbindet sich dann mit dem allgemeinen Herdentrieb, dem Bedürfnis nach Gesichtswahrung und der Tatsache, dass denselben Fehler wie alle anderen zu begehen weniger schlimme Konsequenzen hat, als allein falschzuliegen. In der Folge entstehen genau solche Fehlleistungen wie die, denen GJP seine Existenz verdankt: das Versagen, die Anschläge vom 11. September 2001 zu verhindern, oder die katastrophalen Fehleinschätzungen zur Lage im Irak im Jahr 2003. Auch die Vorgeschichte des globalen Finanzcrashs 2008 liefert reichlich Anschauungsmaterial für diese Problemstellungen.

Es gibt einen Ansatz, die *confirmation bias* zumindest auf organisatorischer oder institutioneller Ebene zu bekämpfen, indem man in Diskussionsrunden einige Teilnehmer bewusst Gegenpositionen einnehmen lässt, ähnlich dem klassischen Advocatus Diaboli. Ich bin gegenüber solchen Ansätzen tendenziell skeptisch: Wer den Widerspruch ritualisiert, gewinnt letztlich keine Trennschärfe zwischen substanziellen und nicht substanziellen Einwänden. Das ist auch das Grundproblem der »professionellen Querdenker«: Automatisch eine Gegenposition einzunehmen, egal ob gegen die Mehrheitsmeinung oder die eigene vorige, bringt einen der Wahrheit nicht näher. Die Mehrheit hat eben nicht immer automatisch unrecht, oder zumindest nicht im landläufigen Sinne, dazu gleich mehr im nächsten Unterkapitel.

Austausch mit anderen ist sicherlich nicht falsch, aber kein Allheilmittel, zumal sich die meisten Menschen überwiegend in Kreisen ähnlich denkender anderer bewegen.

Es kann meiner Erfahrung nach hilfreich sein, sich im Laufe des Denkprozesses immer wieder zu fragen »Was, wenn ich komplett falschliege?« und vor allem immer wieder auch die impliziten Annahmen der eigenen Position zumindest auszuformulieren, um sie überhaupt kritisch überprüfen zu können. Auch dies funktioniert am besten, indem man sich, ganz wie in den Beispielen mit Zahlenfolge und Karten, zuallererst fragt: Welche hypothetischen neuen Informationen würde meine Theorie notwendigerweise ins Wanken bringen?

Wie man die Anpassung im Lichte neuer Informationen zumindest teilweise formalisieren und quantifizieren kann, wird uns in Kapitel 7 erneut beschäftigen. Den Satz von Bayes, den wir einem neugierigen und vielseitig interessierten englischen Pfarrer aus dem 18. Jahrhundert verdanken, bietet hierfür eine hervorragende Grundlage, auch und gerade dann, wenn man ihn nicht streng rechnerisch, sondern eher als Faustregel handhabt: »Wer einen Esel erwartet und am Horizont die Silhouette eines Pferdes sieht, sollte bis auf Weiteres davon ausgehen, dass ein Maultier im Anmarsch ist.« Mit anderen Worten: Man muss die eigene Einschätzung an neue Informationen anpassen, ohne gleich alle alten Überlegungen über Bord zu werfen.

Die erste Einschätzung – Anker, Basisraten, Größenordnungen und übergroßes Selbstvertrauen

Wie gelangen wir überhaupt zu einer allerersten Einschätzung, wie unvollständig, verzerrt und korrekturbedürftig auch immer sie sein mag? Betrachten wir ein Beispiel, das uns in ähnlicher Form bei GJP beschäftigt hat: Sie sollen die Wahrscheinlichkeit schätzen, dass der italienische Ministerpräsident in genau einem Jahr noch im Amt ist. Die meisten Menschen müssten wahrscheinlich googeln, um erst einmal herauszufinden, wer das ist, und selbst diejenigen, die den Namen nennen könnten, wissen wahrscheinlich wenig über die weiteren Umstände. Was für eine Koalition unterstützt den Ministerpräsidenten? Welche Spannungen und Konflikte gibt es innerhalb dieser Koalition? Wann wäre der nächste reguläre Wahltermin? Wie lange ist der aktuelle Ministerpräsident überhaupt schon im Amt? Wie populär ist er?

All diese Fragen sind sicherlich von Interesse, und man kann zu allen wahrscheinlich relativ schnell mithilfe des Internets eine ganze Menge hilfreicher Informationen finden. Aber als allerersten Schritt würde ich etwas anderes empfehlen, und zwar das Ermitteln einer sogenannten Basisrate.

Tun Sie das nicht, stellt sich schnell die Frage, wie Sie die gewonnenen Informationen am Ende in Wahrscheinlichkeiten übersetzen wollen. Sie lesen zum Beispiel, dass der aktuelle Ministerpräsident seit zwei Jahren im Amt ist, hervorragende Zustimmungswerte hat und insgesamt kaum Konflikte in der Regierungskoalition aufgetreten sind. Das klingt, oberflächlich betrachtet, erst einmal nicht nach bevorstehendem Regierungswechsel. Man kann die Informationen natürlich auch anders lesen und umgekehrt annehmen, dass »wenig Konflikte« keineswegs Stabilität bedeuten muss, weil die Koalition bisher kaum auf ihre Stabilität getestet wurde, aber selbst wenn man der ersten Interpretation zuneigt, stellt sich die Frage: Was bedeutet relative Stabilität in diesem Kontext?

Hier hilft das Konzept der sogenannten Basisrate. Die Basisrate drückt aus, wie häufig ein Ereignis der Art, wie wir es betrachten, ungefähr auftritt. Was genau ein »Ereignis der Art« ist, ist nicht immer eindeutig zu ermitteln und unter Forecastern häufig Gegenstand hitziger Debatten. Hier ist es aber relativ eindeutig: Wie häufig finden Regierungswechsel in Italien statt? Solche Informationen finden wir heutzutage ohne Probleme in der Wikipedia; die Zahl lautet 41 Wechsel des Ministerpräsidenten seit 1945 (bei noch mehr Kabinettsumbildungen), also eine Rate von circa 0,6 Wechseln pro Jahr ohne eindeutige Tendenz zu niedrigeren oder höheren Zahlen in jüngerer Vergangenheit. Wie wir aus dieser Zahl eine Wahrscheinlichkeit für ein einzelnes Jahr ableiten, ist etwas komplizierter und wird in Kapitel 7 ausführlich erklärt. An dieser Stelle soll uns das Ergebnis ausreichen und dieses lautet: 55 Prozent Wahrscheinlichkeit für null Ereignisse, also keinen Wechsel, das heißt, der Ministerpräsident ist noch im Amt.

Die Tatsache, dass uns eine mathematische Formel hier ein scheinbar sehr präzises Ergebnis liefert, soll uns nicht darüber hinwegtäuschen, dass es sich tatsächlich um eine erste Abschätzung handelt, aber sie ist nichtsdestotrotz hilfreich. Sie gibt uns eine Größenordnung vor, in der die Ergebnisse liegen sollten, und ermöglicht uns, im nächsten Schritt die spezifischen Umstände einfließen zu lassen. Angenommen, wir interpretieren diese in unserem Beispiel wirklich als Anzeichen von Stabilität – wie schon angedeutet keineswegs eine zwingende Interpretation –, würden wir eventuell eine Wahrscheinlichkeit von 70 bis 75 Prozent dafür angeben, dass der Ministerpräsident in einem Jahr noch im Amt ist.

Aber was, wenn wir stattdessen nach einem deutschen Kanzler gefragt würden und die Umstände oberflächlich ähnlich aussehen, das heißt gute Umfragewerte, wenig Koalitionsstreit? Deutschland hat in 68 Jahren ganze sieben Regierungswechsel erlebt, also eine Basisrate von circa 0,1 Wechseln pro Jahr. Was auch immer die Gründe hierfür sind – die häufig bemühte unterschiedliche »politische Kultur« ist letztlich keine befriedigende Erklärung –, der Unterschied ist real und wird wahrscheinlich nicht über Nacht verschwinden. Für einen beliebigen deutschen Kanzler an einem zufällig gewählten Zeitpunkt ergibt sich damit eine Wahrscheinlichkeit von circa 90 Prozent, dass er in einem Jahr noch im Amt ist!

Wir können natürlich noch eine ganze Menge weiterer Unterscheidungen treffen. Beispielsweise sind viele der italienischen

Regierungswechsel innerhalb einer Wahlperiode geschehen, während deutsche Regierungen häufiger erst bei regulären Wahlen abgelöst wurden. Wir können also sagen, dass im Falle der italienischen Regierung der nächste reguläre Wahltermin unsere Einschätzung kaum beeinflussen sollte, im Falle der deutschen aber schon. Der Unterschied zwischen der Wahrscheinlichkeit für Deutschland und Italien würde sich also weiter vergrößern, wenn in beiden Ländern keine reguläre Wahl im nächsten Jahr ansteht.

Wir sehen: Die genaue Wahl der Vergleichsklasse von Ereignissen ist immer Gegenstand einiger willkürlicher Entscheidungen und jedenfalls nicht einfach streng formalisierbar. Beispielsweise habe ich mich in beiden Fällen auf den Zeitraum nach 1945 beschränkt, was nicht unbedingt zwingend ist. In diesem Beispiel würden die meisten selbst bei geringfügig unterschiedlich gewählten Vergleichsklassen wahrscheinlich auf ähnliche Zahlen kommen, jedenfalls der Größenordnung nach, und das ist alles, worauf es uns erst einmal ankommt.

Warum ist dies eine sinnvolle Herangehensweise, wenn sie erstens nicht besonders rigoros und teilweise willkürlich ist, und zweitens die errechneten Zahlen ohnehin nur Ausgangsmaterial für die weitere Berechnung unter Berücksichtigung der spezifischen und aktuellen Informationen sind? Die ernüchternde Antwort lautet: weil Menschen sonst erschreckend schlecht darin sind, ungefähre Größenordnungen von Wahrscheinlichkeiten abzuschätzen, und, noch schlimmer, weil sie dazu neigen, in Ermangelung besserer Vorgehensweisen nach Strohhalmen in Form ganz falscher Zahlen zu greifen.

Wie wir schon im vorherigen Unterkapitel über die Verfügbarkeitsheuristik gesehen hatten, neigen wir dazu, uns Informationen bevorzugt dort zu holen, wo sie scheinbar einfach zur Verfügung stehen. Dabei neigen wir aber, gerade wenn es um Zahlen geht, zu eklatanten Fehlern, und das Ignorieren der Basisrate ist dabei so verbreitet, dass es als eigene Bias in der Forschung anerkannt ist.

Kahnemans Beispiel aus seiner eigenen Forschung sieht dabei folgendermaßen aus: Probanden wird die Beschreibung eines jungen Mannes als schüchtern, introvertiert und weltabgewandt vorgelegt. Ausgestattet mit der Information, es handele sich um einen zufällig aus der Gesamtbevölkerung ausgewählten Menschen, sollen sie abschätzen, welchen Beruf er mit höherer Wahrscheinlichkeit ausübt: Bibliothekar oder Bauer? Überlegen Sie gern kurz, wie Sie antworten würden und warum.

Die Beschreibung impliziert für viele klar einen Bibliothekar – warum ist es dennoch die falsche Antwort, und zwar unabhängig davon, ob es sich um ein ungerechtfertigtes Vorurteil handelt? Weil es ungefähr 20-mal so viele Bauern wie männliche Bibliothekare gibt! Selbst wenn nur ein geringer Prozentsatz dieser Bauern »schüchtern, introvertiert und weltabgewandt« ist, sind das immer noch sehr viel mehr Menschen als die Bibliothekare (die ja auch keineswegs alle diese Beschreibung erfüllen!).

Wir beobachten dieses Vernachlässigen der Basisrate *(base rate neglect)* regelmäßig an unterschiedlichen Stellen; besonders folgenreich ist es in der Medizin, wo selbst viele Ärzte regelmäßig Wahrscheinlichkeiten inkorrekt einschätzen.

Im Beispiel mit dem Bibliothekar dürften die meisten Probanden das Problem der Basisrate vollständig ignoriert haben und einzig aufgrund der verbalen, qualitativen Beschreibung entschieden haben – in anderen Fällen aber müssen wir quantitative Einschätzungen vornehmen, zum Beispiel wenn wir eine numerische Wahrscheinlichkeit angeben sollen, wie im Beispiel mit dem italienischen Ministerpräsidenten. Was geschieht also, wenn wir diesen Prozess im Wesentlichen System 1 überlassen?

System 1 zeigt sich äußerst fehleranfällig, wenn es um Zahlen und Quantitäten geht. Besonders eindrücklich zeigt sich das beim sogenannten *anchoring* oder »ankern«. *Anchoring* bezeichnet die Tendenz vieler Menschen, sich bei der Abschätzung einer Zahl in Ermangelung besserer Quellen von anderen Zahlen und Größen, darunter auch solchen, die nichts mit dem eigentlichen Gegenstand zu tun haben, beeinflussen zu lassen. Im Originalexperiment von Kahneman und Tversky ließen sie Probanden eine Art »Glücksrad« drehen, womit eine Zahl ermittelt wurde. Anschließend sollten sie die Zahl afrikanischer Länder in der UNO schätzen. Wer eine 65 erdreht hatte, schätzte die Zahl im Durchschnitt auf 45, wer eine 10 erdreht hatte, auf 25. Unbewusst wurde also die gedrehte Zahl zu einem »Anker«, an dem sich die Schätzung orientierte.

Das Ergebnis konnte seitdem vielfach in unterschiedlichen Formen repliziert werden (keineswegs selbstverständlich in der Psychologie!). In Ermangelung gut fundierter Informationen über einen Gegenstand greift unser Verstand immer wieder nach Strohhalmen, und seien sie noch so ungeeignet.

Wie schon bei der *confirmation bias* gilt auch hier: Würde die Ankerheuristik nur im Labor wirken und uns durch eine Zufallszahl eine für sich relativ bedeutungslose Schätzung ruinieren, müssten wir uns keine Sorgen machen. Tatsächlich wirkt sie aber sehr eindrucksvoll und folgenreich auch im Alltagsleben. Dass wir uns sogar von bedeutungslosen Zufallszahlen beeinflussen lassen, zeigt ja nur, wie universell die Grundtendenz zum »Ankern« ist – im echten Leben begegnen uns dagegen meist Zahlen, die einen gewissen Bezug zu dem, was wir abschätzen wollen, haben –, und das macht das Ganze noch schlimmer.

Besonders eindrucksvoll habe ich das in Ägypten auf heute überwiegend von Touristen frequentierten Basaren (oder Suqs) gesehen. Der durchschnittliche Ägypter feilscht heutzutage eigentlich bei normalen Einkäufen nicht mehr so, wie sich viele Europäer das vorstellen, aber für Touristen wird das Spektakel natürlich weiterhin veranstaltet. Viele der Reisenden haben in ihren Führern Ratschläge dazu gelesen, wie man in solchen Verhandlungen Erfolg hat, und gehen mit klaren Vorstellungen davon, wie viel sie herausschlagen wollen, an die Sache heran. Es gibt nur ein klitzekleines Problem: Der durchschnittliche westliche Ägyptentourist hat keinerlei realistische Vorstellung davon, was ein angemessener Preis für eine wahrscheinlich in China hergestellte Wasserpfeife ist. Die Händler, die mit diesem Typ Reisenden natürlich ihre Erfahrung gemacht haben, nennen also einen reinen Fantasiepreis, der dann für den Interessenten zum Anker wird. Am Ende der Verhandlungen ist er stolz wie Oskar, 60 oder 70 Prozent Rabatt herausgeholt zu haben – dass auch dieser Preis in keinem Verhältnis zu den Herstellungskosten steht und der Rabatt von vornherein einkalkuliert war, realisiert er nicht.

Aber nicht nur unerfahrene Touristen machen diese Fehler. Auch ich habe mich schon auf diese Weise dazu verleiten lassen, einen zwar um 60 Prozent reduzierten, aber eben immer noch weit überhöhten Preis für Fakepapyri aus Bananenpapier zu bezahlen, und das nach zwei Monaten Sprachkurs in Kairo, in denen ich mir einbildete, beste Ortskenntnisse erworben zu haben und mich von keinem Taxifahrer übers Ohr hauen lassen zu haben … Aber auch außerhalb nahöstlicher Touristenfallen machen sich Geschäftsleute die menschliche Tendenz zum Ankern zunutze. Dass ein »Sonderangebot« mit durchgestrichenem Fantasiepreis nicht immer auch wirklich ein gutes Geschäft darstellt, hat sich inzwischen wohl zu den meisten herumgesprochen – aber es gibt auch subtilere Tricks. Denken Sie an die Tendenz von Händlern, Kunden immer drei Optionen anzubieten. Die meisten Kunden werden sich immer für die mittlere Variante entscheiden, und die, die diese zu teuer finden, finden in der billigsten eine Alternative. Ob diese tatsächlich ein günstiges Angebot darstellt, ist jedoch offen; sie erscheint aber auf jeden Fall günstiger, gemessen am Anker der mittleren. Und dies sind nur die elementarsten Beispiele: Wie man im Einzelnen Kunden durch geschickte Präsentation dazu bringen kann, am Ende mehr für Dinge zu bezahlen, ist eine Wissenschaft für sich.

Die Details wollen wir gerne Marketingexperten überlassen, für uns bleibt festzuhalten: Der Mensch ist äußerst empfänglich für alle möglichen Verzerrungen bei der Einschätzung von Größen. Überall dort, wo wir Größen abschätzen müssen, numerische Wahrscheinlichkeiten oder auch das Ausmaß bestimmen, zum Beispiel wie viele Tote eine Epidemie fordern wird, müssen wir versuchen, uns gegen diese Verzerrungen zu wappnen. Das Berechnen einer ungefähren historischen Basisrate als erster Schritt ist dabei generell eine gute Methode, zumindest grobe Fehleinschätzungen zu vermeiden. Das Berücksichtigen solcher Basisraten wird häufig missverstanden als Annahme, die Vergangenheit würde sich zwingend wiederholen – was die ganze Vorhersagerei erstens sehr viel leichter und zweitens weitgehend sinnlos machen würde. Der Sinn liegt eher darin, einen Vorgang, der eindeutig System 2 aktiviert, zum normalen Teil des Prozesses zu machen, um typische Fehler von System 1 auszuschalten oder zumindest abzufedern.

Kommen wir zum nächsten Beispiel für die zahlreichen Verzerrungen, zu denen der Mensch neigt, wenn er versucht, Ereignisse vorherzusagen: die sogenannte *scope insensitivity,* das Ignorieren der Größe oder Größenordnung. Sie zeigt eigentlich am eindrucksvollsten, wie oft der Denkprozess vieler Menschen elementare Gesetze der Logik missachtet. Die gute Nachricht ist jedoch, dass wir auch dieses Problem durch vernünftig gewählte Basisraten gut in den Griff kriegen können.

Kehren wir noch einmal zu unserem Beispiel aus Kapitel 5 des italienischen Ministerpräsidenten zurück, dessen politische Zukunft wir abschätzen sollen. Nehmen wir an, wir haben ordentlich recherchiert – zu Italien ist Information eindeutig leichter zu beschaffen als zu Äquatorialguinea – und kommen zu dem Schluss, diese Zukunft sehe eigentlich gut aus. Wenn wir nun die historische Basisrate von Regierungswechseln in Italien *nicht* beachten – wie übersetzen wir das generelle intuitive Gefühl dann in einen Prozentwert? An dieser Stelle zeigt sich, dass die meisten Menschen in solchen Fällen intuitiv mit dem Anker von circa 50 Prozent arbeiten. *Fifty-fifty* (nichts anderes heißt 50 Prozent Wahrscheinlichkeit eigentlich) benutzen wir auch im Alltag um eine gänzlich offene Frage zu bezeichnen, in der wir uns nicht zutrauen, irgendein Urteil anzumaßen und vor jeder falschen Sicherheit zu warnen. In einer offenen Frage, über die wir wenig wissen, grundsätzlich erst einmal 50 Prozent Eintrittswahrscheinlichkeit anzunehmen ist verführerisch, aber selten eine gute Idee.

In diesem Beispiel läge 50 Prozent sogar relativ nah an der von uns berechneten groben historischen Basisrate für ein Jahr. Wir würden also wahrscheinlich unter Berücksichtigung der zusätzlichen Informationen auch zu einer ähnlichen Einschätzung kommen, also einer Chance von 70 bis 75 Prozent für ein Verbleiben im Amt. Wo ist also das Problem?

Zum einen ist es Zufall, dass die historische Basisrate in diesem Beispiel wirklich nahe 50 Prozent liegt; schon für die analoge Frage nach einem deutschen Kanzler in oberflächlich ähnlicher Situation führt uns der 50-Prozent-Anker in die falsche Richtung. Noch deutlicher wird der Fehler aber, wenn wir den Zeithorizont der Frage verändern; wenn wir also nicht mehr wissen wollen, ob ein Regierungswechsel innerhalb eines Jahres stattfindet, sondern innerhalb von zwei Wochen oder auch fünf Jahren.

Versuche zeigen immer und immer wieder: Menschen geben nahezu identische Wahrscheinlichkeitseinschätzungen an, unabhängig davon, wie lang der fragliche Zeitraum ist, eben weil sie immer unbewusst denselben Anker verwenden! In unserem

Beispiel läge die Basisrate für einen Wechsel innerhalb von zwei Wochen bei circa 2 Prozent, innerhalb von fünf Jahren hingegen bei 95 Prozent. Es kann natürlich Gründe geben, warum wir von dieser Basisrate deutlich abweichen müssen, zum Beispiel wenn innerhalb der kommenden zwei Wochen eine besondere Bewährungsprobe ansteht. Wir würden dann vielleicht auf 20 oder 30 Prozent erhöhen – dass die Wahrscheinlichkeit aber identisch sei mit der für einen Wechsel innerhalb eines Jahres oder gar von fünf Jahren, verstößt gegen elementare Gesetze der Logik. Und dennoch machen viele Menschen diese Fehler, immer und immer wieder. Das Ermitteln einer ersten, auch nur grob geschätzten Basisrate hilft ungemein dabei, diesen Fehler zu vermeiden.

Dieses Ignorieren fundamentaler Unterschiede von Größen ist etwas, das ich besonders gerne in Workshops oder Seminaren zum Thema Vorhersage behandele, weil es sich besonders gut zur Demonstration einfacher Logikfehler eignet, und das, wie ich finde, anschaulicher als die zuvor besprochenen *biases.* Das Ignorieren der Größenordnung beschränkt sich dabei keineswegs auf Zeiträume, wie im obigen Beispiel, sondern erstreckt sich auf alle möglichen Gebiete.

Ein Ministerpräsident kann nur im Amt bleiben oder eben nicht, es handelt sich also um eine binäre Ja-nein-Frage. Wie in Kapitel 3 erwähnt, behandeln wir jedoch auch häufig Fragen, in denen Größenordnungen eine wichtige Rolle spielen, zum Beispiel »Wie viele Flüchtlinge erreichen im laufenden Jahr Europa auf dem Seeweg?« oder »Wie viele Vögel werden dem diesjährigen Stamm der Vogelgrippe zum Opfer fallen oder aus Sicherheitsgründen geschlachtet werden?«.

Sehr häufig sind auch Mischtypen, also binäre Fragen, in denen es um das Erreichen oder Überschreiten einer Größe geht: »Wird im laufenden Jahr ein bewaffneter Konflikt zwischen Israel und der Hisbollah mindestens 100 Tote fordern?« oder »Wird die US-amerikanische Einwanderungsbehörde im laufenden Jahr über 250 000 Abschiebungen durchführen?« oder »Wird der gesamte Fleischkonsum Chinas im laufenden Jahr 85 Millionen Tonnen überschreiten?«.

Bei der Beantwortung solcher Fragen zeigen ebenfalls viele Menschen *scope insensitivity* – sie geben nämlich nahezu identische Wahrscheinlichkeiten an, auch wenn wir die jeweilige Grenze verschieben. Ein Konflikt mit mindestens 100 Toten wird also für genauso wahrscheinlich gehalten wie einer mit 10, mehr als 500 000 Abschiebungen genauso wie mehr als 250 000 und 90 Millionen Tonnen Fleischkonsum genauso wie 85 Millionen. Auch das aber kann logisch nicht korrekt sein!

Wie groß der Unterschied genau ist beziehungsweise sein sollte, darüber lässt sich natürlich trefflich streiten; wir werden das Problem in Kapitel 7 vertiefen, aber grundsätzlich ist es stark von der jeweiligen Domäne abhängig, wie wahrscheinlich extreme(re) Ereignisse sind. Auf diese Beispiele bezogen: Ein bewaffneter Konflikt zwischen Israel und der Hisbollah hat ein sehr hohes Eskalationspotenzial, das heißt, die Wahrscheinlichkeit, dass aus einem begrenzten, ursprünglich vielleicht von keiner Seite gewollten Scharmützel ein größerer Konflikt, eventuell auch ein voller Krieg wird, ist hoch, den Konflikt einzugrenzen und in seinen Auswirkungen zu beschränken hingegen sehr schwierig. Folglich ist die Wahrscheinlichkeit für einen großen Konflikt nur geringfügig kleiner als die für einen kleinen, da eben in den meisten Szenarien aus dem kleinen ein großer Konflikt wird.

In den anderen Beispielen hingegen ist ein plötzliches Anwachsen der Größenordnung aufgrund praktischer Erwägungen viel schwerer vorstellbar. Eine große Behörde kann ihre personellen Kapazitäten nicht über Nacht vervielfachen – wenn also die Zahl der Abschiebungen in den letzten Jahren bei circa 200 000 bis 250 000 lag, sind 500 000 im Folgejahr äußerst unwahrscheinlich. Für den chinesischen Fleischkonsum gilt dies wohl noch stärker; wenn 85 Millionen Tonnen in den letzten Jahren knapp verfehlt wurden, sind schon 95 Millionen im nächsten Jahr kaum denkbar. Mit anderen Worten: Eine Verzehnfachung der Zielgröße in einem Beispiel hat einen geringeren Einfluss auf die Wahrscheinlichkeit als eine Verdoppelung oder auch nur eine zehnprozentige Erhöhung in einem anderen! Das Gleiche gilt übrigens auch für deutliche Abweichungen nach unten – die Zahl der Toten in Kämpfen zwischen Israel und Hisbollah kann im fraglichen Jahr gut auch null sein (tatsächlich ist dies über mehrere Jahre der mit Abstand häufigste Einzelwert), der chinesische Fleischkonsum wird kaum auch nur 10 Prozent in einem Jahr fallen. Alle möglichen oder zumindest plausiblen Ereignisse liegen also in sehr unterschiedlich breiten Bändern. Wir sehen daran auch, wie wichtig es ist, im Prozess der Vorhersage sinnvolle, weder viel zu große noch viel zu kleine Messlatten zu legen.

Wenn wir, entweder im Rahmen von GJI, dem kommerziellen Offshoot von GJP, oder auch in meiner eigenen Beraterpraxis, in Workshops und Seminaren Vorhersagemethoden trainieren, benutzen wir diese Form der *scope insensitivity* gerne für Übungen zur Reflexion des eigenen Denkprozesses. Oft arbeiten wir in diesen Seminaren auch an klassischen Vorhersageproblemen, oft aus der Praxis unserer Klienten, doch in Rahmen von Seminaren, die vielleicht zwei Tage dauern, ist es natürlich schwierig, die hierbei gemachten Vorhersagen systematisch zu evaluieren. Daher behelfen wir uns gerne mit einem kleinen Trick. Wir hatten schon in Kapitel 2 gesehen, dass eine Frage, deren korrekte Antwort wir nicht kennen, logisch oft genauso zu behandeln ist wie eine Frage nach der unbekannten Zukunft, zum Beispiel in Problemen der medizinischen Diagnostik oder auch der Auflösung eines Kriminalfalles.

Diese Tatsache machen wir uns in solchen Übungen zunutze. Wir fragen also nach Fakten, die in der Regel kein Mensch unmittelbar parat hat, die man aber im Prinzip mit einer einfachen Google-Suche ermitteln kann, etwa »Wie groß ist die Entfernung zwischen Rom und Teheran? (Luftlinie)«. Dann bitten wir die Teilnehmer, eine Schätzung abzugeben, und zwar in Form eines Intervalls, also in unserem Beispiel vielleicht 3000 bis 5000 Kilometer. Dabei sollen sie das Intervall so wählen, dass sie sich zu 90 Prozent sicher sind, dass der tatsächliche Wert innerhalb des Intervalls liegt. In anderen Übungen variieren wir diese Zahl, sodass man zum Beispiel nur zu 50 Prozent sicher sein soll.

Wenn Sie wünschen, können Sie an dieser Stelle einen solchen Test machen. Notieren Sie sich zu jeder der folgenden Fragen ein Intervall, von dem Sie glauben, die richtige Antwort liege mit 90 Prozent Wahrscheinlichkeit darin. Sie dürfen gerne eine Weile nachdenken oder Überschlagsrechnungen im Kopf anstellen, aber bitte nicht Google oder auch papierne Nachschlagewerke verwenden. Die Auflösungen finden Sie auf Seite 247.

1. In welchem Jahr wurde Mao Tse-tung geboren?
2. Wie groß ist die Entfernung zwischen Moskau und Neu-Delhi (Luftlinie)?
3. Wie viele Militärputsche ereigneten sich im 20. Jahrhundert in Bolivien?
4. Wie viele gültige Stimmen wurden bei der iranischen Präsidentschaftswahl 2017 insgesamt abgegeben?
5. Wie groß war der Umsatz der gesamten US-amerikanischen Heimtierfutterindustrie in 2016?
6. Wie groß war die indonesische Stromproduktion in 2016 in Milliarden Kilowattstunden?
7. Wie viele Einwohner hat Burkina Faso (Stand 2016)?
8. Wie groß war der finnische Verteidigungshaushalt in 2016?
9. In welchem Jahr fand die Massentaufe der Kiewer Rus, das wichtigste Einzelereignis der Christianisierung Russlands, statt?

10. Wie viele Flugzeuge umfasst die Flotte der australischen Luftlinie Qantas (Stand 2016)?

Bevor Sie jetzt die Auflösungen nachschlagen, würde ich Sie bitten, ein paar weitere Fragen zu beantworten. Diesmal sollen Sie das Intervall aber so wählen, dass Sie sich nur zu 50 Prozent sicher sind, das heißt, die richtige Antwort soll nur bei circa jeder zweiten Frage im gewählten Intervall liegen.

11. Welcher Prozentsatz der Bevölkerung Nigerias lebt im Großraum Lagos?
12. Wie viele Hubschrauber verloren die sowjetischen Streitkräfte in Afghanistan zwischen 1979 und 1989?
13. Wie viele Menschen starben in Deutschland in 2016 an Lungenkrebs?
14. In welchem Jahr wurde Ayatollah Khomeini geboren?
15. Wie viele Kraftfahrzeuge, inklusive motorisierter Zweiräder, wurden in 2016 in Indien zugelassen?
16. Wie lang ist die Landgrenze zwischen Kolumbien und Venezuela?
17. Wie groß war der Wert der argentinischen Sojaexporte in 2015 in US-Dollar?
18. Wie groß ist die Fläche des Kaspischen Meeres?
19. Wie hoch lag das chinesische Staatsdefizit in 2016 in US-Dollar?
20. Wie viele Kilometer umfasst das U-Bahn-Netz von Madrid?

Wenn Sie nun die Ergebnisse vergleichen, was stellen Sie dann fest? Da Sie dieses Buch wahrscheinlich auf Papier lesen, können wir diesen Teil leider nicht wirklich interaktiv gestalten, daher muss ich mich auf Folgendes beschränken: Wenn Sie tatsächlich Ihre Intervalle so gewählt haben, dass der richtige Wert in neun von zehn der ersten Fragen im Intervall lag – gratuliere, das schafft fast niemand! Wenn Sie dann auch noch beim zweiten Satz, Fragen elf bis 20, genau fünfmal im Intervall lagen – wow, Sie sind ein echtes Naturtalent.

Wahrscheinlicher ist jedoch Folgendes: Die Zahl der Treffer liegt in beiden Gruppen mehr oder weniger gleich hoch und eher bei fünf bis sechs von zehn Fragen. Zumindest zeigt dies unsere Erfahrung in zahlreichen Workshops und Seminaren, in denen wir diese beziehungsweise ähnliche Übungen machten. Die Teilnehmer dieser Veranstaltungen sind regelmäßig hoch qualifizierte, gebildete Menschen, und dennoch – sie alle unterliegen den gleichen fundamentalen Fehleinschätzungen. Interessanterweise kommen immer wieder dieselben Ergebnisse zustande, auch wenn wir ausdrücklich keinerlei Grenzen für die Größe des Intervalls vorschreiben. In unseren Demonstrationen ziehen wir die Grenze normalerweise bei 90 Prozent, aber andere Wissenschaftler haben das Spiel noch weiter getrieben: Sie haben ihre Probanden gebeten, für ähnliche Schätzfragen Intervalle anzugeben, die das richtige Ergebnis mit einer Wahrscheinlichkeit von einer Million zu eins enthalten sollen, und dies wiederum ohne Höchstgrenze für die Intervallgröße.

Selbst dann geben Menschen noch regelmäßig Intervalle an, die zu 20 Prozent nicht das richtige Ergebnis enthalten! Zur Verdeutlichung: Dies entspricht 200 000 Fehlern auf 1 Million Schätzungen statt einem einzigen. Mit anderen Worten: Menschen sind im Allgemeinen nicht besonders gut darin, Größenordnungen, Wahrscheinlichkeiten und vor allem Größenordnungen von Wahrscheinlichkeiten realistisch abzuschätzen. Sie ignorieren dabei regelmäßig einfachste logische Gesetzmäßigkeiten und lassen sich von diversen intuitiven Fehleinschätzungen leiten. Vor allem aber überschätzen sie regelmäßig die Sicherheit und Fundiertheit des eigenen Wissens. Ein interessantes Detail aus *Expert Political Judgment,* das sich im Übrigen im Good Judgment Project bestätigte: Ereignisse, die von Probanden für ausgeschlossen (0 Prozent Wahrscheinlichkeit) gehalten wurden, treten häufiger ein als solche, die nur als sehr unwahrscheinlich eingeschätzt wurden (10 Prozent). Wenn immer irgendjemand, »Experte« oder nicht, etwas für kategorisch ausgeschlossen hält, ist Misstrauen angebracht …

Verknüpfungstäuschung, Apophänie und einprägsame Geschichten

Man kann die *scope insensitivity* letztlich als ein Problem von Teilmengen ansehen. Wenn wir Szenarien für Ereignisse betrachten und dabei zwischen unterschiedlichen Größenordnungen unterscheiden, müssen wir die Menge der möglichen Ereignisse mit höherer Mindestgröße als Teilmenge der möglichen Ereignisse mit kleinerer Mindestgröße ansehen. Konkret: Mögliche Verläufe eines Krieges zwischen Israel und der Hisbollah mit mindestens 1000 Toten bilden eine Teilmenge der möglichen Verläufe mit mindestens 100 Toten. Die Wahrscheinlichkeit für Ersteren muss also kleiner als die für Letzteren sein. Intuitiv beurteilen aber, wie wir bereits gesehen haben, Menschen dieses Verhältnis von Teilmengen oft falsch. Im Falle der *scope insensitivity* nehmen sie die Wahrscheinlichkeit nur als mehr oder weniger gleich wahr – in anderen aber halten sie die zwingend kleinere Teilmenge sogar für größer!

Ein Beispiel: Fragt man Menschen nach der Wahrscheinlichkeit dafür, dass sie im nächsten Jahr durch eine konkrete Ursache sterben, zum Beispiel Verkehrsunfall, Herzinfarkt oder ein Terroranschlag, nennen die meisten eine höhere Wahrscheinlichkeit für jedes beliebige Einzelereignis, als wenn man sie nur nach der Wahrscheinlichkeit, überhaupt zu sterben, fragt. Logisch betrachtet ist aber jeder Tod durch eine konkrete Ursache nur eine

Teilmenge der größeren Menge »Tode durch alle möglichen Ursachen«. Offensichtlich wirkt auch hier wieder eine Form der Verfügbarkeitsheuristik – da man sich den Tod durch eine konkrete Ursache eher vorstellen kann, hält man ihn auch für wahrscheinlicher. »Tod durch eine beliebige Ursache« ist hingegen eine sehr viel abstraktere Kategorie.

In der Folge entstehen eine ganze Reihe von typischen Mustern menschlicher Fehlwahrnehmungen; die Literatur nennt hier eine Reihe von *biases*, die zwar nicht immer hundertprozentig konsistent und klar unterschieden werden, aber dennoch hilfreiche Anhaltspunkte geben.

Als Erstes wäre die sogenannte *conjunction fallacy (Verknüpfungstäuschung)* zu nennen. Sie bezeichnet die Tendenz, zwei (oder mehr) verschiedene Ereignisse in Verbindung für wahrscheinlicher zu halten als jedes einzelne dieser Ereignisse für sich – logisch eine Unmöglichkeit, da es sich, wie gesagt, um Teilmengen handelt.

Das klassische, oft zitierte Beispiel von Kahneman lautet folgendermaßen:

> Linda ist 31 Jahre alt, Single, freimütig und sehr intelligent. Sie hat Philosophie im Hauptfach studiert. Als Studentin interessierte sie sich sehr für Themen wie Diskriminierung und soziale Gerechtigkeit, und sie nahm auch an Anti-Atomkraft-Protesten teil. (...)
> Welche Alternative ist wahrscheinlicher?
> [1.] Linda ist eine Bankkassiererin?
> [2.] Linda ist eine Bankkassiererin und in der feministischen Bewegung aktiv?*

* Daniel Kahneman: *Schnelles Denken, langsames Denken*, München 2012, S. 195 ff.

Die meisten Menschen nennen hier Antwort 2, was logisch kaum sinnvoll erscheint, da alle möglichen Szenarien, die Antwort 2 erfüllen, eine Teilmenge derer darstellen, die Antwort 1 erfüllen.

Aber auch in der Praxis der politischen Vorhersage begegnet uns diese Tendenz häufig; wie schon in Kapitel 2 zum Thema Igel und Füchse angesprochen, neigen viele Menschen in sogenannten Szenarioübungen dazu, die Wahrscheinlichkeit einer Folge von Ereignissen höher zu bewerten als die der Einzelereignisse. Diese Tendenz ist umso stärker, je detaillierter das entsprechende Szenario ausgemalt wird. Wenn also um das Jahr 2013 oder 2014 in solchen Übungen ein Szenario für den Fortgang des syrischen Bürgerkrieges erstellt wird, das in etwa lautet:

»Nach einem überraschenden Einmarsch türkischer Truppen in Nordsyrien fliehen die Regierungstruppen aus Aleppo. Die Stadt fällt vollständig an die Aufständischen. Darauf bricht unter Regierungstreuen auch in Damaskus Panik aus. Drei Tage später wird bekannt, dass sich Assad und seine Familie über Nacht nach Moskau abgesetzt haben. Innerhalb von vier Wochen wird eine provisorische Regierung unter Teilnahme verschiedener Rebellengruppen gegründet, die erklärt, die Einheit des Landes bewahren zu wollen.«

Dass uns dieses Szenario aus heutiger Sicht ziemlich absurd vorkommt, zeigt nur, wie kurz unser Gedächtnis ist – in 2013 oder 2014 wurden solche Möglichkeiten sehr ernsthaft diskutiert. Nach der detaillieren Entwicklung eines solchen Szenarios, zum Beispiel im Rahmen eins Workshops, werden Teilnehmer regelmäßig die Eintrittswahrscheinlichkeit des Gesamtszenarios deutlich höher bewerten als die eines viel allgemeiner formulierten wie »Die Regierung Assad wird gestürzt«; dabei ist das gesamte erste Szenario eine Teilmenge aller möglichen Verläufe von letzterem.

Damit verknüpft (und, ich behaupte, zum Teil auch überlappend) ist die sogenannte *narrative bias.* Menschen neigen dazu, kausale Zusammenhänge zwischen Ereignissen zu sehen, selbst wenn ein solcher Zusammenhang nicht besteht oder zumindest nicht bewiesen werden kann. Vor allen Dingen erinnern wir uns an »Geschichten« mit narrativer Struktur, in der also Ereignisse kausal verknüpft sind, erheblich besser als an bloße Aufzählungen singulärer Ereignisse. Dies hat zur Folge, dass wir auch in der Rückschau, beim Betrachten historischer Ereignisse, oft unser Verständnis der hierbei wirkenden Ursachen kolossal überschätzen und aus viel zu wenigen Fällen vermeintliche Gesetzmäßigkeiten ableiten (»Parlamentarische Demokratie und Marktwirtschaft sind autoritären Systemen langfristig immer überlegen«).

Unser Bedürfnis, kausale Zusammenhänge in chaotischen Verläufen zu sehen, geht so weit, dass wir auch dazu neigen, in nachweislich zufälligen Verläufen kausale Muster zu erkennen. In diversen Experimenten sehen Menschen immer wieder vermeintliche Zusammenhänge zwischen zwei (selten mehr) per Zufallsgenerator erzeugten Verläufen einzelner Größen.

Im Extremfall stellt diese sogenannte Apophänie eine ernste psychische Störung dar; sie kann ein Anzeichen von Schizophrenie sein. Aber weit unterhalb der Schwelle zur psychischen Krankheit ist die Tendenz, nach Mustern und kausalen Verbindungen zu suchen, eine menschliche Grundkonstante.

Wir könnten die Diskussion verschiedener *biases* unbegrenzt ausdehnen; das Thema füllt problemlos ganze Bücher. Wie schon erwähnt, zählen manche Autoren bis zu 300 verschiedene auf, wobei sich über den Sinn derart feiner Unterteilungen natürlich streiten lässt. Ich habe versucht, auf begrenztem Raum die wichtigsten, im Prozess der Vorhersage relevantesten darzustellen. Das Ziel ist aber dabei weniger, dass Sie am Ende alle hier genannten *biases* aufzählen und definieren können, sondern Wege zu finden, möglichst intuitiv, automatisch und zeiteffizient Operationen auszuführen, die den Effekt der *biases* auf das eigene

Urteil minimieren – sie hundertprozentig eliminieren zu wollen, halte ich für illusorisch (und vermessen). Auch die Superforecaster, die nachweislich in geringerer Weise zu all den hier beschriebenen Fehlern neigen als die meisten Menschen, sind natürlich nicht prinzipiell immun; sie haben aber einen besseren Umgang mit den entsprechenden Fallstricken entwickelt.

Grundlegende Überschlagsrechnungen zu Wahrscheinlichkeiten anzustellen ist eine gute Möglichkeit; das Kalkulieren grober Basisraten hatten wir erwähnt, in Kapitel 8 werden wir die Fermi-Schätzungen kennenlernen, die diesen Prozess noch weiter verbessern. Im Anhang finden Sie außerdem ein paar weitere Übungen zum Thema, die nachweislich die Fehlerquote verringern können.

Aber all dieses theoretische Training führt uns nur so weit. Am Ende ist Vorhersage, wie nahezu jede komplexe menschliche Tätigkeit, auch zu großen Teilen Übungssache. Das heißt, Sie müssen vor allen Dingen beginnen, Vorhersage zu betreiben. Wenn ich das in meiner Beratungspraxis Klienten erzähle, stoße ich oft auf Überraschung – das tue man doch längst. Das ist zwar richtig, aber oft nur die halbe Wahrheit – was nämlich in den meisten Fällen fehlt, ist eine systematische Auswertung erfolgter Vorhersagen in der Rückschau. Und das ist deshalb so verheerend, weil wahrscheinlich kaum irgendetwas so sehr von *biases* überlagert wird wie die Rückschau.

Die *hindsight bias* (Rückschauverzerrung) nimmt aus meiner Sicht eine absolute Sonderrolle ein, daher soll ihr ein ganzes Kapitel gewidmet werden. Sie wirkt an anderer Stelle als die bisher behandelten und lässt sich eben nicht am Anfang des Prozesses angehen. Erlauben Sie mir, dass ich dafür etwas weiter aushole, circa 3000 Jahre.

6
König Ödipus und der »Technologieausblick 2030«

Die Zukunft war früher auch besser.

Karl Valentin

Troja, circa 1200 v. Chr. Nach zehnjähriger Belagerung haben die Griechen unter Agamemnon ihr Lager geräumt und sind abgezogen. Nur ein hölzernes Pferd lassen sie zurück, ein Dankesopfer an die Göttin Pallas Athene. Unter großem Jubel der Troer wird das Pferd in die Stadt gezogen. Nur die Königstochter Kassandra erkennt das nahende Unheil und versucht verzweifelt, ihre Mitbürger zu warnen, doch vergeblich. Des Nachts entsteigen dem Pferd die darin versteckten griechischen Krieger und öffnen die Tore der Stadt. Sie wird geplündert und gebrandschatzt, die Einwohner werden fast ausnahmslos getötet oder versklavt, so auch Kassandra.

Die Geschichte ist uns nur zu gut vertraut; sie gehört, auch wenn sie so nicht in der *Ilias* selbst vorkommt, zweifellos zum Stoff der Erzählungen rund um den Fall Trojas und damit zu den ältesten erhaltenen europäischen überhaupt. »Trojanisches Pferd«, »Danaergeschenk« oder »Kassandrarufe« sind feststehende Wendungen geworden, die bis heute verstanden werden.

Die Details der Ereignisse variieren; in manchen Versionen ist es der Priester Laokoon, der die List erkennt und zu warnen versucht, bevor er von zwei Schlangen erwürgt wird. Das Grundmotiv aber bleibt erhalten: Die Gefahr wird von Einzelnen erkannt, die Warnung jedoch überhört, und das Unheil nimmt seinen Lauf.

Warum ist diese 3000 Jahre alte Erzählung in unserem Kontext so interessant? Was hat sie mit der modernen psychologischen Forschung zum Thema Vorhersage zu tun? Ich behaupte: eine ganze Menge.

Betrachten wir nämlich die erzählerischen Werke (Sagen, Mythen) des klassischen Altertums genauer, stellen wir fest, dass uns das Motiv immer wieder begegnet: Die Zukunft wird korrekt vorausgesagt, der Prophezeiung jedoch kein Glauben geschenkt. Die Figur der Kassandra, die verflucht wurde, die Zukunft zu kennen, aber keinen Glauben zu finden, ist nur die bekannteste, aber keinesfalls die einzige. Bei Herodot treten mit großer Regelmäßigkeit Figuren auf, deren Ratschläge in den Wind geschlagen werden, so zum Beispiel in den Erzählungen um König Krösus. In anderen Geschichten werden die Prophezeiungen zwar geglaubt, jedoch Maßnahmen ergriffen, die am Ende die Ereignisse nicht abwenden, sondern erst auf den Weg bringen.

Das bekannteste Beispiel dürfte König Ödipus sein. Auf die Prophezeiung hin, das Kind Ödipus werde seinen Vater töten und seine Mutter heiraten, wird es ausgesetzt und wächst in der Fremde auf, was es überhaupt erst ermöglicht, dass er weder Vater noch Mutter erkennt, als sie seinen Weg kreuzen. Auch dass Paris, ein Bruder Kassandras, Unheil über Troja bringen würde, wurde seiner Mutter im Traum weisgesagt; auch er wird ausgesetzt, wächst bei Hirten auf und wird nur deshalb zum Zeugen des Streits der Göttinnen um den goldenen Apfel, was schließlich zum Krieg um Troja führt.

Natürlich ist der historische Wahrheitsgehalt dieser Erzählungen sehr unterschiedlich; im Falle von Krösus handelt es sich nach allem, was wir wissen, um eine geringfügig fiktionalisierte Version realer historischer Ereignisse. Bei den Erzählungen um Troja oder Ödipus mag ein historischer Kern vorhanden sein, die Erzählungen haben sich von diesem aber bereits viel stärker entfernt. Gerade deshalb aber sind die Parallelen in der Struktur der Geschichten umso bezeichnender. Und sie beschränken sich keineswegs auf den klassischen griechisch-römischen Sagenschatz. Ein ähnliches Motiv kommt auch mehrmals in der Bibel vor, auch wenn hier der erzählerische Akzent ein anderer ist, da das Unheil meist nicht als tragisch, sondern als verdiente Strafe angesehen wird und diejenigen, die geglaubt haben, ihm entgehen (Noah oder Lot).

Meine zugegebenermaßen spekulative Behauptung: Die Häufigkeit, mit der uns das Motiv in den antiken Narrativen begegnet, ist ein Hinweis auf die menschliche Tendenz zur *hindsight bias* (»Rückschaufehler«), die auch die moderne Forschung beschäftigt. Auf der einen Seite ist die Grunderfahrung des Menschen, dass der Verlauf der Zukunft chaotisch und nicht vorhersehbar ist – auf der anderen Seite erscheint er im Rückblick oft nicht nur vorherbestimmt, sondern auch aus den Vorzeichen erkennbar.

Und hierin unterscheiden wir uns kaum von unseren Vorfahren. Auch heute noch neigt der Mensch dazu, die Zukunft im Rückblick für eigentlich vorhersagbar zu halten. In der Folge unterlaufen uns zwei folgenschwere Fehler: Erstens halten wir die eigenen Prognosen von gestern für besser, als sie es tatsächlich waren. Und zweitens beurteilen wir den historischen Verlauf der Dinge im Rückblick als zwingender, als er es tatsächlich war.

Die erste Tendenz ist in der psychologischen Forschung seit den 1970er-Jahren gut belegt. Die Psychologen Baruch Fischhoff und Ruth Beyth befragten 1972 Politikexperten vor Nixons Reisen nach Peking und Moskau nach möglichen Ergebnissen dieser Besuche. Etwa ein Jahr später wurden die Teilnehmer erneut befragt und darum gebeten, sich die eigenen Einschätzungen ins Gedächtnis zu rufen. Es zeigte sich, dass die meisten dazu neigten, im Rückblick die eigene Genauigkeit weit zu überschätzen. Viele hatten sich weit skeptischer über die Potenziale zur Verständigung geäußert und die Erfolgsaussichten sehr kritisch beurteilt. Tatsächlich waren beide Besuche überraschend produktiv und führten zur Wiederaufnahme diplomatischer Beziehungen mit China sowie zum SALT-I-Vertrag zur Rüstungsbegrenzung mit der Sowjetunion.

Phil Tetlock wiederholte ein ähnliches Experiment mit seinen Probanden aus *Expert Political Judgment* und bat auch diese mehrmals im Laufe der Studie, die eigenen alten Einschätzungen zu wiederholen. Erneut zeigte sich die gleiche Tendenz zur Verklärung der eigenen Leistung. Bemerkenswert: In beiden Fällen wussten die Teilnehmer, dass die Forscher die alten Einschätzungen aufgezeichnet hatten. Sie logen also nicht bewusst zur Gesichtswahrung, sondern hatten sich selbst getäuscht und waren tatsächlich überzeugt, richtiggelegen zu haben.

Nun könnte man diese Selbsttäuschung noch als allgemeine Tendenz des Menschen zur Selbstüberschätzung abtun, als Verteidigung eines positiven Selbstbildes. Aber interessanterweise erstreckt sich das Problem auch auf Themen, zu denen wir nie in der Vergangenheit Vorhersagen abgegeben haben. Gerade deshalb halte ich ja die Mythen von in den Wind geschlagenen Prophezeiungen für so aufschlussreich – weil sie die Tendenz des Menschen zeigen, die chaotische Welt im Rückblick als viel geordneter – und damit auch vorhersagbarer – wahrzunehmen, als sie es je ist. Dies zeigt sich vor allem darin, dass die Gegenwart oft als eine besonders unsichere Zeit wahrgenommen wird – tatsächlich aber erscheint sie nur so im Vergleich zur verzerrten Vergangenheit.

In jüngerer Vergangenheit sind es gerade die Hochphasen des Kalten Krieges, also die 1950er- und 1980er-Jahre, die vergleichsweise berechenbar und verlässlich erscheinen. Ein Studium von Texten und Umfragen aus diesen Perioden offenbart jedoch, dass die meisten Zeitgenossen dies keineswegs so empfanden und ihre eigene Zukunft als äußerst ungewiss einstuften. Erst im

Rückblick erscheint die schließlich erfolgende Stabilisierung der Situation unausweichlich und alternativlos. In der Folge überschätzen wir übrigens auch unser Verständnis der wirkenden Kausalitäten maßlos – es erscheint nicht nur offensichtlich, *dass* die Sowjetunion zusammenbrechen musste, sondern auch, *warum* sie es tat. Welche Gründe wir hierfür genau annehmen, ist natürlich stark von unseren ideologischen Präferenzen abhängig, aber bemerkenswert ist vor allem die Sicherheit, mit der viele Menschen überhaupt behaupten, einen dermaßen komplexen Prozess kausal zu verstehen. Wer behauptet, eine sichere Antwort auf die Frage »Wer hat größeren Anteil am Fall der Mauer – Reagan mit seiner Politik der Aufrüstung oder Brandt mit seiner Annäherungspolitik?« zu kennen, leidet mit großer Sicherheit an Selbstüberschätzung.

Das Problem beschränkt sich übrigens nicht auf Vorhersagen über die Zukunft im engeren Sinne. Auch viele wissenschaftliche Ergebnisse erscheinen offensichtlich, sobald sie erst einmal gesichert sind. Konfrontiert mit dem Vorurteil, seine Disziplin finde ohnehin nur Dinge heraus, die man mit halbwegs gesundem Menschenverstand ohnehin wissen könnte, zeigte der Soziologe Paul Lazarsfeld in den 1950ern wie oft eben nicht nur das tatsächliche Ergebnis einer Studie, sondern auch das Gegenteil scheinbar einfach auf der Basis von Volksweisheiten erklärbar wäre. In seinem Beispiel ging es um eine groß angelegte Studie mit 600 000 amerikanischen Soldaten über ihre subjektive Erfahrung in der Armee. Das Ergebnis »Soldaten vom Lande haben es einfacher, sich im Soldatenalltag zurechtzufinden« erscheint sofort einleuchtend, und die meisten Menschen könnten sofort Erklärungen liefern (»Wer auf dem Land aufgewachsen ist, ist besser vorbereitet auf die körperlichen Härten der Armee«). Das eigentliche Ergebnis der Studie lautete aber genau umgekehrt: Es waren die Männer aus der Stadt, denen es leichter fiel, sich in die

Armee zu integrieren. Und wiederum fielen den meisten Menschen sofort Erklärungen ein (»Stadtkinder sind Enge und große Menschenansammlungen gewohnt«).

Denken wir einen Moment an die Studien, die bisher in diesem Buch zitiert wurden, wie Tetlocks *Expert Political Judgment*. Das Ergebnis »Über den Tellerrand des Fachgebietes schauen und bereit sein, seine Meinung im Lichte neuer Erkenntnisse zu ändern, führt zu besseren Vorhersagen« erscheint offensichtlich. Aber das gegenteilige Ergebnis »Je mehr man von seinem Fachgebiet weiß und je weniger man in seinen Ansichten schwankt, desto besser sind die Vorhersagen, die man abgibt« würde auch offensichtlich scheinen.

Vielleicht fragen Sie sich jetzt: Warum ist ausgerechnet diese Bias so zentral? Oberflächlich betrachtet erscheint sie als eher akademisches, um nicht zu sagen geschichtsphilosophisches Problem, das die alltägliche Vorhersagearbeit wahrscheinlich viel weniger beeinflusst als zum Beispiel *confirmation bias* und *base rate neglect* aus dem vorangegangenen Kapitel. Kurzfristig mag dies zutreffen; langfristig aber wird die *hindsight bias* zum zentralen Problem, da sie jedes Lernen aus vergangenen Fehlern verhindert. Ich nenne sie deshalb auch die »Mutter aller Biases«.

Das Gute daran: Keine andere Bias lässt sich so einfach und effektiv ausschalten wie diese – wenn man es denn will. Alles, was man tun muss, ist, die eigenen Vorhersagen konsequent aufzuzeichnen. Die Teilnahme am Good Judgment Project war für mich in dieser Hinsicht ein absolutes Erweckungserlebnis: Alle Vorhersagen wurden automatisch aufgezeichnet und bewertet. Wer dazu bereit war – für das eigene Ego kann es durchaus schmerzhaft sein –, konnte den eigenen Denk- und Lernprozess in bemerkenswerter Detailfülle nachvollziehen, analysieren und daraus lernen. Es waren gerade die Superforecaster, die diese Gelegenheit ergriffen haben und im Laufe des Projekts immer besser wurden.

Wenn das Aufzeichnen und Auswerten von vergangenen Vorhersagen so einfach ist – warum geschieht es dann praktisch so selten? Wenn es um individuelle Vorhersagen geht, ist tatsächlich das Ego ein großes Hindernis. Die eigenen Irrtümer vor Augen geführt zu bekommen und eingestehen zu müssen kratzt am Ego – insbesondere, wenn mein Selbstbild als nahezu allwissender Experte davon bedroht ist.

Aber auch in organisationellen Zusammenhängen begegnet einem das Phänomen regelmäßig. Die Prognosen von vorgestern über gestern, die wir heute anschauen und auswerten könnten, werden fast überall ignoriert. Warum genau das so ist, ist mir auch nicht ganz klar. Einen Aspekt habe ich im Kapitel über Experten angeschnitten: Präzise Vorhersage ist oft gar nicht das eigentliche Ziel der entsprechenden Experten oder ganzer Abteilungen, es geht in erster Linie darum, den aktuell laufenden Betrieb zu unterstützen und die Entscheidungen von Führungskräften legitimieren zu lassen. Das ist verständlich, und doch glaube ich, dass viele Unternehmen hier riesige Potenziale ungenutzt lassen. Aber was ist mit dem ganzen Sektor der langfristigen Technikprognosen?

Langfristige Technikprognosen

Eine nicht untypische Szene: Ein deutscher Großkonzern organisiert eine große Veranstaltung zum Thema Zukunft. Dazu werden Teilnehmer aus verschiedenen Richtungen eingeladen, Start-up-Gründer, Thinktank-Mitarbeiter, Technikjournalisten und ein Forecaster. In einem Workshop werden Gruppen gebildet, die Szenarien über das Leben im Jahr 2030, zu dem Zeitpunkt knapp 15 Jahre entfernt, anhand eines typischen Tagesablaufs entwickeln sollen. Die Teilnehmer sind exzellent informiert über aktuelle Entwicklungen und bringen hochinteressante Ideen ein. Kaufen wir noch ein, oder bestellt der smarte Kühlschrank alles automatisch, und wir erhalten die Lieferung per Drohne? Fahren wir noch selber Auto, oder fährt das Auto längst selbst? Arbeiten wir noch typische Acht-Stunden-Tage, oder hat sich die Menge der Arbeit insgesamt deutlich reduziert? Arbeiten wir von zu Hause? Gehen unsere Kinder noch in eine Schule, wie wir sie kennengelernt haben, oder lernen sie überwiegend an Computern, eventuell von zu Hause?

Zu all diesen Themen können die Teilnehmer viel hochinteressanten Input beisteuern, wissen oft viel mehr als ich über jüngste Entwicklungen. Aber, und das ist bezeichnend, nicht einmal wird in der Runde die Frage aufgeworfen, wie viele der blumig ausgemalten Szenarien wohl eintreten werden und wie oft der Status quo weitgehend erhalten bleiben wird! Und, noch unverständlicher: Niemand kommt auf die Idee, ähnliche Szenarien von gestern, also zum Beispiel aus dem Jahr 2000 über das Jahr 2015, oder gerne auch noch älter, anzuschauen und auszuwerten.

Dabei würden wir nämlich feststellen können, dass zum Beispiel »Smart Homes« laut Prognosen von 2000 längst normal sein sollten. Dass Telearbeit als Normalzustand spätestens seit den 1980ern immer wieder vorausgesagt wird, sich jedoch trotz der rasanten technischen Entwicklungen, die sie längst ermöglichen würden, bislang nicht durchgesetzt hat. Dass John Maynard Keynes bereits 1930 (!) schrieb, die Zuwächse an Produktivität würden die normale tägliche Arbeitszeit auf circa drei Stunden reduzieren. Und dass auch hier, wie im Beispiel der Telearbeit, der technische Fortschritt stattgefunden hat, die in der Folge erwarteten sozialen Veränderungen aber nicht.

Ich will das Format und die Veranstaltung im Speziellen gar nicht zu hart kritisieren – es sitzen dort viele schlaue Leute zusammen, von denen auch ich viel lernen kann, und das Format des Brainstormings mit anschließender Gruppenarbeit kann interessante Ideen zutage fördern.

Es ist aber bezeichnend, dass ich mit dem Background von GJP in solchen Formaten oft der Einzige bin, der überhaupt diese Perspektive einnimmt und fragt »Was können wir aus vergangenen Prognosen lernen?«. Damit stelle ich gerade bei Veranstaltungen zur Zukunft von Technik oft inzwischen die »konservativste« Stimme dar, in dem Sinne, dass ich die Geschwindigkeit des tief greifenden Wandels im Schnitt als viel geringer einschätze.

Natürlich bedeutet die bloße Tatsache, dass bestimmte Veränderungen wie massenhafte Telearbeit schon einmal angekündigt wurden, nicht, dass sie nicht noch eintreten können. In der Summe aber lehrt die Erfahrung, dass die meisten prognostizierten technologischen Entwicklungen nie Wirklichkeit werden – unsere Grundhaltung sollte also vorsichtig sein.

Langfristige Prognosen zu technischen Entwicklungen und ihren sozialen Folgen sind überhaupt eine der besten Quellen für das zurückschauende Studium von Vorhersagen, und vor allem machen sie meiner Erfahrung nach auch noch viel Spaß.

Nehmen wir einen der berühmtesten Texte zum Thema, der in diesem Kontext immer wieder auftaucht und für seine große Weitsicht gelobt wird: *What May Happen in the Next 100 Years* (Was in den nächsten 100 Jahren passieren könnte) von John Elfreth Watkins, erschienen im Jahr 1900. Der Titel ist ein wenig irreführend, insofern als die Vorhersagen nicht als vage Möglichkeiten formuliert werden, sondern im weiteren Text mit großer Sicherheit vorgetragen werden.

In einigen Bereichen hat Watkins tatsächlich eindrucksvolle Weitsicht bewiesen. Besonders gerne wird die Passage zitiert, die viele als Vorhersage von Internet und Fernsehen ansehen: »Opern werden per Telefon in Privathaushalte übertragen werden«, »Bilder werden per Telegraf übertragen werden«, »Bilder einer Schlacht in China werden eine Stunde später in der Zeitung zu sehen sein«. Auch beschreibt er recht genau, mit welchem Tempo Züge typischerweise im Jahr 2000 unterwegs sind, und sagt korrekt voraus, dass das Bevölkerungswachstum der USA sich verlangsamen werde. Seine Schätzung für die Bevölkerung im Jahr 2000 liegt nur knapp daneben (350 bis 500 Millionen versus circa 300 Millionen). Panzer (»fahrende Festungen, so schnell wie ein heutiger Zug«), Fertiggerichte und beheizte Gewächshäuser sowie Autos, die billiger sind als Pferde, sind ebenfalls auf der Seite der korrekten Prognosen zu verbuchen. Beeindruckend, oder?

Doch auch Watkins irrt sich vielfach. So sagt er das Ende praktisch aller Wildtiere voraus, das Aussterben von Mücken und Fliegen und das Verschwinden diverser Buchstaben (c, v, x) aus dem englischen Alphabet. Er prognostiziert monströs großes Obst (»Erdbeeren groß wie Äpfel«) und deutlich höhere körperliche Fitness der Bevölkerung (»Wer keine zehn Meilen am Stück laufen kann, wird als Schwächling gelten«). Auch auf das Ende allen Straßenverkehrs, der nicht in Tunneln oder auf Erhöhungen fährt, warten wir noch immer (vergeblich) und überqueren auch nicht den Atlantik in riesigen Luftkissenfahrzeugen innerhalb von zwei Tagen.

Manche Punkte sind nicht ganz eindeutig: Unter Futurologen ist »Wie gut waren Watkins' Prognosen wirklich?« ein beliebtes Diskussionsthema, die Schätzungen liegen zwischen 30 und 70 Prozent korrekter Prognosen. Selbst mit dem unteren Ende dürfte er damit immer noch eine der besten Bilanzen bei vergleichbar weitreichenden Ausblicken haben; sein Text ist schließlich nicht aus Zufall als vermeintlich prophetisch bekannt geworden.

Bei der Betrachtung von vergangenen Technikprognosen begegnet uns immer wieder ein Muster: Eine Entwicklung der, vom Standpunkt des Prognostikers gesehen, jüngeren Vergangenheit wird in die Zukunft extrapoliert, also fortgeführt. Zwischen 1957

(Sputnik, erster Satellit im All) und 1969 (erste Mondlandung) geschehen rasante Fortschritte in der Raumfahrttechnik; wenig überraschend nahmen viele Beobachter dieser Zeit an, dieser Fortschritt würde andauern. Im 21. Jahrhundert würden entsprechend permanent bemannte Stationen mindestens auf Mond und Mars fliegen und noch viel weitreichendere interstellare Reisen möglich werden.

Es ist nicht zufällig die Ära, die uns die erste *Star-Trek*-Serie, Stanley Kubricks *2001: Odyssee im Weltraum* oder Stanisław Lems *Solaris* und *Sterntagebücher* (und natürlich noch viel, viel mehr) schenkt. Natürlich ist Science-Fiction keine Form der expliziten Prognose – oft sind die angenommenen technischen Entwicklungen von vornherein unrealistisch und sollen eher Gedankenspiele ermöglichen. Und doch: Wie viele der Werke über die Erkundung fremder Welten wären nie erdacht worden, hätte man damals mit Sicherheit gewusst, dass sich nach 1972 (letzte Mondlandung) kein Mensch mehr weiter als 1500 Kilometer von der Erde entfernen würde?

Ich plädiere generell dafür, fiktionale Werke grundsätzlich in die Analyse von Vorhersage einzubeziehen, da sie uns eben viel über den Raum der angenommenen Möglichkeiten verraten. Anders formuliert: Selbst wenn wir sie nicht als eindeutige Aussagen über die Zukunft ansehen können, so doch zumindest als Fragen. Was in der Fiktion vorkommt, können wir uns vorstellen und folglich fragen, ob es eintreten wird. Wir sollten also Fiktion als Quelle sinnvoller Fragen für den Vorhersageprozess ausdrücklich einschließen.

Fallen uns Beispiele aus jüngerer Vergangenheit für die hier beschriebene Dynamik des Fortschreibens der jüngsten Vergangenheit ein? Als ich 1995 (ich war damals 13 Jahre alt) zur Cebit-Messe nach Hannover fuhr, wurden dort Virtual-Reality-Helme gezeigt, die in den nächsten paar Jahren Standard für Computerspiele werden sollten – sie sind es, trotz jüngster Fortschritte, noch immer nicht.

Um 2011 wurde der baldige Triumphzug von E-Books, das Verschwinden gedruckter Bücher in einer kleinen Marktnische, für unausweichlich gehalten – der Marktanteil von E-Books stagniert seitdem und ist in vielen Ländern sogar wieder gesunken, in Deutschland ist er nie über 10 Prozent gestiegen. Noch 2013 wurde ernsthaft prognostiziert, »Google Glass«-Brillen würden bald so selbstverständlich wie Smartphones sein – tatsächlich wurden sie weniger als ein Jahr nach Erscheinen 2015 wieder vom Markt genommen (sie wurden in 2017 reaktiviert, bleiben aber bis auf Weiteres ein Nischenprodukt).

Im politischen Bereich sahen viele Analysten die Demokratisierungswelle in Lateinamerika und Osteuropa der 1980er- und 90er-Jahre als Beleg für die grundsätzliche Überlegenheit der Demokratie. In der Folge nahm man die baldige Demokratisierung anderer Weltregionen, insbesondere Chinas und der arabischen Welt an, die bislang kaum eingetreten ist.

Wir sehen: Selbst wenn wir bislang keine eigenen Prognosen aufgezeichnet haben, können wir immer noch aus denen von anderen lernen. Sosehr ich diese Vorgehensweise schätze und so viel Spaß sie mir bereitet: Irgendwann müssen wir beginnen, selber an die Sache heranzugehen.

Der erste Schritt zur Prognose: Eine gute Frage stellen

Was macht nun eine gute Frage aus? Zunächst: Das Formulieren von guten Fragen ist eine eigene hochkomplexe Fähigkeit und nicht identisch mit der Fähigkeit der Vorhersage. Ich habe, anders als manche Superforecaster wie Regina Joseph, nie professionell an der Formulierung von Fragen gearbeitet und habe entsprechend sehr viel weniger Erfahrung damit als mit dem Beantworten. Auch können die Fragen, die im speziellen Kontext Ihres Interesses, oder dem Ihrer Firma, Ihrer Organisation etc., Sinn ergeben, ganz andere sein als die auf ein Forecastingturnier zugeschnittenen. Ein paar sinnvolle Hinweise kann ich aber auch aus meiner Erfahrung, sowohl mit GJP als auch aus der eigenen Beratungs- und Coachingtätigkeit, durchaus ableiten.

Die wichtigste Regel lautet: Formulieren Sie eindeutige Fragen. Im Rückblick muss eindeutig feststellbar sein, ob ein Ereignis eingetreten ist oder nicht (binäre Fragen) beziehungsweise was das genaue Ergebnis ist (quantitative Fragen oder solche mit mehreren Optionen). Erfahrungsgemäß bedeutet dies immer einen gewissen Interessenkonflikt zwischen Strenge und Relevanz (*rigor* versus *relevance trade-off*).

Die spannendsten Fragen sind oft sehr allgemein formuliert (»Was ist die Zukunft der Elektromobilität in Deutschland?«, »Wie entwickelt sich das Verhältnis zwischen ›dem Westen‹ und Russland?«) und folglich kaum auf diese Weise auswertbar. Klar definierte Fragen laufen dagegen schnell Gefahr, sich in letztlich wenig relevanten Details zu verlieren. Die Lösung besteht darin, aus einer allgemein formulierten Frage entweder eine oder mehrere klar definierte abzuleiten.

Die Frage »Was ist die Zukunft der Elektromobilität in Deutschland?« lässt sich konkreter fassen, zum Beispiel: »Wie hoch ist der Anteil elektrischer Autos am gesamten deutschen Fuhrpark in 2025?« oder auch »Liegt der Anteil elektrischer Autos am gesamten deutschen Fuhrpark in 2025 über 20 Prozent?«. Sowohl der Zeitpunkt als auch der genaue Anteil sind dabei natürlich variabel.

Bei der Frage »Wie entwickelt sich das Verhältnis zwischen der NATO und Russland?« lässt sich das obige Muster schwer anwenden. Hier ist es sinnvoll, einen sogenannten Fragencluster zu bilden, in dem eine Reihe von Fragen, etwa fünf bis zehn, unterschiedliche Aspekte und Szenarien des Problems abdecken. Möglichkeiten wären:

- »Werden irgendwelche der 2014 von der EU verabschiedeten Sanktionen gegen Russland aufgehoben?«
- »Wie viele Treffen zwischen den jeweiligen dann amtierenden Regierungschefs Russlands und beliebiger NATO-Länder finden statt?«
- »Steigt das Handelsvolumen zwischen der EU und Russland wieder auf über 200 Milliarden Euro jährlich?«
- »Kommt es zu einer tödlichen Konfrontation zwischen Streitkräften Russlands und eines NATO-Staates?«
- »Stellt die NATO einen Verteidigungsfall nach Artikel 4 oder 5 der NATO-Charta in Reaktion auf russische Handlungen fest?«

(Natürlich benötigen alle Fragen noch einen definierten Zeithorizont; dieser muss aber nicht für alle identisch sein!).

Versuchen Sie, eine Mitte zwischen zu einfachen und zu schweren Fragen zu finden! Niemand verdient Forecastinglorbeeren dafür, korrekt ein weiteres Jahr ohne Krieg zwischen der Schweiz und Österreich vorhergesagt zu haben. Umgekehrt haben auch die besten menschlichen Forecaster keine Chance, im Jahr 2018 die vier Namen der demokratischen und republikanischen Kandidaten für Präsident und Vizepräsident bei den amerikanischen Präsidentschaftswahlen 2024 zu kennen. Wir müssen also ein sinnvolles Fenster finden, in dem menschliche Vorhersage schwierig, aber möglich ist. »Beginnt irgendwo in Europa ein neuer zwischenstaatlicher Krieg innerhalb der nächsten fünf Jahre?« wäre ein Beispiel hierfür oder »Wie viele der vier Kandidaten der amerikanischen Präsidentschaftswahlen in 2024 werden weiblich (oder auch: hispanisch) sein?«.

Eng verknüpft mit der Frage nach der Schwierigkeit ist das Problem der Größenordnung der Wahrscheinlichkeiten. Es macht generell Sinn, Fragen nach Ereignissen zu entwerfen, deren Eintrittswahrscheinlichkeit irgendwo in der Mitte liegt, also zum Beispiel zwischen 10 und 90 Prozent (ungefähre Zielvorgabe bei GJP), aber nicht 1 Prozent. Oberflächlich betrachtet ist das fast dasselbe wie ein Mittelgrad an Schwierigkeit, aber eben nicht ganz identisch. Ein Ereignis, das sehr unwahrscheinlich ist (geschätzte Eintrittswahrscheinlichkeit im nächsten Jahr 1 Prozent), ist im Rahmen eines Vorhersageturniers eine »leichte« Frage, da man fast immer richtigliegt, wenn man sie einfach mit »Nein« beantwortet.

Es kann sich dennoch um eine legitime Herausforderung handeln, zum Beispiel wenn wir über ein Extremereignis wie einen Nuklearkrieg sprechen. Einen solchen für nächstes Jahr sicher vorherzusagen ist erfahrungsgemäß wenig erfolgversprechend, aber die Frage nach der tatsächlichen Wahrscheinlichkeit ist hochkomplex und spannend (mehr dazu in Kapitel 8).

Der zeitliche Horizont

In den hier gewählten Beispielen ist der zeitliche Horizont der Fragen relativ weit gefasst, meist beträgt er mehrere Jahre. Das ist vollkommen in Ordnung für manche Fragen, die Mehrzahl der Fragen, die man bearbeitet, sollte aber einen kürzeren Horizont haben, um möglichst schnell aus den Erfahrungen lernen zu können. Einige Monate bis ein Jahr ist im Politikbereich eine sinnvolle Größenordnung hierfür, in manchen Gebieten kann es aber noch deutlich kürzer sein.

Schon in Kapitel 2 haben wir gesehen, dass der Horizont, in dem Vorhersage überhaupt sinnvoll möglich ist, immer domänenabhängig ist und zum Beispiel bei der Wettervorhersage schon nach wenigen Tagen das Ende der Fahnenstange erreicht ist. Wo genau die sinnvollste Größenordnung liegt, hängt von Ihren eigenen Spezialthemen ab und wird sich vermutlich auch für Sie erst nach einer gewissen Probierphase herausstellen. Experimentieren Sie auch mit unterschiedlichen Horizonten und beantworten Sie dieselbe Frage mit unterschiedlichen Horizonten oder Zeitfenstern – also: »Wie wahrscheinlich ist das Ereignis innerhalb des kommenden Jahres? Wie wahrscheinlich im darauffolgenden Jahr? Wie wahrscheinlich innerhalb der nächsten fünf Jahre insgesamt?«

Geben Sie probabilistische Vorhersagen ab. Einfach nur vorherzusagen »X geschieht« oder »X geschieht nicht« und zu verfolgen, wie oft man recht hatte, ist auch aufschlussreich, aber Sie erhalten viel mehr Information über Ihre eigene Leistung, wenn Sie die Vorhersagen feiner kalibrieren und mit konkreten Wahrscheinlichkeiten arbeiten. Wenn Ihnen das Berechnen von Brier-Scores (wie gesehen in Kapitel 2) zu aufwendig ist, können Sie auch mit festen Kategorien von Wahrscheinlichkeiten arbeiten, also zum Beispiel 0 Prozent, 10 Prozent, 20 Prozent etc. bis 100 Prozent. Fragen werden dann nach erfolgter Antwort in diese Kategorien sortiert und anschließend gezählt, wie viele Ereignisse in jeder Gruppe eingetreten sind. Bei idealer Kalibrierung sollten dann genau die Hälfte der Ereignisse in der 50-Prozent-Gruppe eingetreten sein, in der 10-Prozent-Gruppe aber nur eins von zehn. Um hier ein aussagekräftiges Ergebnis zu erhalten, benötigen Sie jedoch eine ziemlich hohe Zahl von Fragen (idealerweise mindestens zehn pro Kategorie).

Aktualisieren Sie Ihre Vorhersagen im Licht neuer Informationen. Dies ist ein kritischer Punkt, immer wieder begegnen mir Menschen, die dieses Aktualisieren instinktiv für Schummelei halten. Das ist es jedoch nicht, vorausgesetzt Sie tun nicht einfach so, als sei die neue Vorhersage von Anfang an die einzige gewesen. Notieren Sie sich den Zeitpunkt der Änderung und möglichst auch in einigen Stichpunkten die Gründe.

Ein letztes technisches Detail: Formulieren Sie binäre Fragen einheitlich so, dass immer nach dem Ereignis gefragt wird und ein »Nein« kein Ereignis beziehungsweise ein Andauern des Status quo bedeutet. Die Frage sollte also nicht lauten »Ist Putin in einem Jahr noch Präsident Russlands?«, sondern »Hört Putin innerhalb eines Jahres auf, Präsident Russlands zu sein?«; nicht »Fahren in Deutschland in zehn Jahren noch Autos mit Dieselmotor?«, sondern »Verschwinden Dieselmotoren innerhalb von zehn Jahren von deutschen Straßen?«.

Warum macht diese Vorgehensweise Sinn? Sie ermöglicht, in der Auswertung über viele Fragen zu verfolgen, ob wir grundsätzlich dazu neigen, die Wahrscheinlichkeit für andauernden Status quo beziehungsweise den Wandel zu über- oder unterschätzen. Die meisten Menschen neigen, wie schon angedeutet, dazu, den Wandel zu überschätzen, gerade auf relativ kurze Sicht. Es ist aber dennoch für Sie aufschlussreich, nachverfolgen zu können, ob Sie (individuell oder Ihre Gruppe, Ihre Organisation) auch diese Tendenz aufweisen, und wenn ja, wie stark.

Auswertung der eigenen Vorhersage

Damit wären wir bei der Frage angelangt: Wie wertet man die eigene Leistung der Vorhersage im Rückblick sinnvoll aus? Die Aufzeichnung verhindert, dass wir uns einreden, alles von Anfang an gewusst zu haben. Aber was ist mit der verwandten, im Ergebnis aber entgegengesetzten Tendenz, im Rückblick alles für offensichtlich zu halten und alles andere als eine vom ersten Tag an 100 Prozent korrekte Vorhersage für schlicht falsch zu halten? Wenn das unser Maßstab ist, dann sind auch Superforecaster letztlich genauso blind wie alle anderen, denn diese Performance erreichen auch wir nicht. Wie aber können wir die Ergebnisse und ihre graduellen Abstufungen und Unterschiede in der individuellen Leistung dann sinnvoll einordnen?

Der Brier-Score bietet einen Anhaltspunkt. Superforecaster erreichen langfristige Mittel von circa 0,15 (zur Erinnerung: Ein Brier-Score von 0 ist perfekte Vorhersage, ein Score von 2 konsequent immer falsche. Ein Score von 0,5 kann erreicht werden, wenn man grundsätzlich jede Frage als komplett offen, als 50:50 wertet), der Score ist aber kaum über unterschiedliche Domänen und Fragen vergleichbar. Wenn Sie also in Ihrem individuellen Set von Fragen über die für Sie relevanten Themen einen deutlich besseren oder schlechteren Wert erzielen, muss das nicht an Ihrer Leistung liegen, sondern könnte auch auf deutlich leichtere oder schwere Fragen hindeuten als die, die wir im Rahmen von GJP bearbeitet haben.

Häufig stellt man die tatsächliche Häufigkeit in Abhängigkeit von der vorhergesagten Wahrscheinlichkeit grafisch dar. Im absoluten Idealfall könnte der Graph über viele Fragen in etwa so aussehen:

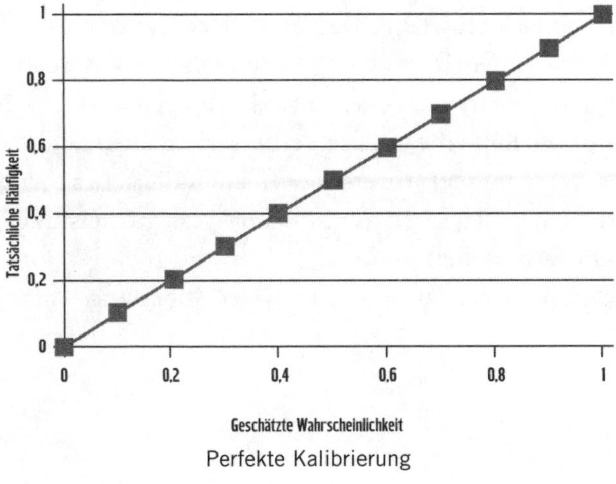

Perfekte Kalibrierung

Die Kalibrierung wäre dann praktisch perfekt. Als ausgeschlossen eingeschätzte Ereignisse treten nie ein, als sicher eingeschätzte immer, und auch die Häufigkeit dazwischen entspricht genau der eigenen Einschätzung. Dieser Idealfall ist eher unwahrscheinlich, aber wir können auch aus den Abweichungen von der Idealform lernen.

Sieht der Graph so aus wie in dieser Abbildung:

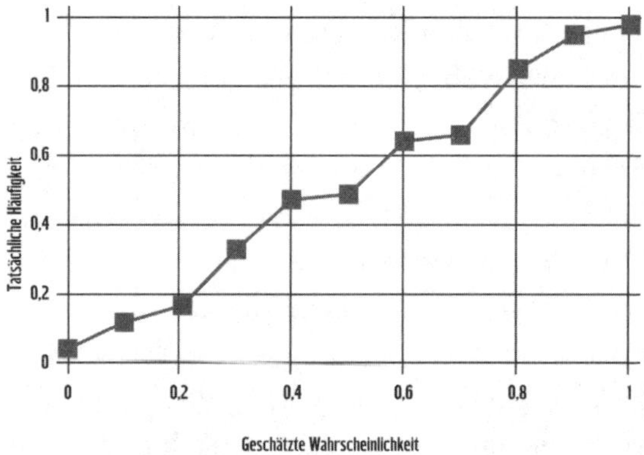

Kalibrierung mit unsystematischen Abweichungen

ist die Abweichung zwar da, aber wenig systematisch und vermutlich einfach eine Folge fundamentaler Grenzen der Vorhersage. Wir können hier keine grundsätzliche Bias ausmachen, sondern höchstens versuchen, einzelne Fragen noch präziser zu beantworten; falls eine weitere Verbesserung überhaupt möglich ist, denn eine hunderprozentig perfekte Kalibrierung wird man nur sehr selten erreichen, und die hier gezeigte Leistung ist bereits sehr respektabel.

Sieht er hingegen so aus wie in dieser Abbildung:

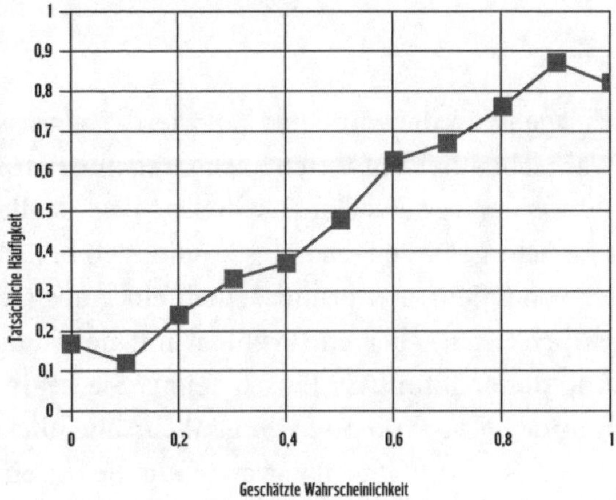

Zu selbstsichere »Expertenkalibrierung«

können wir ein systematisches Problem erkennen. Die Kalibrierung ist generell gut, aber am Ende der Skala geschieht etwas Merkwürdiges; für sicher gehaltene Ereignisse treten *seltener* auf als nur für sehr wahrscheinlich gehaltene. Der Forecaster wird sich also an den Extremen seiner Sache zu sicher. Dies ist ein typisches Muster von Experten, die ihr Wissen über einen Gegenstand überschätzen. Es ist ein wunderbares Beispiel für das Problem der *overconfidence* aus dem letzten Kapitel.

Nicht selten erhalten wir einen solchen Graph:

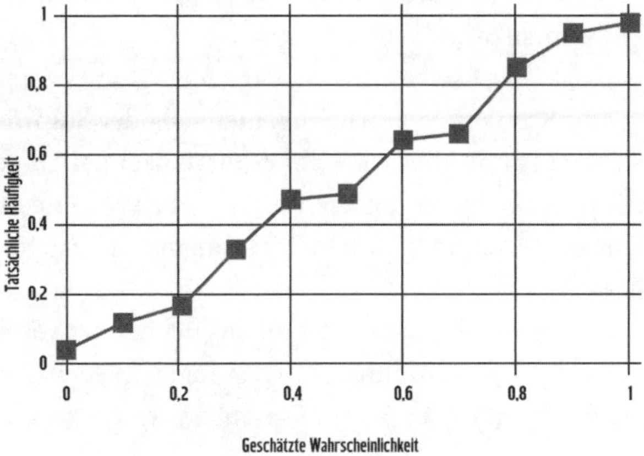

Übervorsichtige Kalibrierung

Die Vorhersage ist in der Mitte gut kalibriert, Ereignisse mit 50 Prozent Wahrscheinlichkeit treten auch circa in der Hälfte aller Fälle auf. Entfernen wir uns jedoch von der Mitte, ist die Vorhersage übervorsichtig. Diese Person (es könnte sich natürlich auch um ein Team handeln) hat grundsätzlich ein gutes Gespür für Wahrscheinlichkeiten, aber ein Problem mit der numerischen Übersetzung dieser intuitiven Einschätzung. Sie beginnt wahrscheinlich in der Nähe von 50 Prozent Wahrscheinlichkeit und passt dann an, ist darin aber übervorsichtig. Selbst ein intuitiv richtig als sehr unwahrscheinlich eingeschätztes Ereignis wird dann noch mit 30 Prozent (beziehungsweise ein sehr wahrscheinliches mit 70 Prozent) Wahrscheinlichkeit taxiert. Von Extremeinschätzungen über 90 Prozent oder unter 10 Prozent hält sie sich ganz fern.

Auch dies ist ein häufig zu findendes, wahrscheinlich sogar das häufigste Muster, zumindest unter Laien, die ihr Fachwissen nicht überschätzen. Glücklicherweise lässt es sich auch besonders gut durch systematisches Training adressieren! Es handelt sich nämlich um klassische Beispiele von *anchoring bias* (Universalanker bei 50 Prozent) und *base rate neglect,* die man oft bereits durch relativ simple Berechnung langfristiger Basisraten in den Griff bekommen kann.

All dies sind Schlüsse, die man allgemein aus der Summe vieler Fragen ziehen kann. Aber wie sieht es mit einzelnen Fragen aus? Können wir auch hier aus unseren vergangenen Vorhersagen lernen? Ja, aber die Schlüsse sind oft viel weniger offensichtlich, als wir denken.

Im Rahmen von GJP haben wir oft ausgiebig über vergangene Fehler diskutiert, sowohl innerhalb der zugewiesenen Teams als auch im Rahmen anderer Foren. Es ist aber, anders als viele denken, nicht einmal offensichtlich, wann man überhaupt falschlag! Betrachten wir drei Fragen aus dem Zeitraum Mitte 2013 bis Mitte 2014, in denen die Superforecaster insgesamt sehr schlechte Brier-Scores erzielten und um die sich folglich ein Großteil der internen Debatte drehte. Die Fragen lauteten:

1. »Wird mindestens eines der zwei Labors, die Jassir Arafats Knochen auf Poloniumspuren untersuchen, ein positives Ergebnis melden?«
2. »Wird der japanische Ministerpräsident Shinzo Abe vor Ende 2013 den Yasukuni-Schrein besuchen?« (Da dort auch Generäle geehrt werden, die im 2. Weltkrieg schwerwiegende Kriegsverbrechen, vor allem in China, verübten, sind diese Besuche politisch äußerst heikel.)
3. »Wird China vor Ende 2013 mindestens ein amerikanisches oder japanisches Schiff oder Flugzeug abfangen, stoppen, aufbringen oder zur Landung zwingen?«

Alle diese Ereignisse traten ein, die Fragen wurden also als »Ja« gewertet; alle hatten die Superforecaster kollektiv als sehr unwahrscheinlich eingeschätzt. Es liegt also nahe, alle gleichermaßen als Fehlleistung einzustufen und sich dann auf die Suche nach Gründen für diese Fehler zu machen. Ich behaupte jedoch, dass diese Sichtweise falsch ist und die Leistung in allen drei Fällen sehr unterschiedlich zu bewerten ist.

Die erste Frage ist in der Tat schlicht eine Fehleinschätzung unserseits. In Anbetracht der Tatsache, dass zuvor Spuren von Polonium auf Arafats Kleidung gefunden wurden, war ein Nachweis in seinen sterblichen Überresten zumindest nicht unwahrscheinlich. Das bedeutet ausdrücklich nicht, dass wir die Wahrscheinlichkeit für einen Nachweis mit 90 Prozent hätten angeben sollen – aber zumindest hätten wir unsere Unsicherheit eingestehen und einen angemessenen Tipp abgeben müssen, also etwa eine Wahrscheinlichkeit in der Nähe von 50 Prozent. Bemerkenswert: Nur eins der zwei untersuchenden Labors konnte überhaupt Polonium nachweisen, es handelte sich also offensichtlich wirklich um eine sehr knappe Angelegenheit.

Fragt man nach Gründen für diese Fehlleistung, stößt man auf ein interessantes Phänomen: Viele Superforecaster gaben in den anschließenden Diskussionen an, eigentlich mehr oder weniger unbewusst eine andere Frage im Kopf behandelt zu haben, nämlich »Werden wir mit Sicherheit die Umstände von Arafats Tod aufklären können?« oder »Können wir mit Sicherheit nachweisen, dass Arafat mit Polonium ermordet wurde?«. Sie hatten also ihre korrekte Einschätzung, dass dies nicht geschehen würde, fälschlich auf eine viel vorsichtiger und enger formulierte Frage übertragen. Dies geschieht viel häufiger, als wir denken, und, wie wir hier sehen können, sind auch Superforecaster davor nicht grundsätzlich gefeit.

Bei der zweiten Frage nach dem Besuch des Yasukuni-Schreins – »Wird der japanische Ministerpräsident Shinzo Abe vor Ende 2013 den Yasukuni-Schrein besuchen?« – sieht es schon etwas anders aus. Hier hatten die meisten von uns zum Anfang des Zeitraums deutlich höhere Wahrscheinlichkeiten angegeben und diese mit Ablauf der Zeit zusehends reduziert. In vielen Fällen ist diese Vorgehensweise richtig, da die Wahrscheinlichkeit für den Eintritt eines scheinbar zufälligen Ereignisses in der Tat sinkt, je kürzer der Restzeitraum ist. Hier aber stellte sich die Situation anders dar. Der auch innerhalb Japans umstrittene Besuch war von vornherein auf den späten Dezember angesetzt gewesen, und die Entscheidung, ihn auch durchzuführen, fällte Ministerpräsident Abe nach allem, was wir wissen, auch wirklich erst unmittelbar zuvor. Die Tatsache, dass der Besuch in den Monaten zuvor nicht stattfand, hätte also keine Anpassung unserer Einschätzung nach sich ziehen sollen.

Und schlussendlich würde ich behaupten, dass im Falle der

letzten Frage – »Wird China vor Ende 2013 mindestens ein amerikanisches oder japanisches Schiff oder Flugzeug abfangen, stoppen, aufbringen oder zur Landung zwingen?« – wahrscheinlich gar kein Fehler vorlag. Das klingt zunächst vielleicht nach einer faulen Ausrede, aber bedenken Sie: Wenn ein Ereignis eine geringe Wahrscheinlichkeit von 5 Prozent hat, wird es eben in 5 Prozent aller Fälle eintreten. Probabilistisch arbeitende Forecaster werden sich auch beziehungsweise gerade bei perfekter Kalibrierung immer wieder »auf der falschen Seite von ›vielleicht‹ (engl. *on the wrong side of maybe*)« wiederfinden. Eine von zehn Fragen, die wir als »90 Prozent nein« beantwortet haben, muss in diesem Sinne »falsch« sein, wenn wir denn richtig kalibriert sind. Auch können wir bei dieser Frage aus historischen Daten ungefähre Basisraten herleiten, die nahelegen, dass wir eben nicht ganz falschlagen.

Die genaue Interpretation unserer Leistung bei jeder einzelnen dieser Fragen ist sicherlich diskutabel, und auch unsere interne Diskussion hierzu war sehr lebhaft. Ich habe sie hier als Beispiele aus unserer Praxis angeführt, um einen Eindruck davon zu vermitteln, wie Analyse in der Rückschau aussehen kann und wie man aus scheinbar ähnlichen Fehlleistungen ganz unterschiedliche Schlüsse ziehen kann und muss. Gerade das Beispiel der letzten Frage illustriert ein zentrales Dilemma der öffentlichen Diskussion um die korrekte Bewertung von Forecastingleistungen, das wir in Kapitel 10 erneut aufgreifen werden.

7
Wahrscheinlichkeiten: Es gibt nicht nur Ja oder Nein

Pavia, Norditalien, in den 1520er-Jahren. Der junge Arzt und Professor Gerolamo Cardano notiert in seinem Studierzimmer einige Gedanken zum Würfelspiel. Cardano ist ein hochbegabter leidenschaftlicher Spieler. Er geht das Spiel systematisch an und ist so gut darin, dass er zeitweise seinen unsicheren Lebensunterhalt damit aufbessern kann.

Cardano wird als einer der großen Universalgelehrten der Renaissance in die Geschichte eingehen. Als Arzt steht er nach spektakulären Heilungserfolgen in so hohem Ruf, dass er von hochstehenden Persönlichkeiten seiner Zeit konsultiert wird. In der Mathematik, Mechanik und Philosophie hinterlässt er bedeutende Werke. Seine privaten Notizen zum Glücksspiel versammelt er erst 1564 zu einem kompletten Buch. Es gerät jedoch lange in Vergessenheit und wird erst etwa hundert Jahre später als das erkannt, was es ist: das erste bekannte Beispiel einer ausdrücklich quantitativen Beschreibung von Wahrscheinlichkeiten und damit Auftakt einer fundamentalen Umwälzung unseres Denkens!

Grundlagen der Binomialverteilung

Bislang haben wir in diesem Buch einfach wie selbstverständlich quantitativ von Wahrscheinlichkeiten gesprochen, mit Aussagen wie »Die Wahrscheinlichkeit für das Ereignis X im Zeitraum Y beträgt 30 Prozent«. Die meisten Menschen verstehen heutzutage zumindest ungefähr, was damit gemeint ist, auch wenn sie längst nicht alle möglichen Bedeutungen der Aussage und ihre Implikationen erfassen. Aber selbst diese ungefähre Ahnung ist längst nicht selbstverständlich und vor allem historisch sehr jung. Noch vor 500 Jahren hat kein Mensch in diesen Kategorien gedacht oder gesprochen – und das, obwohl sie sich natürlich dennoch intensiv mit Fragen von Vorhersage und Wahrscheinlichkeit befasst haben. Auch heute noch behandeln die meisten Menschen Wahrscheinlichkeiten intuitiv sehr anders; zugespitzt ausgedrückt, unterscheiden viele Menschen intuitiv eigentlich nur drei mögliche Wahrscheinlichkeiten: unmöglich, möglich und sicher. Eine Vielzahl der häufigen Fehler, die wir in Kapitel 5 behandelt haben, wie zum Beispiel *base rate neglect,* wurzeln genau in der Schwierigkeit, diese intuitiven Wahrscheinlichkeiten in quantitative zu übersetzen. Führt man sich diese Schwierigkeit vor Augen, überrascht es nicht, wie lange es gedauert hat, bis die quantitative Betrachtungsweise überhaupt aufkam, geschweige denn sich durchgesetzt hat.

Dieses Kapitel soll einen notwendigerweise stark verkürzten Überblick über die historische Entwicklung des Denkens über und des Rechnens mit Wahrscheinlichkeiten geben. Dabei stehen besonders die Aspekte im Vordergrund, die im Prozess der Vorhersage besonders nützlich sind.

Die ältesten Zeugnisse menschlichen Denkens über Wahrscheinlichkeiten beschäftigen sich interessanterweise nicht mit Vorhersagen, sondern in erster Linie mit der Wahrheitsfindung über Vergangenes, konkret der Bewertung von Beweisen in Gerichtsverfahren. Wir kennen heute Quellen zu diesen Fragen aus dem alten Ägypten, aus Mesopotamien, Indien, Griechenland und Rom.

Das wahrscheinlich älteste Beispiel ist ein Text aus der sechsten Dynastie des alten ägyptischen Reichs von circa 2200 v. Chr. Darin wird die Klärung einer Erbschaftsstreitigkeit geschildert und eine ähnliche Vorgehensweise in parallelen Fällen empfohlen. Konkret wird die Gültigkeit beziehungsweise Echtheit eines schriftlichen Testaments angezweifelt. Der Richter verlangt, dass die Aussagen von drei Zeugen unter Eid die Echtheit des Dokuments bestätigen müssen, damit es Rechtsgültigkeit erlangen kann. Ob dies daraufhin geschieht, ist nicht überliefert.Das Interessante an diesem Beispiel ist, dass implizit darin natürlich auch Wahrscheinlichkeiten quantitativ bemessen werden, ohne dies in dieser Form auszudrücken. Eine bestimmte Zahl von Zeugen oder anderen Beweisen zu verlangen würde sonst kaum Sinn ergeben. Das richtig erkannte Grundprinzip hinter einer solchen Überlegung ist, dass, wenn eine einzelne Aussage mit einer Wahrscheinlichkeit von größer als 0 aber kleiner als 1 (oder 100 Prozent) falsch ist, die Wahrscheinlichkeit, dass mehrere unabhängige Aussagen, in unserem Falle drei, alle falsch sind, deutlich geringer ist.

Vergleichbare Regeln finden wir auch in anderen Rechtssystemen, unter anderem im alten jüdischen Recht (vor der Zerstörung des zweiten Tempels 70 n. Chr.), wo grundsätzlich mindestens zwei, manchmal drei Zeugen für eine kriminelle Verurteilung benötigt wurden. Im islamischen Recht variieren die Regeln auch nach Delikt. Eine Verurteilung wegen Ehebruchs verlangt zum Beispiel ausdrücklich vier unbescholtene männliche Augenzeugen des eigentlichen Akts, eine praktisch oft kaum zu nehmende Hürde.

Im jüdischen Recht finden wir eine weitere Regelung, die letztlich dasselbe Prinzip anwendet: die Mehrheitsentscheidung eines Richterkollegiums, genannt Sanhedrin, mit mindestens 23 Mitgliedern. Wieder gilt: Wenn jeder einzelne Richter mit einer Wahrscheinlichkeit größer als null in seiner Urteilsfindung falschliegt, reduziert sich die Wahrscheinlichkeit eines Fehlurteils durch den Mehrheitsentscheid, vorausgesetzt die individuelle Meinungsbildung geschieht unabhängig und nicht dadurch, dass ein besonders eloquentes Mitglied des Rats die anderen alle überzeugt. Daraus erklärt sich auch eine weitere, zunächst kontraintuitive Regel des Sanhedrin: Wenn ein Todesurteil einstimmig gefällt wird, ist es nicht zu vollstrecken. Die genaue Begründung für diese Regel ist auch innerhalb der Gelehrtenschaft hoch umstritten, aber eine sinnvolle Interpretation ist, dass ein einstimmiges Urteil darauf hinweist, die Urteilsfindung habe eben nicht unabhängig stattgefunden, da sonst selbst bei deutlicher Beweislage 23 Schuldsprüche sehr unwahrscheinlich sind. Ob dies tatsächlich die Motivation darstellte, kann nicht geklärt werden, aber in jedem Fall waren Hinrichtungen aufgrund dieser und anderer Hürden sehr selten.

Wenn Sie diese Regel nicht einleuchtend finden, denken Sie an ein anderes Beispiel. Ein Raubüberfall wurde begangen und von zehn Augenzeugen beobachtet. Ein Verdächtiger wird verhaftet und zur Identifizierung neben vier andere Personen gestellt (diese Form der Gegenüberstellung ist in Deutschland unüblich, aber man kennt sie aus amerikanischen Filmen). Wenn nun alle zehn Zeugen den Verdächtigen als Täter identifizieren, sollte man ebenfalls misstrauisch werden. Das menschliche Gedächtnis ist fehlerhaft, und eine Person, die man wahrscheinlich nur flüchtig gesehen hat, Tage oder auch nur Stunden später zu identifizieren ist keineswegs trivial. Eine gewisse Fehlerquote ist zu erwarten, selbst wenn der Verdächtige tatsächlich der Täter ist. Wenn nun alle zehn Zeugen einstimmig urteilen, liegt es nahe, dass zum Beispiel die vier anderen Personen falsch ausgewählt wurden. Wenn der Täter also sehr groß war (oder ein anderes sehr einprägsames Merkmal aufwies) und der Verdächtige ebenfalls sehr groß ist, die anderen vier aber nicht, werden alle Zeugen den einen Großen als Täter identifizieren, auch wenn er unschuldig ist.

Wir halten fest: Der Mangel an numerischen Wahrscheinlichkeiten hat unsere Vorfahren keineswegs daran gehindert, komplizierte Überlegungen zu diesen Fragen anzustellen, die unserer modernen Betrachtungsweise standhalten. Wir sehen Ähnliches auch in anderen Bereichen. Spätestens im Mesopotamien des zweiten Jahrtausends v. Chr. gibt es Verträge über Geschäfte, die eigentlich Formen der Wahrscheinlichkeitsrechnung verlangen, darunter Versicherungen, Options- und Termingeschäfte und die Umrechnung von Einmalzahlungen in dauerhafte Auszahlungen (zum Beispiel Leibrenten) und umgekehrt. Bei noch weiterer Definition müsste eigentlich sogar jedes Kreditgeschäft hierunter fallen, da jeder Berechnung eines Zinssatzes eine zumindest implizite Ausfallwahrscheinlichkeit zugrunde liegt.

Wir wissen bis heute nicht genau, wie die Menschen damals diese Rechnungen ausführten; eine häufige Vermutung besagt, dass durchaus Verfahren bekannt waren, näherungsweise Beträge zu berechnen, diese aber als Geheimwissen von Geschäftsleuten gehütet und nur mündlich weitergegeben wurden. In jedem Falle würden die Beteiligten solcher Geschäfte auf lang andauernde Erfahrungen zurückgreifen können müssen, um typische Ereignishäufigkeiten abschätzen zu können. Aus Athen um 340 v. Chr. ist uns ein Vertrag überliefert, der die »Versicherung« im heutigen Sinne einer Schiffsfracht regelt. Der Geber verleiht dabei den Wert der Ladung an den Nehmer mit der Bedingung, das Risiko eines Verlusts durch Schiffbruch zu tragen. Dafür erhält er bei einer Fahrt von Athen nach Pontus am Schwarzen Meer und zurück im September, einer stürmischen Zeit, eine Summe von 255 Drachmen pro 1000 Drachmen Ladungswert, also gut ein Viertel, was ein beträchtliches Verlustrisiko impliziert.

Genaue Zahlen wie hier haben wir leider nur in wenigen Fällen überliefert. Wir wissen aber, dass sich auch die Rechtsprechung zu verschiedenen Zeiten mit dieser Art von Verträgen befasst hat, da sie nicht immer unumstritten waren. Viele der Einwände sind interessanterweise an unterschiedlichen Orten und zu unterschiedlichen Zeiten relativ ähnlich; sie berühren die Frage, inwieweit es sich bei jeglichen Verträgen, die sich auf ungewisse Ereignisse beziehen, um eine Form von Wette oder Glücksspiel handelt und ob die Abschirmung von jeglichem Risiko für einzelne Akteure statthaft ist.

So viel zum Exkurs in die Zeit vor dem Aufkommen quantitativer Wahrscheinlichkeiten. Es gäbe natürlich unendlich viel mehr dazu zu sagen, und der Versuch, das Thema auch nur kursorisch auf wenigen Seiten zu behandeln, muss eigentlich als vermessen gelten, bedenkt man, dass wir über einen Zeitraum von mehr als 3000 Jahren zwischen dem Alten Reich in Ägypten und dem europäischen Mittelalter sprechen. Mit den Beispielen sollte vor allem der Eindruck vermittelt werden, dass wir gut daran tun, über die Menschen dieser Zeit nicht arrogant zu urteilen und zu realisieren, wie viel wir aus ihrem Denken über diese Themen lernen können. Ein Grundverständnis von Wahrscheinlichkeit, Zufall und Risiko können wir allein aus Quellen dieser Zeit ziehen, und wahrscheinlich ist diese Betrachtungsweise dem intuitiven Zugang der meisten Menschen zu diesen Fragen näher als der moderne Ansatz.

Kehren wir also zurück zu Cardano. Ausgangsfrage seiner Beschäftigung ist ein Problem, dem sich Menschen bereits in den Jahrhunderten zuvor ausgiebig gewidmet hatten: das sogenannte Problem des unterbrochenen Spiels, auch Teilungsproblem genannt.

Zwei Spieler einigen sich darauf, ein Glücksspiel um einen definierten Einsatz zu spielen. Jeder Spieler setzt den gleichen Betrag, und wer zuerst drei Spiele gewonnen hat, soll den gesamten Einsatz erhalten. Die genaue Art des Glücksspiels, um das es geht, ist dabei irrelevant. Spieler A gewinnt die ersten zwei Spiele, dann muss das Spiel unterbrochen werden. Wie muss der Wetteinsatz geteilt werden? Denken Sie gerne einen Moment darüber nach, wie Sie das Problem angehen würden. Die Lösungsansätze können verallgemeinert werden für Fälle mit mehr als zwei Spielern und beliebige Zahlen von Runden, aber schon die einfache Variante hat für genug Kopfzerbrechen gesorgt.

Mit heutiger Wahrscheinlichkeitsrechnung ist das Problem relativ simpel zu lösen, aber ohne dieses Werkzeug ist das nicht der Fall. Ein anonymer Autor um 1400 in Italien schreibt hierzu (fraglicher Einsatz ist 1 Dukate pro Spieler):

> Nehmen wir an, der erste Spieler habe x vom zweiten gewonnen durch das erste Spiel; es ist klar, dass er dann durch den zweiten Sieg den gleichen Betrag gewonnen haben muss, nach derselben Logik. Er hat ein weiteres x gewonnen, und hat nun 2x. Also hat der zweite Spieler von seiner Dukate noch eine Dukate minus 2x. Es ist bekannt, dass wenn der, der bisher zwei Spiele verloren hat, nun zwei Spiele gewönne, keiner der beiden irgendetwas vom anderen gewonnen hätte.
> Nun lassen wir annehmen, dass der zweite Spieler ein Spiel gewinnen würde. Ich sage, dass er dann die 1 Dukate minus 2x gewinnt, die der andere gewonnen hätte. Der Grund ist, dass, hätte der Spieler, der schon zwei Spiele gewonnen hat, das dritte Spiel auch gewonnen, er vom anderen das, was von seiner Dukate übrig ist, gewonnen hätte, und so gewinnt, im Umkehrschluss, der zweite nun 1 Dukate minus 2x zurück von dem Geld, das der erste bisher gewonnen hat, nämlich 2x. Dem ersten bleiben also 4x minus 1 Dukate [2x – (1 – 2x)]. Bevor der zweite nun sein zweites Spiel gewinnt, hat er also 2 Dukaten minus 4x [1 – 2x+(1 – 2x)] (...) Hätte der Erste das dritte Spiel gewonnen, hätte er zwei Dukaten minus 4x gewonnen, also muss der zweite das Gleiche mit seinem ersten Sieg gewinnen. Nun nehmen wir an, der zweite Spieler gewinnt sein zweites (das vierte) Spiel. Also hat er vom ersten wieder zwei Dukaten minus 4x, und so muss er alles zurückgewonnen haben, was der erste zunächst gewonnen hatte, da sie nun

> beide je zwei Spiele gewonnen haben. Nun sehen wir, wie viel der zweite vom ersten im 4. Spiel gewinnt: Er gewinnt 2 Dukaten minus 4x. Nun (in der Gleichung $4x - 1 = 2 - 4x$) addieren wir eine Dukate auf jeder Seite, und wir haben auf einer Seite 4x und auf der anderen $3 - 4x$. Dann addieren wir 4x auf jeder Seite, und 8x sind gleich 3 Dukaten. Dann teilen wir durch die Zahl der x und erhalten – für den Wert von x. Dies gewinnt der erste Spieler im ersten Spiel, und im zweiten gewinnt er weitere $^{3}/_{8}$ Dukaten, das ergibt $^{6}/_{8}$ oder $^{3}/_{4}$. Das ist es, was der erste gewonnen hat, wenn sie nicht mehr als zwei Spiele spielen.*

Finden Sie das verwirrend? Keine Sorge, das geht mir ganz ähnlich. Aber: Das Ergebnis ist korrekt und wird durch die moderne Wahrscheinlichkeitsrechnung bestätigt. Wenn die Berechnung für diesen relativ einfachen Fall schon dermaßen kompliziert war, können Sie sich vorstellen, vor welche Probleme Fälle mit größeren Zahlen von Spielen (oder Spielern) die Zeitgenossen stellten. Cardano versuchte, eine universelle Regel für solche Probleme zu finden; das gelang ihm zwar nicht ganz, aber im Laufe seiner Arbeit schrieb er fast beiläufig als Erster korrekte Wahrscheinlichkeiten für unterschiedliche Würfe mit bis zu drei Würfeln auf. An einer früheren Stelle eines Manuskripts hatte er noch fälschlich geschrieben, die Wahrscheinlichkeit, bei einem Wurf mit drei Würfeln mindestens eine Sechs zu würfeln, sei genauso hoch, wie das nicht zu tun, also nach heutiger Ausdrucksweise 50 Prozent, da $3 \cdot {}^{1}/_{6}$ gleich $^{1}/_{2}$ sei, erkannte er nun, dass der richtige Wert $^{91}/_{216}$ ist.

Warum? Tatsächlich ist die zu erwartende Zahl der gewürfelten Sechsen die Hälfte der Zahl der Würfe, also bei 216 Wiederholungen 108. Da aber auch Würfe mit mehr als einer Sechs vor-

* Zitiert nach James Franklin: *The Science of Conjecture: Evidence and Probability before Pascal,* Baltimore 2001, S. 294, Übersetzung aus dem Englischen von Bruno Jahn.

kommen, gibt es (im langfristigen Mittel) 125 Würfe ganz ohne Sechs ($(^5/_6)^3$), 75 Würfe mit einer Sechs ($(^5/_6)^2 \cdot 3 \cdot {}^1/_6$), 15 mit zwei Sechsen ($^5/_6 \cdot 3 \cdot (^1/_6)^2$) und einen mit drei ($(^1/_6)^3$). Was Cardano hier entdeckt hat, sind die Grundzüge dessen, was wir heute Binomialverteilung nennen. Damit gelingt ihm eine Berechnung der korrekten Wahrscheinlichkeiten aller möglichen Würfe mit drei Würfeln gleichzeitig.

Wirklich allgemein ausformuliert werden die weiteren Grundlagen erst knapp 100 Jahre später, im Jahr 1654, in einem Briefwechsel der zwei legendären Gelehrten Blaise Pascal (1623–1662) und Pierre de Fermat (1607–1665).

Die Binomialverteilung ist normalerweise das Einzige, was im Schulunterricht über die Wahrscheinlichkeitsrechnung behandelt wird. Sie beschreibt Häufigkeitsverteilungen von »Versuchen«, die zwei mögliche Ausgänge haben, also Erfolg/Misserfolg oder Ereignis/kein Ereignis. Eine ganze Reihe von Vorgängen kann man damit gut modellieren, darunter fast alle Glücksspiele wie Roulette, Würfelspiele, Kartenspiele oder auch Münzwürfe. Wenn Ihnen das nächste Mal jemand erzählt, Lotto sei »eine Steuer auf mathematisches Unvermögen« (was so nicht unbedingt stimmt), dann basiert die Rechnung auf einer Binomialverteilung. Glücksspiele oder andere »Zufallsexperimente« sind lange auch der Hauptgegenstand dieser Überlegungen; inwieweit sie zum Verständnis von Phänomenen im realen Leben herangezogen werden können, bleibt lange Zeit umstritten und ist eigentlich bis heute nicht abschließend geklärt.

Nach der Entdeckung und weiten Verbreitung der Grundlagen dieser Art von Rechnung verbreitet sie sich schnell und wird auch bald weiterentwickelt. Zu nennen sind hier vor allem die Namen Jakob Bernoulli und Pierre-Simon Laplace.

Aus der Perspektive der Vorhersage ist diese einfache Art der Rechnung vor allem deshalb relevant, weil sie es ermöglicht, die

Wahrscheinlichkeiten einer Reihe von Einzelereignissen zur Wahrscheinlichkeit der Verkettung aller Ereignisse zusammenzuziehen. Dies geschieht im Regelfall einfach durch die Multiplikation der Einzelwahrscheinlichkeiten.

Wie können wir auf diese Weise die Frage klären, wie der Geldeinsatz nach zwei gewonnenen Spielen zu teilen ist? Der zweite Spieler muss drei Spiele hintereinander gewinnen, um den Einsatz zu erhalten. Wenn er für jedes einzelne Spiel eine Chance von 50 Prozent hat, ist die Wahrscheinlichkeit für drei Siege hintereinander $(^1/_2)^3 = {}^1/_8$. Folglich ist die Wahrscheinlichkeit für einen Gesamtsieg von Spieler B $^7/_8$, und der Gesamteinsatz ist entsprechend zu teilen. Spieler A erhält 1,75 Dukaten, Spieler B 0,25 Dukaten. Das Ergebnis ist dasselbe wie das ohne entsprechende Hilfsmittel um 1400 gefundene, aber die Rechnung ist viel einfacher und vor allem leichter auf andere, kompliziertere Fälle übertragbar. In Kapitel 5 hatten wir die Tendenz von Menschen besprochen, detaillierte Szenarien mit vielen Einzelereignissen für viel zu wahrscheinlich zu halten. Jetzt können wir dies mit einer einfachen Rechnung ausdrücken. Im dort diskutierten Szenario sind mindestens fünf unabhängige Ereignisse zu identifizieren (Einmarsch, Fall von Aleppo, Panik in Damaskus, Assads Gang ins Exil, Bildung einer Einheitsregierung). Selbst wenn wir die Wahrscheinlichkeit jedes einzelnen Schritts unrealistischerweise mit 50 Prozent ansetzen, ergibt sich eine Gesamtwahrscheinlichkeit von nur $(^1/_2)^5 = {}^1/_{32} = 3{,}13$ Prozent, entsprechend der Wahrscheinlichkeit, bei fünf Münzwürfen fünfmal hintereinander Zahl zu erhalten. (Wenn die Ereignisse entweder als weitgehend unabhängig gelten können oder 50 Prozent auch eine realistische bedingte Wahrscheinlichkeit für jedes Einzelereignis ist, nachdem das vorhergehende eingetreten ist).

Die gleiche Rechenart können wir auch auf das erwähnte Beispiel des Sanhedrin anwenden. Jedes einzelne Mitglied des Rates ist fehlbar und irrt sich zum Beispiel mit einer Wahrscheinlichkeit von 30 Prozent. Die Wahrscheinlichkeit, dass eine Mehrheit der 23 Mitglieder falschliegt, ist dann nur 2,1 Prozent (wenn auch nur unter der unrealistischen Annahme, dass alle Mitglieder ihre Entscheidung komplett unabhängig voneinander treffen)! Den genauen Wert zu berechnen ist für größere Zahlen wie diese etwas komplizierter, aber wir können diese Werte in Tabellen für »kumulierte Binomialverteilungen« nachschlagen.

Einen genauen Prozentwert anzugeben ist hier letztlich natürlich ohnehin irreführend, da schon die Ausgangsgröße »70 Prozent Wahrscheinlichkeit für ein korrektes Urteil eines einzelnen Mitglieds« willkürlich ist. Solange wir aber dem einzelnen Mitglied eine bessere Urteilsfähigkeit als einem Münzwurf zutrauen, also eine »Trefferquote« von über 50 Prozent, sollte das Mehrheitsvotum die Wahrscheinlichkeit eines Fehlurteils deutlich senken.Das gleiche Prinzip macht(e) sich übrigens auch GJP bei der Aggregierung einzelner Vorhersagen zunutze. Zusätzlich zur Gewichtung nach individueller Performance werden die gesammelten Vorhersagen auch noch ein Stück »extremisiert«, das heißt, von der Mitte, also der 50:50-Einschätzung, wegbewegt, wenn über die Richtung der Bewegung Konsens besteht. Wenn also zehn Forecaster die Wahrscheinlichkeit eines Ereignisses einhellig mit über 50 Prozent bewerten und im Durchschnitt mit 70 Prozent, dann wandelt der Algorithmus dies in einen »extremeren« Wert um, also zum Beispiel 85 Prozent. Analog würde eine Durchschnittsvorhersage von 30 Prozent dann zu einem niedrigeren Wert, hier 15 Prozent, führen.

Können wir dieses Prinzip mit dem, was wir gerade diskutiert haben, erklären? Stellen wir uns eine riesige Urne vor, deren Inhalt wir nicht sehen können, die aber eine Öffnung hat. In dieser sind schwarze und weiße Kugeln in uns unbekanntem Verhältnis. Nun entnehmen wir einmalig sechs Kugeln (die Gesamtzahl der Kugeln ist so groß, dass wir die Veränderung des Verhältnisses durch die Entnahme ignorieren können), von denen vier schwarz und zwei weiß sind. Können wir angesichts dieses Ergebnisses etwas über die Verteilung in der gesamten Urne sagen? Nicht wirklich, wenn wir ehrlich sind. Das Ergebnis der Stichprobe lässt ein sehr breites Spektrum möglicher Verteilungen in der gesamten Urne zu; weiße und schwarze Kugeln könnten gleich häufig sein, aber es ist absolut möglich, dass eigentlich weiße Kugeln in der Mehrheit sind oder dass schwarze deutlich häufiger als nur zwei Drittel der Gesamtmenge sind. Wenn wir jedoch keinerlei Vorannahmen über den Inhalt hegen, müssen wir selbst nach dieser kleinen Stichprobe die Wahrscheinlichkeit für mehr schwarze als weiße Kugeln mit über 50 Prozent ansetzen.

In dieser »Metapher« ist die Urne ein komplizierter politischer Prozess, zum Beispiel eine angespannte Situation in einem Land, in dem es zu Massenprotesten gegen einen vermeintlichen Wahlsieg der Regierung gekommen ist. Das Verhältnis weißer und schwarzer Kugeln darin ist der letztliche Ausgang des Prozesses, wobei wir nur zwei Möglichkeiten unterscheiden, nämlich »Regierung bleibt im Amt« und »Regierung wird gestürzt«.

Wenn nun die Forecaster von GJP gefragt werden, welchen Ausgang sie für wahrscheinlicher halten, und mit der Recherche beginnen, ist das vergleichbar mit der Entnahme einer Stichprobe einer Handvoll Kugeln. Gehen wir davon aus, dass keiner der Beteiligten Forecaster ausgemachter Experte für das fragliche Land ist, geschweige denn dort lebt, sodass die ad hoc recherchierten Informationen praktisch alle Informationen sind, die wir haben. Auf der Basis dieser begrenzten Information, analog zu einer Stichprobe mit sechs Kugeln, schätzt er nun die Wahrscheinlichkeit für den Ausgang »Regierung stürzt« (mehr schwarze Kugeln) auf über 50 Prozent.

Nun führen weitere Forecaster ihrerseits Recherchen durch und zeichnen überwiegend ein ähnliches Bild. Dies entspricht der Entnahme weiterer Kugeln aus der Urne, die im Schnitt weiterhin ungefähr doppelt so viele schwarze wie weiße Kugeln zutage fördert. Die Wahrscheinlichkeit, dass die Urne tatsächlich mehr schwarze Kugeln enthält, steigt dann mit jeder weiteren Ziehung, die ein ähnliches Ergebnis liefert, an. Nach zehn Ziehungen mit dann insgesamt 40 schwarzen und 20 weißen Kugeln liegt die Wahrscheinlichkeit für mehr weiße als schwarze Kugeln in der gesamten Urne unter 2,5 Prozent!

Tatsächlich extremisieren wir jedoch in der Praxis nicht annähernd so stark. Würden wir dies tun, würde der Algorithmus spektakulär falsche Resultate liefern. Können wir das erklären? Die Antwort liegt einmal mehr im Problem der Unabhängigkeit der Stichproben beziehungsweise der individuellen Urteilsbildung. Das Modell, das uns die außerordentlich hohe Sicherheit liefert, geht naiverweise davon aus, dass alle Entnahmen von Kugeln unabhängig und tatsächlich zufällig sind. In der Praxis ist der Prozess, der uns Informationen liefert, aber weder zufällig noch für jeden Forecaster unabhängig. Die Information, die auf medialem Weg zu uns gelangt, ist natürlich keine zufällige Stichprobe, sondern beeinflusst von Faktoren wie der politischen Sympathie großer internationaler Medien oder auch schlichtweg von der Tatsache, dass Korrespondenten oft in bestimmten Landesteilen konzentriert sind und überwiegend soziale Kontakte in bestimmten Gesellschaftsschichten pflegen. Auf die Urne übertragen: Wir wissen nicht, ob die Urne je gut durchmischt wurde und ob sich schwarze und weiße Kugeln nicht in unterschiedlichen Teilen der Urne sammeln, insbesondere vielleicht dort, wo wir Kugeln entnehmen. Dies verringert die Wahrscheinlichkeit, dass die 40 schwarzen Kugeln von 60 entnommenen tatsächlich eine repräsentative Stichprobe darstellen.

Gute Forecaster werden all diese Faktoren natürlich ihrerseits berücksichtigen, wenn sie ihr Urteil auf der Basis begrenzter Information fällen. Das Ausmaß, in dem sie das tun, kennen wir aber nicht beziehungsweise können es schwer in Zahlen fassen; es entscheidet aber mit darüber, wie stark unsere Extremisierung ausfallen muss. Weiterhin werden sich die Quellen, die wir zu einem Thema lesen, immer ein Stück weit überschneiden. Wenn zehn Forecaster je drei Quellen zu einem Thema recherchieren und lesen (oder anschauen, anhören etc.), werden es nicht 30 verschiedene Quellen sein, sondern vielleicht eher zehn, wobei eine Quelle von sieben Personen gelesen wurde, zwei Quellen von fünf, eine von vier, drei von drei und drei von nur einem. (Die Zahlen sind erfunden, aber realitätsnah.) Mit anderen Worten: Wir haben gar nicht mit jeder Ziehung neue Kugeln bekommen, sondern betrachten zumindest zum Teil mehrmals dieselben Kugeln. Nur: Wir wissen immer noch nicht, wie groß die Überschneidung wirklich ist, selbst wenn wir genau alle zurate gezogenen Quellen kennen und zählen können, was auch schon selten der Fall ist. Denn die Informationen, auf deren Basis wir unsere Einschätzung formulieren, bestehen eben nicht nur aus drei unmittelbar zuvor gelesenen Quellen, sondern auch aus allen möglichen anderen Dingen, die wir in den letzten Jahren und Jahrzehnten gelernt haben, zum Beispiel über die Stärken und Schwächen von Protestbewegungen in anderen Ländern oder vergleichbare Analogiefälle.

Aus alledem folgt, dass die Extremisierung gesammelter Einschätzungen von Forecastern schlichtweg keine exakte Wissenschaft ist und nicht sein kann.

Das rechte Maß muss durch langfristiges Experimentieren, durch Versuch und Irrtum gefunden werden. Folglich stellen die genauen Formeln, die von GJP benutzt werden, ein exklusives Betriebsgeheimnis dar, das ich auch nicht in allen Details kenne. Wir können aber Größenordnungen angeben: Ein Durchschnittswert von 70 Prozent in einer größeren Gruppe von Forecastern würde vom Algorithmus in einen Wert von 80 bis 85 Prozent übersetzt werden, aber bestimmt nicht in 95 Prozent oder größer, wie es eine naive Wahrscheinlichkeitsrechnung nahelegen würde. Dabei fällt die Extremisierung geringer aus, je besser die

Forecaster, die die Rohinformationen liefern, erfahrungsgemäß sind, da bessere Forecaster bereits in höherem Maße selbst einige der hier aufgeführten Probleme reflektieren und in ihre Einschätzungen einfließen lassen. Das Ergebnis eines ganzen Teams aus erfahrenen Superforecastern wird also nur noch in sehr geringem Ausmaß weiter verändert.

Was das Beispiel zeigt, sind einerseits die Möglichkeiten, andererseits die Grenzen der quantitativen Betrachtungsweise von Wahrscheinlichkeiten realer Ereignisse. Es wäre einerseits geradezu fahrlässig, auf die prinzipiellen Möglichkeiten zu verzichten; andererseits muss man sich eben immer und immer wieder ins Gedächtnis rufen, dass man eben ein Modell verwendet, das schnell an seine Grenzen stoßen kann. Die Realität besteht nun einmal nicht aus Münzwürfen oder Ziehungen aus perfekt durchmischten Urnen. Es gilt also das alte Sprichwort: »Alle Modelle sind falsch, manche sind hilfreich.«

Dieses grundsätzliche Spannungsverhältnis scheint in der Geschichte der Entwicklung der Wahrscheinlichkeitsrechnung immer wieder auf. Viele Zeitgenossen sind den aufkommenden quantitativen Methoden trotz sichtbarer praktischer Fortschritte durch ihre Anwendung folglich mit Misstrauen oder auch offener Ablehnung begegnet. Ein Grundproblem ist dabei das Konzept des *Zufalls,* der nicht nur aus religiösen Gründen (»Gott würfelt nicht«) problematisch ist. Die Wahrscheinlichkeitsrechnung geht in der Regel davon aus, dass bestimmte Ereignisse im Rahmen der vorgegebenen Wahrscheinlichkeiten tatsächlich zufällig sind. Für gewürfelte Zahlen gilt das auch, aber welche Ereignisse im realen Leben als zufällig gelten können und welche nicht, ist ungleich schwerer zu beurteilen.

Die Diskussion über das genaue Wesen des Zufalls ist zweifellos faszinierend, aber interessanterweise sind die praktischen Konsequenzen unterschiedlicher Auffassungen oft erstaunlich gering. Aus der praktischen Perspektive der Vorhersage gilt am besten: Wir betrachten Ereignisse als letztlich zufällig, wenn wir die Kette von Ereignissen, die ihnen vorausgeht, und ihre Kausalbeziehungen untereinander nicht oder nur unvollständig durchschauen, und das gilt, wenig überraschend, für fast alle Fragen, denen wir praktisch begegnen. Der Maßstab für »Zufälligkeit« ist also nicht das Wesen der Ereignisse selber, sondern unser Kenntnisstand. Es kann dabei durchaus vorkommen, dass Fragen zu dem Zeitpunkt, zu dem wir uns mit ihnen beschäftigen, längst entschieden sind, beispielsweise weil ein Staatsoberhaupt längst für sich die Entscheidung zum Rücktritt gefällt hat oder eine bislang unentdeckte tödliche Krankheit hat. Solange wir dies aber nicht wissen, können und müssen wir die Frage im Wesentlichen als eine des Zufalls (im Rahmen näherungsweise bestimmbarer Wahrscheinlichkeiten!) ansehen.

Mindestens so kontrovers wie der Begriff des Zufalls wird die Frage diskutiert, ob einmaligen und einzigartigen Ereignissen, die nur einmal geschehen oder eben nicht geschehen, überhaupt eine »Wahrscheinlichkeit« zugeordnet werden kann. Die philosophischen Debatten hierzu sind ohne Zweifel faszinierend, in der Praxis aber weitgehend irrelevant: Praktisch behandeln wir diese Ereignisse, als ob sie eine Wahrscheinlichkeit besitzen.

Die Poisson-Verteilung

Kommen wir noch einmal zurück zur Idee der »Basisrate« aus Kapitel 5. Dort hatten wir das Beispiel eines fiktiven italienischen Ministerpräsidenten, dessen Sturz oder Verbleib im Amt wir vorhersagen wollen. Dies ist ein Fall, in dem wir relativ viel Informationen aus der Vergangenheit haben, die uns etwas über die zugrunde liegenden Wahrscheinlichkeiten verrät. Wir haben

41 Regierungswechsel in 71 Jahren gezählt und sollen daraus die Wahrscheinlichkeit für einen Wechsel im kommenden Jahr herleiten. Es läge nun nahe, dies als eine Folge von 71 »Münzwürfen« zu zählen, die 41-mal das Ergebnis »Regierungswechsel« gebracht haben, und daraus zu schließen, die Wahrscheinlichkeit für einen weiteren solchen Wechsel im nächsten Jahr sei entsprechend näherungsweise $^{41}/_{71}$, also knapp 58 Prozent. Dieses Ergebnis ist jedoch falsch!

Intuitiv können wir dies dadurch begründen, dass mehr als ein Regierungswechsel pro Jahr stattfinden kann. Wir können nun beginnen, die Liste der Ministerpräsidenten genauer zu studieren und zu zählen, wie oft das geschehen ist, aber einfacher ist es, das Ganze als Ergebnis einer sogenannten Poisson-Verteilung (nach dem französischen Mathematiker Siméon Denis Poisson, 1781–1840) aufzufassen. Das ist immer dann sinnvoll, wenn wir Ereignisse betrachten, die einzeln zu unvorhersehbaren Zeitpunkten über einen kontinuierlichen Zeitraum auftreten. Dabei gibt es zwar eine langfristig zutreffende Rate von Ereignissen, zum Beispiel eins pro Jahr, es können aber durchaus deutlich längere Zeiträume ganz ohne Ereignisse oder auch mehrere Ereignisse kurz hintereinander auftreten. Der Prozess ist dabei als gedächtnislos anzusehen, das heißt, die Wahrscheinlichkeit für ein Ereignis erhöht oder senkt sich nicht durch eine vorhergehende Häufung oder eine lange Durststrecke.

Die Wahrscheinlichkeit für eine bestimmte Zahl k von Ereignissen in einem fraglichen Zeitraum, in dem man λ Ereignisse erwarten sollte ist dann $P = {}^{\lambda^k}/_{k!} \cdot e^{-\lambda}$. (e ist die sogenannte Eulersche Zahl 2,718; k! ist die Fakultät von k und entspricht der Multiplikation aller natürlichen Zahlen bis einschließlich k. $1! = 1$, $2! = 1 \cdot 2 = 2$, $3! = 1 \cdot 2 \cdot 3 = 6$, $4! = 1 \cdot 2 \cdot 3 \cdot 4 = 24$ etc. 0! ist definiert als 1.)

Die Wahrscheinlichkeit, dass in einem Zeitraum, in dem wir normalerweise im langfristigen Mittel ein Ereignis erwarten, auch tatsächlich genau eins auftritt, ist dann

$1^1/1 \cdot e^{-1}$ also $1/e = 36{,}78$ Prozent.

Die Wahrscheinlichkeit für null Ereignisse ist aber interessanterweise identisch, denn

$1^0/0! \cdot e^{-1}$ ergibt ebenfalls $1/e = 36{,}78$ Prozent.

Für genau zwei Ereignisse ist $P = 1^2/2! \cdot e^{-1} = 1/2e = 18{,}39$ Prozent.

Für genau drei Ereignisse $P = 1^3/3! \cdot e^{-1} = 1/6e = 6{,}13$ Prozent etc.

Die meisten Fragen, die wir bearbeiten, sind Fragen nur nach einem Ereignis oder eben keinem, sodass wir eigentlich nur die Wahrscheinlichkeit von $k = 0$ berechnen müssen. Für $k = 0$, also kein Ereignis, können wir die Formel vereinfachen zu $P = e^{-\lambda}$ da sowohl λ^0 als auch 0! gleich 1 sind. Für das Beispiel des italienischen Ministerpräsidenten ergibt sich bei einer ungefähren Häufigkeit von 0,6 Wechseln pro Jahr also eine Wahrscheinlichkeit von $P = e^{-0{,}6} = 54{,}9$ Prozent für 0 Ereignisse, also kein Wechsel.

Wir benutzen die Poisson-Verteilung auch gerne, um zu berechnen, wie sehr sich die Wahrscheinlichkeit nach Verstreichen eines Teils des fraglichen Zeitraums verändert hat. Da sich λ proportional verändert, das heißt, der Erwartungswert ist für die Hälfte des Zeitraums auch genau halb so groß. Nach Ablauf eines halben Jahres ist die Wahrscheinlichkeit für $k = 0$ im restlichen halben Jahr dann also $P = e^{-0{,}3} = 74$ Prozent, nach drei Vierteln des Jahres $P = e^{-0{,}15} = 86$ Prozent etc.

Wenn Ihnen diese Berechnung zu kompliziert ist, merken Sie sich ungefähr folgende Faustregel:

- Versuchen Sie eine grobe Abschätzung des Zeitraums, in dem normalerweise ein Ereignis auftritt. In diesem Beispiel wären das circa 1,7 Jahre. In diesem Zeitraum beträgt die Wahrscheinlichkeit für null Ereignisse circa 38 Prozent und die Wahrscheinlichkeit für mindestens ein Ereignis 62 Prozent.

Für das Doppelte des Zeitraumes liegt die Wahrscheinlichkeit für mindestens ein Ereignis bei 86,5 Prozent, für das Dreifache bei circa 95 Prozent, für das Vierfache bei 98,2 Prozent und darüber hinaus bei deutlich über 99 Prozent.

- Verkürzen Sie hingegen den fraglichen Zeitraum, bietet sich folgendes Bild: Für die Hälfte sinkt die Wahrscheinlichkeit von mindestens einem Ereignis auf circa 40 Prozent, für ein Fünftel auf 18 Prozent und für ein Zehntel auf 10 Prozent. Für noch kürzere Zeiträume können Sie dann näherungsweise einfach teilen; für ein Zwanzigstel 5 Prozent, für ein Hundertstel 1 Prozent etc.

Vergessen Sie nicht, dass all das nur eine näherungsweise Berechnung der Basisrate darstellt. Die eigentliche Arbeit, inhaltlich die konkrete Situation zu beurteilen und die Vorhersage entsprechend anzupassen, beginnt erst danach. Die Poisson-Verteilung ist noch aus einem zweiten Grund extrem interessant; sie zeigt eindrucksvoll, wie eine zufällige und gedächtnislose Verteilung von Ereignissen über die Zeit Muster hervorbringt, die auf menschliche Betrachter oft alles andere als zufällig wirken.

Wie viele Fußballfans schwören Stein und Bein, dass es bestimmte Phasen des Spiels gibt, die besonders »gefährlich« sind, in denen also mehr Tore fallen sollen, zum Beispiel unmittelbar nach dem eigenen Tor, kurz vor oder nach der Pause oder kurz vor Schluss? Sorgfältige Analysen von vielen Spielen zeigen jedoch, dass die Verteilung von Toren über die Zeit weitgehend kompatibel ist mit einer zufällig generierten Poisson-Verteilung. Weder werden Tore »überfällig« nach längerer Ruhephase, noch häufen sie sich zeitlich.

Für den Fußball könnte man diese Rechnung als Spielerei abtun, aber bedenken Sie ein etwas folgenreicheres Beispiel: Kriege und ihre zeitliche Verteilung. In historischen Darstellungen werden Sie immer wieder wie selbstverständlich kausale Erklärungen für Kriege lesen, die von Mustern in der Verteilung ausgehen. Bemerkenswert daran ist, dass beide möglichen Tendenzen dabei gleichermaßen zur Anwendung kommen und, auf den Einzelfall bezogen, auch oft absolut plausibel klingen. Dass lange Friedensphasen Menschen die Schrecken des Krieges vergessen lassen und sie folglich unvorsichtig, gar kriegshungrig, werden können, erscheint genauso einleuchtend wie die genau gegenläufige Idee, dass Krieg durch Traumatisierung und Verrohung neue Gewalt in der Zukunft hervorbringt. Aber auch hier zeigt sich bei Auswertung langfristiger Betrachtungen, dass die Verteilung von Kriegen über die Zeit absolut kompatibel ist mit einem gedächtnislosen, zufälligen Prozess. Der naheliegende Schluss: Unsere Erklärungen sind überwiegend auf den Einzelfall gemünzte Ergebnisse von *hindsight bias.* Die eigentlichen Kausalbeziehungen durchschauen wir also viel weniger, als wir denken.

Größenordnungen

Bisher haben wir uns mit Verfahren beschäftigt, die bei der Berechnung von sogenannten diskreten Verteilungen zur Anwendung kommen, das heißt Ereignisse, die nur eine begrenzte Zahl von möglichen Ergebnissen haben, meistens nur zwei, also »geschieht« oder »geschieht nicht«. Im Prozess der Vorhersage begegnen uns aber immer wieder auch Fragen, bei denen wir die zukünftige Entwicklung einer bestimmten Größe abschätzen sollen. Auch solche Fragen haben wir in Kapitel 5 im Kontext der Diskussion um *scope insensitivity* bereits kennengelernt. Dort hatten wir festgestellt, dass viele Menschen die fragliche Größenordnung bei der Abschätzung bestimmter Wahrscheinlichkeiten weitgehend ignorieren, und haben die Frage aufgeworfen, inwieweit die Änderung dieser Größenordnung die Wahrscheinlichkeit beeinflusst. Dieser Einfluss ist je nach Frage beziehungsweise Domäne sehr unterschiedlich. Können wir diese Ergebnisse verallgemeinern?

Wenn wir es mit variierenden Größen zu tun haben, fallen die Verteilungen ganz allgemein gesprochen in zwei Gruppen: sogenannte Normalverteilungen und *Fat-Tailed*-Verteilungen.

Normalverteilungen sehen typischerweise ungefähr so aus:

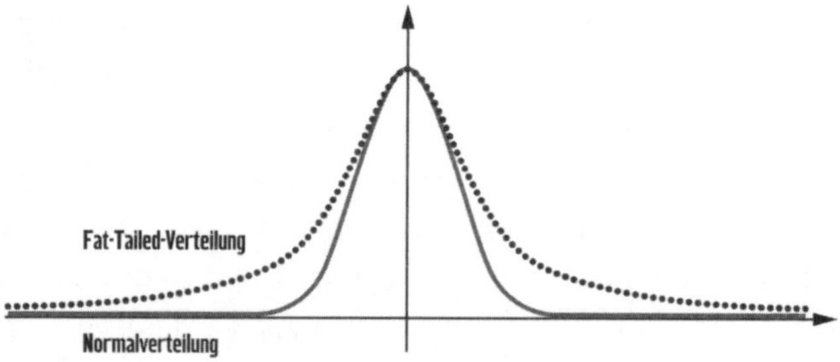

Normalverteilung versus Fat-Tailed-Verteilung (randlastig)

Bei ausreichend hoher Zahl von Versuchen entspricht eine normale Binomialverteilung in etwa der Normalverteilung; diesen Zusammenhang kann man sich über das sogenannte Galton-Brett veranschaulichen. Jede Kugel kann an jeder Station des Bretts einen von zwei Wegen nehmen; die meisten Kugeln landen in der Mitte und nur wenige an den äußersten Rändern, da die Wahrscheinlichkeit, sechsmal nach rechts oder links zu fallen, sehr gering ist ($^1/_{64}$). Eine solche Verteilung hat einen Mittelwert und eine sogenannte Standardabweichung s, die uns etwas über das Maß der Streuung verrät. Diese Abweichung kann durchaus unterschiedlich groß sein, aber entscheidend ist, dass die Häufigkeit extremer Ausreißer sehr gering ist und das Verhalten der Verteilung auch an den Rändern den Regeln folgt, die wir aus der Verteilung nahe der Mitte herleiten würden. Wir können also aus der Häufigkeit von Abweichungen im Bereich 1s oder 2s ableiten, wie häufig extreme Abweichungen sind, lange bevor wir das erste Mal einer begegnen.

Ein klassisches Beispiel hierfür ist die Verteilung der Körpergröße in der Bevölkerung. Wenn man beginnen würde, Menschen zu messen, und die je ersten 100 Größen von Männern und Frauen notieren würde, erhielte man heutzutage in Deutschland wahrscheinlich in etwa folgendes Bild: Eine Durchschnittsgröße von etwa 1,65 Meter für Frauen und 1,77 Meter für Männer und eine Standardabweichung von etwa 7 Zentimeter für Frauen und 8 Zentimeter für Männer. Knapp 70 Prozent aller Probanden liegt im Bereich ± 1s, also zwischen 1,58 und 1,72 Meter für Frauen und zwischen 1,69 und 1,85 Meter für Männer. Nur circa 2 Prozent, also jeweils zwei Menschen, liegen mehr als zwei Standardabweichungen über dem Mittel, also über 1,79 Meter für Frauen und 1,93 Meter für Männer.

Deutlich größere Menschen sind in dieser Stichprobe wahrscheinlich gar nicht enthalten, aber, und das ist entscheidend, die Voraussagen, die wir auf ihrer Basis für deutlich größere Zahlen von Probanden über ihre Häufigkeit treffen, sind in etwa korrekt. Es gibt also in der Gesamtbevölkerung ungefähr so viele Männer über 2,01 Meter und Frauen über 1,86 Meter (+3 Standardabweichungen), wie die Normalverteilung vorhersagt, nämlich 0,13 Prozent der Bevölkerung, und auch für noch extremere Größen hält das Muster. Es gibt also zum Beispiel keine Menschen über 2,50 Meter in der gesamten Weltbevölkerung von mehreren Milliarden.

Viele Phänomene lassen sich mit einer solchen Verteilung näherungsweise gut beschreiben, vor allem dort, wo es um physische Eigenschaften geht und die Gesamtgröße aus einer Summe sehr vieler unabhängiger Einzelergebnisse besteht. Das schließt auch die realwirtschaftliche Produktion von Gütern ein. Versuchen wir also, die deutsche Rapsernte im nächsten Jahr vorherzusagen, können wir sehr gut aus den Daten vergangener Jahre typische Schwankungsbreiten ermitteln und auf dieser Basis realistische Größenordnungen abschätzen. Dass sich eine solche Größe von einem Jahr aufs andere verdreifacht, ist unter normalen Umständen extrem unwahrscheinlich. Auch für die gesamte Entwicklung einer Volkswirtschaft, also Wachstum oder Rückgang des Bruttoinlandsprodukts, gilt das Muster mehr oder weniger gut. Auch hier können wir also aus der typischen Schwankung des Bruttoinlandsprodukts von Jahr zu Jahr auf die Häufigkeit stärkerer Schwankungen schließen.

In einem hoch entwickelten Industrieland wie Deutschland sind also Zuwächse oder Rückgänge von über 10 Prozent in einem Jahr extrem selten (aber noch im Rahmen des Möglichen). Der letzte, in unserem Kontext vielleicht sogar wichtigste Punkt der Normalverteilungen: Die Extremereignisse machen nur einen geringen Teil der Gesamtsumme aus. Bilden tausend Menschen eine menschliche Pyramide, ist unter diesen vielleicht ein außergewöhnlich großer Mann von 2,10 Meter, aber sein Anteil an der Gesamthöhe ist dennoch gering.

Worin liegen nun die entscheidenden Unterschiede der *Fat-Tailed*-Verteilungen*? Ihr Name rührt daher, dass an den Enden (Schwänzen) der Verteilung Ereignisse im Vergleich häufiger sind. Wie auch immer diese mathematisch zu beschreiben sind, soll uns an dieser Stelle nicht weiter interessieren, was zählt, sind die praktischen Unterschiede. Erstens können wir in solchen Fällen nicht von der Häufigkeit kleiner Schwankungen auf die Häufigkeit großer Schwankungen schließen. Wir würden also, bildlich gesprochen, nach 100 Messungen von Menschen zwischen 1,55 und 1,95 Meter nicht wissen, ob es nicht doch Menschen von 10 Meter (oder auch 50 oder 100 Meter) Größe gibt oder wie häufig diese sind. Zweitens können in solchen

* Auch auf Deutsch ist hier der englische Begriff üblich, da die wörtliche Übersetzung regelmäßig für Gekicher sorgt. Eine Alternative sind »Verteilungen mit schweren Rändern«.

Domänen die Extremereignisse, selbst ein einziges Extremereignis, ohne Weiteres die Mehrheit der Summe aller Ereignisse bilden.

Derartige Verteilungen begegnen uns vor allem dort, wo entweder keine physischen Grenzen der Größe bestehen oder die Einzelereignisse nicht unabhängig, sondern verbunden sind, sodass es zu Kettenreaktionen kommen kann. Während also die Entwicklung der physischen »Realwirtschaft« eines Landes näherungsweise normal verteilt ist, gilt dies für die Kurse an Finanzmärkten nicht; diese können sich unter Umständen auch über Nacht verzehnfachen. Kriege, Terroranschläge und Naturkatastrophen sind weitere typische Beispiele für solche Verteilungen. Gerade für sie gilt: Ein einziger großer Krieg, Anschlag oder Sturm kann mehr Schaden anrichten als zehn oder auch 100 kleinere Ereignisse.

Es gibt natürlich auch Ansätze, solche Verteilungen mathematisch präziser zu erfassen und zumindest zu realistischen Schätzungen der Häufigkeiten oder der grundsätzlichen Obergrenzen zu kommen. Einige davon werden im nächsten Kapitel besprochen, aber die meisten gehen zugegebenermaßen auch weit über meinen Horizont. In der Praxis der Vorhersage reichen zum Glück meist einige Faustregeln: In Domänen, von denen wir wissen, dass sie *fat-tailed* sind, müssen wir viel vorsichtiger damit sein, aus historischen Daten auf die Zukunft zu schließen. Wir können in der Regel keine sinnvollen Obergrenzen für die Auswirkungen von Ereignissen angeben, zumindest nicht auf der Basis der unmittelbaren Vergleichsklasse. Zum Teil können wir dieses Problem durch Erweiterung der Vergleichsklasse zumindest näherungsweise angehen. Wenn wir versuchen, die Obergrenze für die Zahl der möglichen Opfer eines Krieges zwischen zwei konkreten Parteien (wie im Beispiel aus Kapitel 5 zwischen Israel und der Hisbollah) zu ermitteln, ist die Geschichte der vergangenen Kriege zwischen diesen zwei Parteien nicht der richtige Maßstab. Hingegen können wir bei Berücksichtigung der gesamten bekannten Geschichte von Kriegsführung feststellen, dass Kriege nur sehr selten fortgeführt werden können, wenn eine Seite mehr als ein Drittel der Männer im wehrfähigen Alter (18 bis 45 Jahre) verloren hat. Dies ergibt eine deutlich höhere Obergrenze.

Bei der Betrachtung von Epidemien und ihrer potenziellen Auswirkungen kommen ähnliche Überlegungen zum Tragen. Im Rahmen von GJP haben wir uns mehrmals mit Szenarien über Vogelgrippeausbrüche beschäftigt, sowohl in Geflügelbeständen mit entsprechenden wirtschaftlichen Folgen als auch unter Menschen mit noch viel schwerwiegenderen Konsequenzen. Auch hier gilt: Die praktischen Obergrenzen werden nicht durch vergangene Vogelgrippe- oder andere Grippeepidemien bestimmt, sondern eher durch die verlustreichsten bekannten Krankheitsausbrüche der Geschichte. Für größere Gebiete scheinen auch diese eine Grenze um ein Drittel der Gesamtbevölkerung herum zu zeigen, lokal begrenzt auch noch höher.

Tatsächlich sind selbst diese sehr hohen Grenzen noch nicht die wahren Limits, da es natürlich durchaus sein kann, dass zukünftige Katastrophen die bisherigen noch übertreffen. Für unsere Zwecke aber sollen diese erst einmal ausreichen.

Über die tatsächliche Häufigkeit solcher extremer Katastrophen können wir kaum sinnvolle Aussagen treffen, außer dass sie nach menschlichen Maßstäben äußerst selten sind, aber eben vorkommen.

So viel zur Grundidee der Berechnungen, die wir im Prozess der Vorhersage anwenden. Ich bin selbst nicht »vom Fach«, habe also weder Mathematik noch Statistik oder eine verwandte Disziplin studiert, was Sie, wenn Sie das getan haben, sicher bemerkt haben dürften. Vielleicht stehen Sie aber auch eher am anderen Ende und empfinden selbst die hier aufgeführten Berechnungen als komplex und unverständlich. Haben Sie bitte nicht zu viel Respekt vor Zahlen und Formeln. Tatsächlich wenden auch Superforecaster all diese Verfahren in sehr unterschiedlichem Ausmaß an. Niemand muss alle aufgeführten Formeln selbst beherrschen; auch ich schlage viele davon im alltäglichen Prozess häufig nach und benutze webbasierte Dienste beispielsweise zur schnellen Berechnung von Poisson-Verteilungen.

Wahrscheinlichkeitsrechnungen sind ein nützliches Werkzeug zur Annäherung und zur Vermeidung von Fehlern. Ihre Gefahr liegt darin, dass die scheinbare Präzision der theoretisch auf mehrere Nachkommastellen berechenbaren Ergebnisse uns dazu verleitet, unser tatsächliches Wissen zu überschätzen. Daher ist es wichtig, Beispiele des entsprechenden Denkens vor dem Aufkommen der heutigen Methoden am Beginn der Neuzeit darzustellen. Wir tun gut daran, diese Erkenntnisse nicht zu vergessen.

8
Bayes und die Anpassung von Einschätzungen

Der Präsident (George W. Bush) ist ein Mann mit Prinzipien.
Er sagt am Mittwoch das Gleiche wie am Montag –
was auch immer am Dienstag geschehen ist.
Stephen Colbert

Im letzten Kapitel sollte ein Grundverständnis für Probleme der Wahrscheinlichkeitsrechnung beim Forecasting vermittelt werden. Bisher haben wir aber vor allem behandelt, wie man initiale Wahrscheinlichkeiten zumindest näherungsweise berechnet und diese dann im Laufe der Zeit anpassen muss, selbst wenn keine neuen Erkenntnisse vorliegen. Was aber müssen wir tun, wenn tatsächlich neue Informationen vorliegen, die uns zwingen, unsere Annahmen zu überprüfen? Wie wichtig die Revision unserer Annahmen im Lichte neuer Erkenntnisse ist, hatten wir bereits in der Diskussion von Füchsen und Igeln gesehen. Aber kann uns die Mathematik auch hierfür hilfreiche Werkzeuge zur Verfügung stellen?

Der Satz von Bayes

Thomas Bayes (1702–1761) war ein englischer Pfarrer, der sich laienhaft mit Wahrscheinlichkeitsrechnung beschäftigte, und so ging seine wichtigste Entdeckung zunächst wenig beachtet unter, bis sie Jahre nach seinem Tod wiederentdeckt wurde und heute in diversen Disziplinen, von der Computertechnik bis zur Medizin, eine wichtige Rolle spielt. Bayes beschäftigte sich mit sogenannter »inverser Wahrscheinlichkeitsrechnung«. Es geht dabei um die (näherungsweise) Bestimmung zugrunde liegender Wahrscheinlichkeiten auf der Basis von beobachteten Ereignissen. Anstatt also zu fragen »Wie wahrscheinlich ist es, aus einer Urne mit gleich viel weißen und schwarzen Kugeln bei sechs Ziehungen genau drei weiße und drei schwarze zu ziehen?«, fragen wir »Wie wahrscheinlich ist es, dass die Urne genau gleich viel schwarze und weiße Kugeln enthält, wenn wir bei sechs Ziehungen genau drei schwarze und drei weiße Kugeln gezogen haben?«.

Diese zweite Herangehensweise ist offensichtlich von sehr viel größerer praktischer Bedeutung, da wir im Leben selten Systeme so komplett durchschauen wie das Modell einer Urne mit gegebenen Verhältnissen verschiedenfarbiger Kugeln. Wir sind also im Leben permanent darauf angewiesen, aus Beobachtungen Schlüsse über zugrunde liegende Wahrscheinlichkeiten zu ziehen.

Der Satz von Bayes lautet: $P(A|B) = P(B|A) \cdot {}^{P(A)}/_{P(B)}$

In Worten: Die bedingte Wahrscheinlichkeit von A unter der Bedingung, dass B eingetreten ist, ist gleich der bedingten Wahrscheinlichkeit von B unter der Bedingung, dass A eingetreten ist, mal der A-priori-Wahrscheinlichkeit von A geteilt durch die A-priori-Wahrscheinlichkeit von B.

Das klingt zunächst äußerst kompliziert, ist es aber eigentlich nicht. Versuchen wir es mit einem Beispiel. In einer Urne befinden sich fünf Münzen, vier »normale« mit Kopf und Zahl und eine, die auf beiden Seiten eine Zahl trägt. Sie ziehen nun blind eine Münze und betrachten sie nicht, werfen sie aber wiederholt und notieren das Ergebnis. Nach wie vielen Würfen mit dem Ergebnis »Zahl« in Folge sollten Sie davon ausgehen, dass es sich um die ungewöhnliche Münze handelt?

Versuchen Sie kurz bevor Sie die Gleichung auflösen eine geschätzte oder intuitive Antwort auf die Frage zu finden, um das Ergebnis anschließend zu vergleichen. Schätzen Sie ebenfalls ab, wie sicher Sie sich sein sollten. Stellen Sie sich vor, dass Sie sich nach fünf Zahlwürfen ziemlich sicher sind, dass die ungewöhnliche Münze gezogen wurde. Jemand anderes möchte dagegen wetten, verlangt aber eine Quote von 1:10 im Gewinnfall, also den zehnfachen Einsatz. Sollten Sie annehmen? Wie sieht es nach sechs Zahlwürfen in Folge aus?

In diesem Beispiel ist A das Ereignis »Die ungewöhnliche Münze wurde gezogen«, B das Ereignis »Bei n Würfen ist nie Kopf gefallen«. Die A-priori-Wahrscheinlichkeit von A ist 0,2 oder 20 Prozent (eine von fünf Münzen ist ungewöhnlich). Die Wahrscheinlichkeit von B unter der Bedingung A ist 1 oder 100 Prozent; wenn die ungewöhnliche Münze gezogen wurde, können die Würfe nur Zahl ergeben.

Wie hoch ist die A-priori-Wahrscheinlichkeit von B? Bevor ich die Münze überhaupt geworfen habe, also für $n = 0$, ist die Wahrscheinlichkeit von B ebenfalls 1 (100 Prozent); es ergibt sich also eine Gesamtwahrscheinlichkeit von 0,2 (20 Prozent), gemäß $1 \cdot {}^{0,2}/_{1}$. Für größere n ist die Wahrscheinlichkeit etwas komplizierter zu berechnen, da der Mix der Ausgangsmenge von Münzen berücksichtigt werden muss. Da die Ausgangsmenge eine ungewöhnliche Münze enthielt, ist die Wahrscheinlichkeit für »null Kopfwürfe« nach n Würfen $0{,}2 + {}^{0,8}/_{2^n}$. Dies ergibt nach einem Wurf ($n = 1$) 0,6 (60 Prozent) nach zwei Würfen 0,4 (40 Prozent) nach drei Würfen 0,3 (30 Prozent) nach vier Würfen 0,25 (25 Prozent) nach fünf Würfen 0,225 (22,5 Prozent) etc.

Für die Gesamtwahrscheinlichkeit ergibt sich also:

Nach einem Wurf: $P = 1 \cdot {}^{0,2}/_{0,6} = {}^{1}/_{3} = 33{,}3$ Prozent

Nach zwei Würfen: $P = 1 \cdot {}^{0,2}/_{0,4} = {}^{1}/_{2} = 50$ Prozent

Nach drei Würfen: $P = 1 \cdot {}^{0,2}/_{0,3} = {}^{2}/_{3} = 66,6$ Prozent

Nach vier Würfen: $P = 1 \cdot {}^{0,2}/_{0,25} = {}^{4}/_{5} = 80$ Prozent

Nach fünf Würfen $P = 1 \cdot {}^{0,2}/_{0,225} = {}^{8}/_{9} = 88,8$ Prozent

Nach sechs Würfen $P = 1 \cdot {}^{0,2}/_{0,2125} = {}^{16}/_{17} = 94,1$ Prozent

Mit anderen Worten: Nach drei Zahlwürfen in Folge sollten Sie davon ausgehen, dass die ungewöhnliche Münze gezogen wurde; die Wahrscheinlichkeit ist dann also über 50 Prozent. Nach fünf Würfen können Sie sich sehr sicher sein; eine Wette mit einer Quote von 10:1 sollten Sie aber noch niemandem anbieten. Nach sechs Würfen hingegen könnten Sie dies tun und mit Gewinn rechnen.

Wir können an den genauen Bedingungen dieser Aufgabe übrigens sehr schön »herumspielen«, um ganz andere Ergebnisse zu erhalten. Zum Beispiel hat die Zahl der Münzen in der Ausgangsmenge einen großen Einfluss auf die Zahl der Würfe, die wir benötigen, um einigermaßen sicher zu sein. Wenn wir statt mit 5 mit 100, davon 99 normalen Münzen, beginnen, wäre noch nach fünf Zahlwürfen in Folge die Wahrscheinlichkeit, dass wir die ungewöhnliche Münze gezogen haben, deutlich unter 50 Prozent! Noch deutlich schwieriger wird das Ganze, wenn wir eine äußerlich ununterscheidbare, aber manipulierte Münze haben, die zum Beispiel bei 80 Prozent aller Würfe Zahl zeigt. Der Variantenbaum wird dann sehr viel verzweigter, weil einzelne Kopfwürfe eben nicht automatisch ausschließen, dass es sich um die gesuchte Münze handelt. Wenn Sie möchten, versuchen Sie sich an folgender Aufgabe.

In einer Urne befinden sich zehn Münzen, neun normale und eine manipulierte, die 80 Prozent Zahl zeigt. Sie ziehen eine

Münze und werfen sie zehnmal, wobei achtmal Zahl fällt. Mit welcher Wahrscheinlichkeit handelt es sich um die manipulierte Münze? Wie hoch ist die Wahrscheinlichkeit nach 20 Würfen mit 16-mal Zahl? (Auflösung S. 248)

Ich hoffe, dieses Beispiel war einigermaßen einleuchtend. Besonders realitätsnah ist es natürlich nicht, sondern vielmehr didaktisch konstruiert. Das Prinzip findet jedoch sehr viel Anwendung in allen möglichen realen Bereichen. Besonders relevant und folgenreich ist es in der Medizin. Das grundsätzliche Problem liegt darin, dass kein Testverfahren, egal wie fortgeschritten, zu 100 Prozent zuverlässig ist. Die Frage lautet dann: Wie häufig sind tatsächlich Fehler? Die Antwort fällt für viele ernüchternd aus.

Der Satz von Bayes und der Bereich der Fehldiagnosen

Ein Beispiel: Ein Test auf eine Krankheit, beispielsweise ein HIV-Test, ist 99 Prozent zuverlässig, wenn jemand erkrankt ist (falsche Negativrate 1 Prozent). Die Rate falscher Positivergebnisse ist 5 Prozent. Wir wissen, dass 1 Prozent der Bevölkerung erkrankt ist. Der Test war bei einem Patienten positiv. Wie hoch ist die Wahrscheinlichkeit, dass der Patient tatsächlich erkrankt ist?

Die Antwort überrascht und widerspricht unserer Intuition; selbst viele Ärzte beantworten sie grundfalsch. In diesem Beispiel ist A das Ereignis »Patient ist erkrankt«, B das Ereignis »Test ist positiv«. Die A-priori-Wahrscheinlichkeit für A ist 1 Prozent (Basisrate der Bevölkerung), die A-priori-Wahrscheinlichkeit von B 5,94 Prozent (zu erwartende Rate positiver Ergebnisse in der gegebenen Bevölkerung). $P(B|A)$ ist 99 Prozent (korrekte Positivrate). Es ergibt sich:

$P(A|B) = 0{,}99 \cdot {}^{0{,}01}/_{0{,}0594} = 0{,}166$ (16,6 Prozent)

Die korrekte Wahrscheinlichkeit für eine tatsächliche Erkrankung liegt nur bei $1/6$; fünf von sechs Patienten mit positivem Testergebnis haben die Krankheit nicht! Und das, obwohl der Test zu 95 beziehungsweise 99 Prozent zuverlässig sein soll!

Das Ergebnis widerspricht unserer Intuition. Können wir es dennoch erklären? Stellen wir uns vor, wir testen 100 000 Menschen. 1000 haben die Krankheit, und zu 99 Prozent zeigt der Test dies korrekt an; wir haben also 990 korrekt positive Tests. 99 000 Menschen sind gesund. Aber da der Test bei 5 Prozent von ihnen fälschlich positiv ist, haben wir 4950 falsch positive Tests, also genau fünfmal so viele falsche wie richtige!

Wichtig: Die Rechnung fällt völlig anders aus, wenn die Basisrate höher liegt. Sind 10 Prozent der Bevölkerung erkrankt – in unserer Gleichung entspricht das einer A-priori-Wahrscheinlichkeit von 0,1 (10 Prozent) statt 0,01 (1 Prozent) –, steigt die Wahrscheinlichkeit, dass der positive Test korrekt ist, auf über $2/3$.

Die hier genannten Wahrscheinlichkeiten und Fehlerraten sind zwar nicht ganz exakt einem realen Test einer realen Krankheit nachempfunden, die Größenordnungen sind aber nicht unrealistisch. Tatsächlich liegt in vielen realen Testverfahren die Zahl falsch positiver Ergebnisse weit über 50 Prozent. Der Grund, dass nicht jährlich Tausende Menschen fälschlich positive HIV-Testergebnisse bekommen, liegt darin, dass in einem Land wie Deutschland ein erstes positives Testergebnis nicht mitgeteilt wird, ohne durch einen zweiten, teureren Test mit höherer Zuverlässigkeit bestätigt zu werden. Aber selbst wenn wir keinen besseren Test haben, würde auch ein zweiter identischer Test mit gleichem Ergebnis die Zuverlässigkeit signifikant erhöhen, ähnlich wie weitere Münzwürfe im obigen Beispiel.

Derartige Rechnungen sind in der Medizin von großer Bedeutung; die Beurteilung der Effizienz von groß angelegten Vorsorgeuntersuchungen wie Mammografien steht und fällt mit ihnen. Ohne Ihnen an dieser Stelle den Glauben an die moderne Medizin nehmen zu wollen: Es ist erschreckend, wie häufig auch Ärzte diese Wahrscheinlichkeiten und ihre Implikationen fundamental falsch einschätzen. Diese Missverständnisse haben oft unangenehme Folgen für Patientinnen und Patienten.

Zum Thema Mammografien (analog gelten für andere Krebsarten wie Prostatakrebs ganz ähnliche Überlegungen und Abwägungen): Lange Zeit ging der Trend zu häufigeren und auch früheren Reihenuntersuchungen zur Früherkennung von Brustkrebs. Der – legitime und ehrbare – Gedanke dahinter war, dass früh erkannter Krebs oft besser heilbar ist, massenhafte Vorsorgeuntersuchungen also Leben retten können. Das Problem dabei: Ein »auffälliges« Ergebnis bedeutet, ähnlich wie im obigen Beispiel, noch längst keine eindeutige Diagnose, insbesondere dann nicht, wenn die Erkrankungsrate insgesamt niedrig ist.

Bei einem HIV-Test kann ein zweiter Test zur Absicherung an der gleichen Blutprobe durchgeführt werden, der Patient erfährt nie etwas vom falsch positiven ersten Ergebnis. Bei Krebsvorsorgeuntersuchungen zieht ein auffälliger Test jedoch sehr viel gravierende Folgeuntersuchungen, wie Biopsien, also Gewebeentnahmen, nach sich. Weiterhin ist eben längst nicht jeder früh erkannte Krebs auch wirklich heilbar. Es steht also eine relativ kleine Zahl durch den Test geretteter Leben gegen eine sehr viel größere Zahl von Patientinnen, die durch eine erste Fehldiagnose erheblichem emotionalem Stress ausgesetzt werden.

Bis hierhin erscheint die Diskussion vielen noch relativ vertraut; das Thema wurde medial in den letzten Jahren auch ausgiebig behandelt. Was aber hat sie im Detail mit dem Satz von Bayes zu tun? Der entscheidende Faktor, der in der öffentlichen Diskussion oft untergeht, ist die Basisrate. Der Satz von Bayes zeigt, dass der Anteil von Fehldiagnosen bei gleicher Fehlerrate des Tests notwendigerweise umso höher liegt, je seltener die Krankheit ist. Die Abwägung zwischen einer kleinen Zahl geretteter Leben und einer großen Zahl unnötig Beunruhigter fällt also je nach Basisrate sehr unterschiedlich aus. Da die Basisrate, also die Häufigkeit von (Brust-)Krebs, in der Bevölkerung aber sehr unterschiedlich ist und vor allem vom Alter abhängt, drehen sich viele der Diskussionen denn auch um die Frage, ab welchem Alter und in welcher Häufigkeit die entsprechenden Untersuchungen sinnvoll sind; besonders kontrovers war und ist die Frage, ob regelmäßige Untersuchungen ab 40 oder ab 50 beginnen sollten. Der Punkt ist also nicht, dass Mammografien und andere Früherkennungsverfahren per se sinnlos sind, sondern dass »mehr« beziehungsweise »früher« und »häufiger« nicht automatisch auch »besser« ist.

Ein weiteres Beispiel aus der modernen Medizin sind die heute üblichen »Feindiagnostikverfahren« während der Schwangerschaft. Mit hochauflösenden Ultraschallbildern können viele gesundheitliche Probleme bereits im Mutterleib diagnostiziert werden, darunter auch das Downsyndrom (Trisomie 21). Interessanterweise ist dies eine der wenigen medizinischen Diagnoseverfahren, bei denen Ärzte ausdrücklich numerische Wahrscheinlichkeiten als Ergebnis mitteilen. Die allermeisten medizinischen Diagnosen sind eindeutig formuliert, also »Befund: X«, ohne den Zusatz »mit 97-prozentiger Sicherheit«, oder eben »Befund: negativ«, ohne »aber 1-prozentige Chance, dass die Krankheit dennoch vorliegt«.

Dies hat vor allem haftungsrechtliche Gründe, da die Geburt eines Kindes mit Downsyndrom zu Schadensersatzforderungen an Ärzte führen kann, wenn diese die Eltern nicht ausreichend über die Risiken aufgeklärt haben. Daher geben Ärzte praktisch nie die ausdrückliche Diagnose »Kein Downsyndrom«, sondern äußerst präzise Wahrscheinlichkeiten an. Wiederum ist die Basisrate, also die Grundhäufigkeit des Syndroms in der Bevölkerung, von großer Wichtigkeit, und wiederum ist sie stark altersabhängig. Liegt sie bei Müttern unter 30 um oder unter 0,1 Prozent (eine von tausend), steigt sie bei 40-jährigen Müttern auf über 1 Prozent. Nach einer unauffälligen Untersuchung sinkt die Wahrscheinlichkeit dann weiter, also zum Beispiel von 1:1000 auf 1:4000, aber eben nicht auf 0. Aber auch ein auffälliger Befund bedeutet eben keineswegs Sicherheit; oft liegt die Wahrscheinlichkeit auch dann noch unter 50 Prozent! Auf die ethischen Probleme dieser Verfahren und die langfristigen gesellschaftlichen Folgen kann hier nicht näher eingegangen werden; das Thema würde ohne Weiteres ein eigenes Buch füllen. Allerdings verstehen die meisten Menschen die Art, wie hier Risiken kommuniziert werden, nur ansatzweise und setzen intuitiv ein Risiko von 1:4000 entweder mit null gleich oder überschätzen es kolossal. Eine einfache Lösung für das Problem behaupte auch ich nicht zu kennen.

Der Satz von Bayes in der Kriminologie

Ein weiterer Bereich, in dem uns diese Probleme häufig begegnen, ist die Kriminologie. In welcher Weise beeinflussen einzelne Ermittlungsergebnisse die Wahrscheinlichkeit, dass ein Verdächtiger tatsächlich schuldig ist? Anders als es uns Sendungen wie *CSI* immer wieder zeigen, sind die meisten forensischen Verfahren eben auch keineswegs 100 Prozent zuverlässig. Selbst prinzipiell extrem sichere Verfahren wie DNA-Tests können durch menschliche Fehler korrumpiert werden. In dem berühmt gewordenen Fall des »Phantoms von Heilbronn« wurden DNA-Spuren einer unbekannten Frau an diversen Tatorten zwischen 1993 und 2008 gefunden. Spekulationen über eine vermeintliche Superverbrecherin schossen ins Kraut, und die Theorien, die all diese völlig unterschiedlichen Taten, von Laubeneinbrüchen bis zu einem dreifachen Mord, miteinander in Verbindung bringen sollten, wurden naturgemäß immer abenteuerlicher, bis sich eines Tages herausstellte, dass es sich um die DNA einer Frau handelte, die in der Produktion von Wattestäbchen arbeitete – und diese Wattestäbchen wurden bei den diversen Spurensicherungen eingesetzt. Das zuverlässige und hier auch an sich fehlerfrei arbeitende Verfahren der DNA-Analyse lieferte dennoch Ergebnisse, die in die Irre führten.

Andere Verfahren, die in Krimis oft eindeutige Ergebnisse liefern, wie Fingerabdrücke oder ballistische Untersuchungen, die abgefeuerte Kugeln einzelnen Waffen zuordnen sollen, weisen ebenfalls Fehlerraten auf. Diese mögen nicht sehr hoch sein, aber wir hatten im Beispiel des HIV-Tests gesehen, wie ein vermeintlich zu 99 Prozent zuverlässiger Test reihenweise falsche Positivergebnisse liefert. Und wieder ist die korrekte Einordnung von Beweismaterial stark abhängig von der Basisrate.

Nehmen wir an: In einem Hotelzimmer, in dem ein Mord geschehen ist, findet die Spurensicherung ein Taschentuch mit Lippenstiftresten. Es gelingt, die Farbe und Marke eindeutig zu bestimmen – angesichts von mehreren Hundert Lippenstiften, die in einer größeren Kosmetikabteilung zu finden sind, ein großer Schritt. Wenn die Polizei nun im Badezimmer einer Verdächtigen ebendiesen Lippenstift finden kann – wie sicher können wir sein, dass sie zumindest am Tatort war (angenommen, sie hat kein verifizierbares Alibi für die Tatzeit)?

Intuitiv würden die meisten Menschen dies wahrscheinlich als starkes Indiz werten. Angesichts von Hunderten Farbtönen erscheint ein zufälliges Übereinstimmen zunächst äußerst unwahrscheinlich. Entscheidend ist unser Verständnis des Begriffes »Verdächtige(r)«.

Sagen wir, die Stadt, in der der Mord geschehen ist, hat eine

Million Einwohner. Nehmen wir weiterhin an, die Zahl Lippenstift tragender Männer sei vernachlässigbar gering, und die 500 000 weiblichen Einwohner kaufen im Schnitt einen Lippenstift pro Jahr (bei offensichtlich ungleicher Verteilung). Die fragliche Farbe und Marke liegt im Mittelfeld der Popularität, und wir nehmen an, dass es circa 500 im normalen Einzelhandel erhältliche Varianten gibt. Dann würde der fragliche Lippenstift immerhin 1000-mal innerhalb des letzten Jahres verkauft worden sein und eine von 500 Frauen ihn besitzen. Wenn wir eine weibliche Person zufällig auf der Straße auswählen und den Lippenstift dann bei ihr finden, wäre die Wahrscheinlichkeit, dass sie tatsächlich am Tatort war, immer noch extrem gering, nämlich 1:1000 (0,1 Prozent)! Sprechen wir von »Verdächtigen«, implizieren wir natürlich, dass sie zu einem viel kleineren Kreis von Menschen zählt. Aber was genau heißt das? Wie viele Verdächtige kann es geben, und welche Basisrate impliziert das? Vielleicht wissen wir, dass sie am Tatabend in der Lobby des Hotels war – aber auf wie viele Frauen trifft das noch zu? In einem großen Hotel vielleicht ebenfalls 500? Dann wäre die Wahrscheinlichkeit, dass mindestens eine dieser 500 den gleichen Lippenstift besitzt, über 60 Prozent.

Was, wenn sie nicht im Hotel gesehen wurde, sondern eine von 100 weiblichen Kontakten im Telefon des Opfers war? Selbst dann ist die Wahrscheinlichkeit, dass mindestens eine weitere Angehörige des »Verdächtigenkreises« den Lippenstift ebenfalls besitzt, circa 18 Prozent. Was, wenn sie eine von fünf ist, mit denen das Opfer in den letzten 24 Stunden zuvor telefoniert hat? Immer noch knapp 1 Prozent Chance auf eine weitere Lippenstiftbesitzerin (selbst unter der unrealistischen Annahme, die wahre Gesuchte müsse mit Sicherheit unter diesen fünf sein)! Reichen uns 99 Prozent Wahrscheinlichkeit für eine Verurteilung? Die Rechtsprechung nennt keinen prozentualen Grenzwert für den Zweifel, in dem für die Angeklagte zu entscheiden ist.

Wir können an dieser Stelle praktisch unendlich viele weitere Beispiele und Szenarien ersinnen. Zum Glück gibt es in den meisten realen Kriminalfällen irgendwann recht eindeutige Beweise, insbesondere Geständnisse. Dennoch zeigt das Beispiel, wie schnell eine Person aufgrund von Zufällen als eindeutig Verdächtige erscheinen kann.

Bedenken Sie: Die meisten Menschen rechnen nicht mit ausformulierten Bayes-Gleichungen, sondern verlassen sich auf oft trügerische Bauchgefühle. In unserem Beispiel ist der Lippenstift aufgrund seiner Seltenheit ja tatsächlich ein starkes Indiz, wenn auch nicht ganz für sich alleine genommen. Andere Übereinstimmungen (»fährt einen weißen Lieferwagen«, »ist circa 1,80 Meter groß«, »trägt ein kariertes Hemd«) sind, selbst wenn alle drei auf einmal zutreffen, von noch viel geringerer Aussagekraft, können Menschen aber schnell zu Verdächtigen machen und weitere schwache Indizien in der Summe wesentlich stärker erscheinen lassen. Ziehen wir dann noch die Unzuverlässigkeit menschlicher Erinnerung und damit von Zeugenaussagen in Betracht, erkennen wir, dass viele Verurteilungen wahrscheinlich nicht ganz so wasserdicht sind, wie wir uns das wünschen würden. Auch hier gilt: Wir wissen oft weniger, und unser »Wissen« steht auf viel schwächeren Füßen, als wir denken; eine Erfahrung, die ich auch in vielen Jahren Schöffendienst gemacht habe.

Fermi-Schätzungen

Den Versuch, eine ungefähre Größenordnung der Zahl der – im obigen Beispiel – verkauften Lippenstifte zu bestimmen, nennt man eine Fermi-Schätzung. Sie geht auf Enrico Fermi (1901–1954) zurück, einen der bedeutendsten Physiker des 20. Jahrhunderts, der auch maßgeblich an der Entwicklung der Atombombe beteiligt war. Bei einer Fermi-Schätzung versucht man, eine unbekannte Größe aus mehreren unbekannten, aber abschätzbaren Einzelgrößen (meist drei bis zehn) zu berechnen. Das Interessante daran: Da es sehr wahrscheinlich ist, dass man manche der Teilgrößen über- und andere unterschätzt, heben sich die unvermeidlichen Fehler teilweise gegenseitig auf. Die Schätzung für die uns eigentlich interessierende Größe ist dann oft näher an der Wirklichkeit als jede einzelne Teilschätzung davor. Fermi-Schätzungen sind von großer Bedeutung für den Prozess des bayesianischen Rechnens, da wir die einzelnen Wahrscheinlichkeiten bei realen Problemen oft nicht präzise kennen.

Ein Beispiel (das angeblich als Testfrage in einem Vorstellungsgespräch bei Google benutzt wurde) lautet: Wie viele Katzen haben gerade Sex in Seattle?

Sie können gerne die einzelnen Größen zunächst einmal selbst abschätzen, aber da es bei Fermi-Schätzungen kein strenges »richtig« oder »falsch« gibt, ist das auch nicht nötig. Meine Rechnung sähe in etwa so aus:

- Ich weiß nicht genau, wie viele Einwohner Seattle hat, bin mir aber recht sicher, dass es unter einer Million sind. Ich setze eine Million an, behalte aber im Hinterkopf, dass das eher eine Obergrenze ist. Ich muss also später bei einer anderen Größe eher ab- als aufrunden.
- Wie viele Katzen kommen auf einen Einwohner? Ich schätze eine Hauskatze auf zehn Menschen, damit gibt es 100 000 Hauskatzen plus vielleicht 50 000 Streuner.
- Die allermeisten Hauskatzen dürften kastriert sein, die allermeisten Streuner nicht. Dafür sind längst nicht alle Streuner geschlechtsreif. Ich schätze also 50 000 unkastrierte und geschlechtsreife Katzen in der ganzen Stadt, also 25 000 weibliche.

- Eine Katze kann mehr als einmal im Jahr rollig sein und sich auch während einer Rolligkeit mit mehr als einem Kater paaren, wahrscheinlich ist aber ein Durchschnitt von einer Paarung pro Katze und Jahr realistisch. Es finden also im Jahr circa 25 000 Katzenpaarungen statt.
- Bei gleichmäßiger Verteilung im Jahr (nicht ganz realistisch) ergäbe dies circa 70 Paarungen am Tag und drei pro Stunde.
- Da der Akt selbst bei Katzen sprichwörtlich kurz ist, dürfte tatsächlich nur zu seltenen Gelegenheiten mehr als ein Paarungsakt zwischen zwei Katzen gleichzeitig in Seattle stattfinden.
- Oft genug liegt die Zahl wahrscheinlich tatsächlich bei null.

Dieses Beispiel ist vielleicht etwas albern, aber die Vorgehensweise kann man hier gut und anschaulich beschreiben (hoffen wir, dass es niemanden den Job bei Google gekostet hat). Ein Nachteil ist, dass wir es nur schwer überprüfen können. Anders sieht es bei dieser oft zitierten Schätzung aus:

Wie viele Klavierstimmer gibt es im Großraum Chicago?

Schätzen Sie jeweils die folgenden Teilgrößen:

- Einwohnerzahl des Großraums Chicago und durchschnittliche Haushaltsgröße, daraus folgend: Zahl der Haushalte
- Prozentsatz der Haushalte, in denen ein Klavier ist, und Häufigkeit, mit der ein Klavier gestimmt wird, daraus folgend: Gesamtzahl von Klavierstimmungen im Jahr
- Dauer einer Klavierstimmung, daraus folgend: Zahl der Stimmungen, die ein Stimmer im Jahr durchführen kann

(Auflösung S. 248)

Aber auch wenn Sie sich an die Schätzfragen aus Kapitel 5 erinnern, erkennt man sofort Beispiele, die sich für eine Fermi-Schätzung eignen.

Wie sieht es zum Beispiel mit dieser Frage aus: Wie hoch ist der finnische Verteidigungshaushalt? Vielen Menschen würde hierzu wahrscheinlich spontan überhaupt keine Zahl einfallen. Über eine Fermi-Schätzung hingegen gelingt eine vernünftige Näherung. Wir wissen aus der aktuellen Diskussion über NATO-Verteidigungsausgaben, dass die meisten Staaten, darunter auch Deutschland, aktuell keine 2 Prozent ihres Bruttoinlandsprodukts hierfür aufwenden. Finnland ist kein NATO-Mitglied, in diesem Verhalten aber anderen europäischen Staaten wahrscheinlich nicht unähnlich. Nehmen wir 1,5 Prozent an. Wie hoch ist das Bruttoinlandsprodukt Finnlands? Finnland ist ein wohlhabendes europäisches Land, also ist das Pro-Kopf-BIP dem deutschen wahrscheinlich nicht allzu unähnlich.

Können wir das deutsche Niveau schätzen, wenn wir es nicht kennen? Das BIP ist mit dem Durchschnittseinkommen zwar nicht identisch, liegt aber in der Regel in einer ähnlichen Größenordnung. Das deutsche Durchschnittseinkommen liegt bei etwa 3000 Euro brutto im Monat, also 36 000 Euro im Jahr. Nehmen wir diese Größe auch für das finnische BIP pro Kopf an. Wie viele Einwohner hat Finnland? Wir wissen wahrscheinlich, dass es zu den kleineren europäischen Ländern zählt, also eindeutig unter 10 Millionen. Setzen wir 5 Millionen an. Dann ergäbe sich ein BIP von circa 180 Milliarden Euro im Jahr und ein Verteidigungshaushalt von 2,7 Milliarden Euro.

Die Abweichung beträgt nur circa 10 Prozent vom realen Wert, dabei ist jede einzelne Schätzung um mindestens 10 Prozent falsch. Die Einwohnerzahl liegt bei über 5,5 Millionen (circa 10 Prozent höher,) das Bruttoinlandsprodukt pro Kopf bei circa 42 000 Euro (16 Prozent höher) und der Anteil der Verteidigungsausgaben am Bruttoinlandsprodukt eher bei etwas über 1 Prozent (circa 30 Prozent niedriger). Der gegenseitige Ausgleich lässt das Endergebnis jedoch näher an der Wahrheit sein als die einzelne Schätzung.

Auch hier könnte man wieder einwenden, dies sei letztlich Spielerei. Die wahre Zahl kann man heutzutage in Sekunden per Google-Suche finden. Das gilt heute für sehr viele Fakten, die früher deutlich aufwendiger zu recherchieren waren; ich glaube aber dennoch, dass diese Art der überschlagsartigen Abschätzung nach wie vor unwahrscheinlich hilfreich ist. Erstens gibt es eben auch heute noch jede Menge Dinge, die ich nicht über Google finden kann. Und zweitens funktioniert ein solches Grundgefühl für Größen als, salopp gesagt, Bullshitdetektor: Viele Zahlen, die im politischen Diskurs in den Raum geworfen werden, sind schlichtweg nicht korrekt oder zumindest das Produkt äußerst selektiver Interpretationen. Wie zentral die kritische Lektüre von Medien für den Forecastingprozess ist, ist das Thema von Kapitel 9.

Die Wahrscheinlichkeit einer Nuklearreaktorkatastrophe

Der Begriff »Bayesianismus« wird manchmal als Synonym für »Aktualisierung beziehungsweise Anpassung von Einschätzungen« verwendet. Das ist nicht immer ganz korrekt, da wir in vielen praktischen Beispielen streng genommen nicht den Satz von Bayes anwenden. Versuchen wir uns an einem Beispiel, in dem wir also Größenordnungen von Wahrscheinlichkeiten abzuschätzen versuchen und diese dann anpassen ohne den Satz von Bayes. Wie wahrscheinlich ist eine Nuklearreaktorkatastrophe mit voller Kernschmelze in den USA innerhalb der nächsten zehn Jahre? Stellen wir uns weiterhin vor, wir sollten diese Frage einmal am Anfang des Jahres 2011 beantworten, also vor der Katastrophe von Fukushima, und einmal am Ende des Jahres, also danach.

In 2011 blickte die Welt zurück auf gut 50 Jahre Erfahrung mit ziviler Nutzung von Kernenergie. Die weltweite Zahl von Atomreaktoren lag bei knapp 450, davon circa 100 in den USA und weitere 200 in Westeuropa, Japan und Südkorea, also hoch entwickelten Industrieländern, und circa 150 im ehemaligen Ostblock, China und Indien sowie eine Handvoll in anderen Ländern wie Pakistan und Brasilien. Die allermeisten dieser Reaktoren waren spätestens Ende der 1980er in Betrieb gegangen. Die gesamte Zahl von vergangenen »Reaktorbetriebsjahren« ist also nicht ganz $50 \cdot 450 = 22\,500$, sondern schätzungsweise eher 15 000 (wir könnten eine genauere Zahl mit vertretbarem Aufwand recherchieren, aber wir wollen ja Fermi-Schätzungen üben).

In dieser Zeit hat weltweit genau eine volle Kernschmelze stattgefunden (Tschernobyl 1986), in hoch entwickelten Industrieländern aber keine einzige (die Katastrophe im Three-Mile-Island-Kraftwerk 1979 war keine volle Kernschmelze). Die vor Tschernobyl von vielen Experten geäußerte Meinung, Kernschmelzen seien völlig ausgeschlossen, ist in 2010 bereits nicht mehr haltbar, aber wie häufig sind sie? Eine erste naive Annahme würde vielleicht »eine Kernschmelze pro 15 000 Reaktorbetriebsjahre« (Erwartungswert gleich beobachteter Wert) lauten, was auf eine Katastrophe circa einmal alle 35 Jahre irgendwo auf der Welt hinausliefe. Diese Rechnung ignoriert vorerst Fragen nach unterschiedlichen Reaktortypen, unterschiedlichen Sicherheitsstandards in unterschiedlichen Ländern oder zu unterschiedlichen Zeitpunkten.

Aber die Welt könnte in den 50 Jahren zwischen 1960 und 2010 auch einfach extrem viel Glück oder Pech gehabt haben und die normale Basisrate eigentlich deutlich höher oder tiefer liegen. Für die Poisson-Gleichung existieren Methoden zur Abschätzung der Basisrate in Abhängigkeit von der Zahl beobachteter Ereignisse. Für genau ein beobachtetes Ereignis liegt das übliche 95-Prozent-Konfidenzintervall für die Basisrate dann zwischen 0,0253 und 5,57, bezogen auf unsere 15 000 Reaktorbetriebsjahre. Die Untergrenze würde eine Kernschmelze in circa 600 000 Reaktorjahren bedeuten, die Obergrenze eine in circa 2700. Für die Wahrscheinlichkeit mindestens einer Kernschmelze in den USA innerhalb von zehn Jahren (1000 Reaktorjahre) ergibt dies Werte zwischen 0,16 Prozent und immerhin circa 30 Prozent. Aber die tatsächliche Ungewissheit ist noch größer. Die angegebenen Werte entsprechen einem Konfidenzintervall von 95 Prozent; das aber bedeutet logischerweise, dass mit 5-prozentiger Wahrscheinlichkeit die Werte noch außerhalb dieses Intervalls liegen.

Nach oben ist die Grenze dabei interessanterweise schärfer – eine viel höhere Grundfrequenz, zum Beispiel zehn zu erwartende Kernschmelzen im gleichen Zeitraum, ist extrem unwahrscheinlich. Hingegen ist eine deutlich kleinere Grundfrequenz nicht ohne Weiteres auszuschließen. Setzen wir ein 99-Prozent-Konfidenzintervall an, sinkt die Untergrenze auf 0,005, entsprechend einer Katastrophe in drei Millionen Reaktorbetriebsjahren, die Obergrenze steigt hingegen nur auf circa 7,4 (eine Katastrophe in circa 2000 Reaktorbetriebsjahren). Das entspricht in gewisser Weise der intuitiven Erfahrung, dass auch ein extrem seltenes Ereignis eben einmal eintreten kann. Theoretisch könnte die Welt also einfach Pech gehabt haben und tatsächlich Kernschmelzen viel seltener sein, durchaus seltener als einmal pro drei Millionen Reaktorbetriebsjahre; es wäre dann eben einmal etwas in 50 Jahren geschehen, das normalerweise nur alle paar Tausend oder gar Zehntausend Jahre vorkommt.

Bis hierhin haben wir so getan, als ob alle Reaktoren zu jeder Zeit seit 1960 im Wesentlichen das gleiche Risiko pro Jahr aufweisen – diese Annahme ist wahrscheinlich nicht korrekt, aber es ist auch nicht offensichtlich, in welche Richtung wir die Wahrscheinlichkeit anpassen müssen. Wurde das Risiko mit der Zeit eher größer oder eher kleiner? Überwiegt der technische Fortschritt, das Lernen aus vergangenen Fehlern, das heißt, die Wahrscheinlichkeit sinkt mit der Zeit? Oder führen Materialermüdung in jahrzehntealten Reaktoren und Schlendrian infolge langjähriger Routine eher zu einer Erhöhung des Risikos? Was ist mit der Gefahr von Terrorismus? Ist sie heute höher als 1980? Als 2000?

Diese Fragen würden die Rechnung weiter verkomplizieren und die Spannbreite vertretbarer Schätzungen noch vergrößern. Ich führe sie an dieser Stelle nicht weiter aus, empfehle aber, einen Moment über die möglichen Implikationen nachzudenken – dass wir nämlich über die den beobachtbaren Prozessen zugrunde liegenden Wahrscheinlichkeiten viel weniger wissen, als wir meist realisieren.

Aber was ist mit der geografischen Verteilung? Die eine Katastrophe im Zeitraum hat sich in der Sowjetunion ereignet. Sind die Reaktoren »westlicher« Bauart und nach »westlichen« Sicherheitsstandards arbeitend vielleicht grundsätzlich sicherer? Vieles spricht dafür, aber wie viel sicherer? Gehören sie gar in eine grundsätzlich andere Kategorie, die wir gar nicht mit den sowjetischen in einen Topf werfen sollten? Wenn sie eine eigene Kategorie darstellen sollen, hätten wir in dieser null Kernschmelzen in circa 10 000 Reaktorbetriebsjahren, was eine noch größere Spannbreite möglicher Wahrscheinlichkeiten bedeutet. Die Basisrate könnte dann theoretisch sogar null sein, das heißt, Kernschmelzen wären in solchen Kernkraftwerken ausgeschlossen. Intuitiv ist das wenig überzeugend, aus der bestehenden Datenlage Anfang 2011 aber nicht zu widerlegen.

All diese Überlegungen ändern sich nun mit der zweiten Katastrophe grundlegend. Interessanterweise ist es die Untergrenze der Basisrate, die sich durch ein zweites beobachtetes Ereignis viel radikaler verschiebt. Für ein 95-Prozent-Konfidenzintervall schießt sie von 0,025 auf 0,24, nahezu eine Verzehnfachung, während die Obergrenze gerade mal von 5,57 auf 7,22 steigt!

Übersetzt hieße das eine mögliche Basisrate von einer Katastrophe in circa 2100 Jahren bis hin zu einer in circa 60 000 Jahren, entsprechend einer Wahrscheinlichkeit von zwischen 1,6 Prozent und fast 50 Prozent für mindestens eine Katastrophe in den nächsten zehn Jahren in den USA. Die Bandbreite plausibler Basisraten schrumpft also, das obere Limit ist nur noch 30-mal so groß wie das untere statt über 200-mal. Für ein 99-Prozent-Konfidenzintervall fällt der Unterschied noch größer aus. Die Untergrenze liegt dann nach dem zweiten Ereignis im Zeitraum 20-mal so hoch wie zuvor (0,1 statt 0,005), die Obergrenze bei circa 9,27 (statt 7,43), das heißt, das obere Limit ist »nur« noch 92-mal so groß wie das untere statt 1480-mal. Wenn wir dann auch noch berücksichtigen, dass die Katastrophe von Fukushima eben nicht in der dysfunktionalen Spätphase der Sowjetunion passierte, sondern in einem hoch entwickelten Industrieland mit höheren Sicherheitsstandards, verschwindet nun also auch die Möglichkeit, die Kernkraftwerke des »Westens« (zu dem in dieser Sichtweise Japan zählt) plausibel in einer grundsätzlich anderen Kategorie zu führen. Tatsächlich ist auf der Basis der nun vorliegenden Informationen nicht einmal klar, dass sie überhaupt sicherer sind, geschweige denn grundsätzlich gefeit gegen Katastrophen. Dass ein unvorhergesehenes Extremereignis, ein Erdbeben zuvor in dieser Region nicht für möglich gehaltener Stärke, die Katastrophe verursacht hat, ist dabei kein Trost – wenn überhaupt demonstriert es die grundsätzlichen Grenzen der Sicherheitsplanung. Unabhängig davon, wie man zur Atomkraft insgesamt steht, kann man also sagen, dass die Reaktion der deutschen Öffentlichkeit und in Folge auch der deutschen Regierung, die Risiken von Atomkraft nach der zweiten Katastrophe in der Geschichte grundsätzlich anders zu beurteilen, durchaus Sinn macht.

Es zeigt sich also: Die Weisheit von James Bond »Ein Mal ist Zufall, zweimal ist Fügung, und beim dritten Mal ist es Feindeinwirkung« hat eine gewisse statistische Grundlage. Einmal kann auch ein extrem unwahrscheinliches Ereignis eintreten, aber mit jedem weiteren Mal wird eine höhere Basisrate sehr viel wahrscheinlicher. Es muss natürlich für uns keinesfalls ein echter Feind sein, auf den die Ereignisse zurückgehen. Abgewandelt würde ich daher sagen »Ein Unfall stellt Ihr Sicherheitskonzept noch nicht infrage, aber jeder weitere tut es« (klingt zugegebenermaßen nicht ganz so knackig).

Analog gilt Ähnliches auch an den Finanzmärkten. Viele Risikomodelle sahen extreme Marktbewegungen oberhalb einer bestimmten Größenordnung innerhalb eines Tages als so selten an, dass man sie nur einmal in vielen Tausend Jahren erwarten sollte. Nachdem solche Bewegungen einmal beim Börsencrash von 1987 aufgetreten waren, waren die entsprechenden Modelle noch nicht eindeutig widerlegt; ein zweites Mal im Jahr 2008 hingegen zeigte eindeutig, dass sie in dieser Form nicht mehr haltbar waren. Mehr Ereignisse bedeuten also immer mehr Information.

Die Kehrseite dieses Prinzips: Wir wissen eigentlich nichts über Ereignisse, die noch nie geschehen sind, und unsere Überlegungen dazu, wie häufig sie sind, stehen auf tönernen Füßen.

Die Möglichkeiten eines Nuklearwaffenkrieges

Betrachten wir Nuklearwaffen und die Frage, ob ein Krieg, in dem diese zum Einsatz kommen, möglich ist. Nuklearwaffen sind zwar bereits einmal in der Geschichte eingesetzt worden, und zwar 1945 von den USA über Japan. (Auch wenn dabei kurz hintereinander zwei Bomben auf zwei Städte abgeworfen wurden, würde ich dies als einen Einsatz, als eine Entscheidung zur

Anwendung von Atombomben werten.) Aber seitdem hat sich die Situation grundlegend geändert; 1945 waren die USA der einzige Staat der Welt, der über Atomwaffen verfügte. Seit 1949 war dies jedoch nicht mehr der Fall, weshalb aus meiner Sicht eine grundsätzlich andere Situation vorliegt. Die Welt blickt also seitdem auf knapp 70 Jahre ohne Atomkrieg zurück. Was können wir daraus schließen?

Viele Strategen argumentieren seit vielen Jahrzehnten, die »gesicherte gegenseitige Zerstörung« *(mutually assured destruction),* also die Gewissheit, dass keine der zwei Seiten einen Atomkrieg überleben könnte, mache einen solchen extrem unwahrscheinlich. Das erscheint grundsätzlich plausibel, und ein Blick auf das Verhalten der Nuklearmächte in den letzten 70 Jahren zeigt auch generell, dass diese die Risiken sehr ernst nehmen und nicht leichtfertig Atomwaffen einsetzen. Wir sehen auch intensive Anstrengungen, die Risiken zu begrenzen, so zum Beispiel durch Verträge zur Begrenzung der Gesamtzahl von Sprengköpfen oder durch Einrichtung eines »roten Telefons«, mit dem die Führung der USA und der Sowjetunion kommunizieren können, um Missverständnisse zu vermeiden. Weiterhin sehen die meisten Beobachter die Situation zwischen den großen Nuklearmächten heute als sehr viel entspannter als zu Zeiten des Kalten Krieges, sodass die Wahrscheinlichkeit pro Jahr heute noch viel geringer sein müsste als damals. Und schließlich argumentieren viele Militärtheoretiker, dass Atomwaffen eben aufgrund ihrer enormen Abschreckungswirkung direkte Konfrontationen zwischen Großmächten in den letzten 70 Jahren eher verhindert haben und wir genau deshalb in diesem Zeitraum eher weniger Kriege gesehen haben.

All das klingt nicht unplausibel, ist aber keineswegs die einzige mögliche Betrachtungsweise. Wir wissen inzwischen aus seitdem freigegebenen Archiven, wie kurz USA und Sowjetunion mehrmals vor dem Einsatz von Atomwaffen standen, unter anderem 1961 während der Kubakrise, aber auch 1983 aufgrund eines Fehlalarms in der sowjetischen Luftraumüberwachung. Dass die Wahrscheinlichkeit für einen Einsatz heute geringer sein soll, ist auch nicht zwingend. Immerhin hat sich die Zahl der Atommächte stetig erhöht und liegt heute bei neun (USA, Russland, China, Frankreich, Großbritannien, Israel, Indien, Pakistan und Nordkorea). Da wir die internen Abläufe gerade in den neueren, kleineren Atommächten, den Prozess der Entscheidungsfindung, die Befehlsketten im Ernstfall, schlicht nicht kennen, sollten wir uns davor hüten, uns hier zu sicher zu sein.

Mit anderen Worten: Auch hier liegt es nahe, die genauen Details der Kausalketten einfach zu ignorieren und das Ganze erst einmal als einen Poisson-Prozess zu betrachten, in dem eben seit knapp 70 Jahren, dem gesamten Beobachtungszeitraum, kein Ereignis eingetreten ist. Das aber lässt uns nicht viel schlauer zurück; die mögliche langfristige Häufigkeit können wir nur wenig eingrenzen. Eine Obergrenze lässt sich noch halbwegs sinnvoll festlegen – eine Basisrate von einem Atomkrieg alle zehn Jahre ist extrem unwahrscheinlich. Aber selbst eine Rate von einem Krieg in 20 Jahren läge im Prinzip innerhalb des 95-Prozent-Konfidenzintervalls (Obergrenze 3,68 Ereignisse pro Zeitraum entspricht circa einem Atomkrieg in 19 Jahren!). Die Untergrenze liegt vollkommen im Dunkeln; aus den vorliegenden Informationen können wir nicht einmal absehen, ob ein Krieg überhaupt möglich ist (langfristige Rate von null liegt im Intervall). Dass Atomkriege kategorisch unmöglich sein sollen, können wir wohl ausschließen, aber mehr wissen wir über die Häufigkeit schlichtweg nicht. Ein Atomkrieg alle 50 Jahre, alle 100 Jahre, alle 500 Jahre … Alle diese Szenarien sind auf der Basis der Informationen, die wir haben, grundsätzlich plausibel. Die Welt könnte über die letzten 70 Jahre unglaubliches Glück gehabt oder eine langfristig normale Periode erlebt haben.

Wir können die Gedanken hierzu weiterspinnen. Bislang haben wir einfach nur unterschiedslos von Atomkrieg gesprochen ohne Unterscheidung der Größenordnung. Aber wie hoch sind die Risiken für einen kleineren Atomkrieg, etwa zwischen Indien und Pakistan, der zwar Millionen Tote fordern, aber wahrscheinlich nicht die Menschheit auslöschen würde? Wie hoch ist das Risiko, dass ein solch kleinerer Konflikt, zum Beispiel zwischen den USA und Nordkorea, zu einem größeren zwischen den USA und China eskaliert? Können wir irgendeine seriöse Abschätzung dieser Risiken vornehmen, oder ist es letztlich alles Stochern im Nebel? Und was ist, wenn wir nun die Annahme akzeptieren, dass Atomwaffen Kriege zwischen Großmächten deutlich seltener machen? Tauscht die Menschheit also einen verheerenden konventionellen Großmachtskrieg (wie den 2. Weltkrieg) alle 50 bis 100 Jahre gegen einen noch viel tödlicheren nuklearen alle 100 (200? 500? 1000?) Jahre? Ist das die Sache wert?

Ich lasse Sie an dieser Stelle mit den Implikationen dieser Fragen allein. Ich gestehe gerne ein, dass ich mir über die notwendigen Schlüsse aus diesen keineswegs sicher bin und den Gedanken daran nur zu gerne verdränge. Ich habe das Beispiel hier dennoch angeführt, weil wir im Forecastingprozess immer wieder vor der Herausforderung stehen, die Häufigkeit von Ereignissen abzuschätzen, die bislang noch nie eingetreten sind.

Common sense Bayesianism und die Kandidatur Donald Trumps

Nachdem wir den Satz von Bayes nun zunächst theoretisch und in einigen praktischen Anwendungsbeispielen kennengelernt haben, stellt sich natürlich die Frage: Was bedeutet all das praktisch im Prozess der Vorhersage, wenn ich keine festgelegten Wahrscheinlichkeiten kenne?

Um den Satz korrekt anzuwenden, müsste ich bedingte Wahrscheinlichkeiten für die Teilereignisse festlegen, was notwendigerweise meist relativ willkürlich wäre. Superforecaster sind gut darin, Bayes formal anzuwenden, wo dies möglich ist, wie in den vorigen Beispielen. Meistens wenden sie aber eher eine weniger formale Variante an, eine Art *common sense Bayesianism,* die viel mit Intuition zu tun hat. Entscheidend ist, dass man überhaupt bereit ist, im Lichte neuer Erkenntnisse die eigene Meinung zu revidieren, dabei aber die alte Einschätzung nicht einfach vollständig über den Haufen zu werfen, da sie vermutlich immer noch hilfreiche Informationen enthält.

Bedenken Sie auch: Wenn ich einem Ereignis 0 oder 100 Prozent Wahrscheinlichkeit zuschreibe, kann ich diese Einschätzung nach dem Satz von Bayes nicht mehr verändern, egal welche neuen Beobachtungen vorliegen. Superforecaster tun dies entsprechend selten.

Ein Beispiel für diese Dynamik: Als Donald Trump im Juni 2015 seine Kandidatur erklärte, sah ihn praktisch niemand, mich eingeschlossen, als Favoriten. Als er in dieser Frühphase des innerparteilichen Wahlkampfs für die Kandidatur Umfragen anführte, konnte man noch auf diverse Außenseiterkandidaten vergangener Jahre verweisen, die dies auch jeweils ein paar Wochen lang taten, dann aber wieder in der Versenkung verschwanden (zum Beispiel Herman Cain im Jahr 2012). Nur: Trump blieb länger als zwei Wochen an der Spitze; er schien sich also von diesen Kandidaten zu unterscheiden. Ich habe bei der Auswertung von Aufzeichnungen festgestellt, dass ich im August und September 2015 Trump ernsthafte Chancen auf die Kandidatur eingeräumt habe und ihn im Dezember, also noch vor den ersten Vorwahlen, als Mitfavoriten ungefähr gleichauf mit Ted Cruz gesehen habe.

Andere Experten stuften ihn noch im Dezember als krassen Außenseiter ein.

Als er bei der ersten Vorwahl in Iowa auf dem zweiten Platz landete, habe ich meine Einschätzung seiner Chancen noch einmal nach oben korrigiert, auch wenn andere Beobachter dies als Niederlage werteten. Warum? Weil dies die erste echte Abstimmung war und sich zeigte, dass Trumps Ergebnis sehr nah an den Umfragewerten lag. Bis dato konnte man nicht ausschließen, dass er ein Kandidat sei, dessen Umfragewerte grundsätzlich besser sind als die eigentlichen Ergebnisse. Diese Theorie war mit der ersten Abstimmung jedoch weitgehend obsolet. Damit war Trump klarer Favorit auf die Kandidatur.

Bis hierhin kann man den Gedankengang vermutlich gut auch ohne Bayes nachvollziehen. Warum es aber doch hilfreich sein kann, eine bayesianische Rechnung zumindest überschlagsweise auszuführen, zeigt folgendes Beispiel: Nate Silver (der auch den besten Burrito Amerikas gekürt hatte, welchen ich bis heute nicht gekostet habe) veröffentlichte im Spätsommer 2015 einen inzwischen legendären Artikel über Trumps Aussichten. Er benannte darin sechs Hürden, die Trump zu überwinden habe und die ihn jeweils die Kandidatur kosten könnten, darunter allgemein nachlassendes Interesse der Medien an seiner Kandidatur, eine schlechte Performance in den ersten Abstimmungen, ein Ausscheiden anderer Kandidaten, deren Anhänger sich dann mehrheitlich für einen anderen Konkurrenten entscheiden könnten etc.

Silver schätzte Trumps Chancen zum erfolgreichen Überwinden jeder einzelnen Hürde auf etwa 50 Prozent; da er insgesamt sechs Hürden ausgemacht hatte, würde die Wahrscheinlichkeit für Trumps Nominierung insgesamt nur circa $(1/2)^6 = 1/64 = 1{,}56$ Prozent betragen, was er großzügig auf 2 Prozent aufrundete. Wo lag Silvers Fehler?

Das Grundproblem bestand darin, dass Silver die sechs Hürden als unabhängige Ereignisse auffasste. Wären sie das, wäre die Rechnung im Prinzip korrekt gewesen (über die genauen Wahrscheinlichkeiten könnte man natürlich immer noch streiten). Wären sie hingegen perfekt korreliert, wäre die Wahrscheinlichkeit für eine Nominierung Trumps exakt 50 statt 2 Prozent!

Die Wahrheit liegt wahrscheinlich irgendwo zwischen diesen beiden Extremen. Dass Silver selbst genau diesen Denkfehler in vielen anderen Bereichen eindrucksvoll anderen nachgewiesen hat, unter anderem in seiner hervorragenden Analyse der Ursachen der amerikanischen Hypothekenkrise, ist nicht ohne Ironie. Zu seiner Ehrenrettung sei aber zu sagen, dass er wie kaum ein Anderer diese Fehler öffentlich eingeräumt und diskutiert hat, was die öffentliche Diskussion der Probleme erheblich weitergebracht hat.

Können wir eine Mitte zwischen diesen Extremen finden? Betrachten wir noch einmal die Situation nach den ersten Wahlen in Iowa und New Hampshire im Februar 2016. Nach Silvers ursprünglichem Modell hatte Trump nun drei von sechs Hürden genommen. Bei vollständiger Unabhängigkeit der einzelnen Ereignisse wären seine Siegchancen selbst dann nur $(^1/_2)^3 = {}^1/_8 = 12{,}5$ Prozent, da noch drei Hürden zu nehmen waren. Bei vollständiger Abhängigkeit der Einzelereignisse wäre sein Sieg hingegen bereits nach dem erfolgreichen Nehmen der ersten Hürde im Herbst sicher gewesen. Beide Betrachtungsweisen sind letztlich wenig plausibel.

Mit Bayes könnten wir hingegen einen Mittelweg zwischen beiden Extremen einschlagen und eine schrittweise Anpassung unserer Einschätzung im Lichte neuer Entwicklungen vornehmen. Wir stellen die Hypothese auf (A) »Trump ist letztlich kein ernst zu nehmender Kandidat; seine echte Basis ist sehr klein, und viele Menschen, die angeben, ihn zu unterstützen, tun dies überwiegend aus Protest und werden am Ende nicht für ihn stimmen«. Ist diese korrekt, ist seine Chance zum Nehmen jeder einzelnen Hürde deutlich kleiner, zum Beispiel 20 Prozent – ist sie hingegen nicht korrekt, sind seine Chancen deutlich höher (zum Beispiel 80 Prozent). Selbst wenn wir uns anfangs dieser Hypothese sehr sicher sind (90 Prozent), müssen wir unsere Einschätzung schnell revidieren:

Nach einer Hürde ist
$P(A|B) = 0{,}9 \cdot {}^{0,2}/_{0,26} = {}^{18}/_{26} = 0{,}69 = 69$ Prozent,

nach zwei Hürden
$P(A|B) = 0{,}69 \cdot {}^{0,2}/_{0,385} = 0{,}36 = 36$ Prozent

und nach drei Hürden schließlich
$P(A|B) = 0{,}36 \cdot {}^{0,2}/_{0,584} = 0{,}123 = 12{,}3$ Prozent.

Wir müssten also nach drei genommenen Hürden davon ausgehen, dass unsere Hypothese wahrscheinlich falsch ist. Wenn aber Trump mit 87,7-prozentiger Wahrscheinlichkeit das Ausmaß an Unterstützung hat, das ihm eine jeweils 80-prozentige Chance zum Nehmen jeder weiteren Hürde gibt, wird sein Sieg nun sehr gut möglich:

$0{,}877 \cdot 0{,}8^3 + 0{,}123 \cdot 0{,}2^3 = 0{,}446 = 44{,}6$ Prozent.

Das entspricht in etwa der Größenordnung meiner Schätzung zum damaligen Zeitpunkt, auch wenn ich diese Rechnung damals nicht exakt so ausgeführt habe. Über die einzelnen Schätzungen der Wahrscheinlichkeiten kann man auch hier wieder lebhaft diskutieren, aber die Größenordungen erscheinen mir doch realistisch. Entscheidend ist, dass man grundsätzlich immer zur Anpassung im Angesicht neuer Entwicklungen bereit ist.

9
Filterblasen, Fake News und wie wir am besten damit umgehen

Die Wahl (und der Wahlkampf) von Donald Trump hat noch ein weiteres Thema ins Zentrum der öffentlichen Diskussion gerückt: das Problem der sogenannten Fake News und, eng damit verknüpft, der sogenannten Filterblasen. Diese gelten, nicht zu Unrecht, als langfristige Bedrohung von Demokratie und Gemeinwesen – daher richtet sich dieses Kapitel auch keineswegs nur an Menschen, die Vorhersage betreiben, sondern an alle Bürger. Ich behaupte nämlich, dass Lektionen aus der Vorhersage Ansätze bieten können, diese Probleme in den Griff zu bekommen.

Filterblasen

Was genau ist unter einer Filterblase zu verstehen? Das Internet ermöglicht es uns heute im Prinzip, mehr und vielfältigere Informationen als jemals zuvor zu beziehen. GJP wäre ohne das Internet eigentlich undenkbar, da es zuvor für Laien ohne institutionelle Unterstützung praktisch unmöglich war, zu allen behandelten Themen schnell (und überwiegend kostenlos!) Recherche zu betreiben. Während manche Fragen, etwa zur Entwicklung der Eurokrise, auch in großen Mainstream-Medien ausführlich behandelt werden, ist man bei Fragen nach der Parlamentswahl in Äquatorialguinea eindeutig auf eigene Recherche angewiesen. Doch im Zeitalter der Google-News-Suche ist auch dies einfach zu bewerkstelligen: Man findet auch zu den abseitigsten Themen schnell mindestens zwei bis drei Quellen in englischer Sprache und kann sich zumindest einen Grundüberblick über die Situation verschaffen.

Der Bestand des »googelbaren« Wissens geht dabei weit über das hinaus, was man früher in normalen Nachrichtenmedien finden konnte; auch umfangreiche wissenschaftliche Literatur und, ganz wichtig, aktuelle Originaldatensätze von großen Regierungs- und Nichtregierungsorganisationen (Weltgesundheitsorganisation, UN-Flüchtlingshilfswerk etc.) sind oft ohne Probleme zugänglich für alle Menschen. Für diejenigen, die dazu bereit und imstande sind, eröffnen sich ungeahnte Möglichkeiten, Informationen nicht nur zu beziehen, sondern auch zu überprüfen.

Vieles dessen, was wir heute wie selbstverständlich an unseren heimischen PCs abrufen, war noch vor 20 Jahren exklusive Domäne von Nachrichtendiensten. Nick Hare, der uns kurz schon in Kapitel 4 begegnet ist, ein Superforecaster aus England, der lange im britischen Verteidigungsministerium im Bereich Aufklärung gearbeitet hat, hielt auf einer unserer Superforecasterkonferenzen in London in 2015 einen großartigen Vortrag darüber, wie dies auch die Arbeit dieser Dienste verändert hat.

Der Inhalt eines heutigen Wikipedia-Artikels über den größten nordkoreanischen Atomreaktor wäre damals als Produkt langjähriger Spionagetätigkeit nicht nur streng geheim gehalten, sondern auch eifersüchtig vor anderen, selbst verbündeten, Diensten verborgen worden. Natürlich sammeln die Dienste auch heute noch Informationen, die über Wikipedia hinausgehen, aber der Anteil des frei verfügbaren Wissens an ihren Quellen hat deutlich zugenommen. Auch halbwegs aktuelle Satellitenbilder in bemerkenswerter Qualität und Flugradarinformationen in Echtzeit kann heute praktisch jeder online einsehen.

Für die Arbeit an GJP haben sich diese Möglichkeiten als absolut unverzichtbar erwiesen. Aus unserer Perspektive könnte man annehmen, wir lebten in einem goldenen Zeitalter der einfach zugänglichen vielfältigen Informationen. Und dennoch scheint die Stimmung in weiten Teilen der Gesellschaft eine ganz andere zu sein.

Das erste Problem ist schlicht die Kehrseite der reichen Vielfalt: Ein Überangebot stellt sich ein. Viele Menschen fühlen sich von der Menge der auf sie einprasselnden Informationen schlicht überfordert und ermüdet.

Noch bemerkenswerter als die schiere Menge an verfügbarer Information ist jedoch, dass man ohne großen Aufwand zu den allermeisten Themen auch Quellen ideologisch unterschiedlicher Ausrichtung beziehen und die Perspektiven vergleichen kann. Paradoxerweise scheinen viele Menschen aber eher das Gegenteil zu tun; sie beziehen ideologisch eher einseitigere Nachrichten, die besonders geeignet sind, bereits bestehende Ansichten zu bestärken, statt infrage zu stellen. Dies geschieht nur zum Teil bewusst. Eine große Rolle spielen soziale Medien, in denen wir überwiegend mit Menschen vernetzt sind, die im Wesentlichen ähnliche Ansichten wie wir selbst hegen. Dazu kommen die Algorithmen, die Firmen wie Facebook benutzen, um zu entscheiden, was überhaupt in unseren Newsfeed gelangt. Da Facebook die Zeit, die wir auf der Seite verbringen, maximieren will, erhöht sich langfristig der Anteil der Art von Artikeln, die wir bevorzugt auch anklicken.

Wenn nun ein wachsender Teil unserer täglich konsumierten Nachrichten über diese sozialen Medien zu uns gelangt, entsteht schnell das, was als Filterblase bezeichnet wird: Wir nehmen nur noch Nachrichten wahr, die in unsere Vorstellung von der Welt grundsätzlich passen, und, noch wichtiger, wir realisieren oft immer weniger, dass es eine substanzielle Menge von Menschen gibt, die grundsätzlich andere Nachrichten erhalten und ihr Weltbild auf diesen aufbauen.

Das ist selbst dann ein Problem, wenn alle Informationen, die wir auf diesem Weg erhalten, grundsätzlich korrekt sind. Das Problem liegt in der Auswahl: In einer großen und komplexen Welt geschehen jeden Tag genug Dinge, um durch eine selektive Auswahl bestimmter Nachrichten stark verzerrte Eindrücke zu erzeugen. Wenn über jedes einzelne von Flüchtlingen in Deutschland verübte Verbrechen ausgiebig berichtet wird, entsteht ein anderes Bild, als wenn sich die Berichterstattung auf Erfolgsfälle von Menschen, die nach zwei Jahren fließend Deutsch sprechen und ein Unternehmen gegründet haben, konzentriert. Rein statistisch ist es praktisch zwingend, dass in einer Gruppe von über einer Million Menschen Beispiele für beides zu finden sind. Es können also, ohne zu lügen, Eindrücke allein durch Auswahl von Informationen stark manipuliert werden, und das in unterschiedliche Richtungen. Dies betrifft zusätzlich Medien aller politischen Ausrichtungen.

Das Problem ist nicht neu: Auch lange vor Facebook haben Medien oft ganze Teile der Welt weitgehend ignoriert. Was allerdings neu ist, ist die Polarisierung, die in den USA noch deutlich stärker ausgeprägt ist als in Deutschland. Wo früher eine relativ überschaubare Zahl großer Medien (jeweils eine Handvoll Zeitungen und Fernsehnachrichtensendungen) den Markt dominierten, die überwiegend relativ nah der politischen Mitte standen, gibt es heute eine größere Vielfalt wesentlich stärker polarisierter Medien.

Da in Onlinemedien auch die Verlinkung zwischen Medien zunehmend wichtiger wird, kann man diese Polarisierung gut grafisch darstellen:

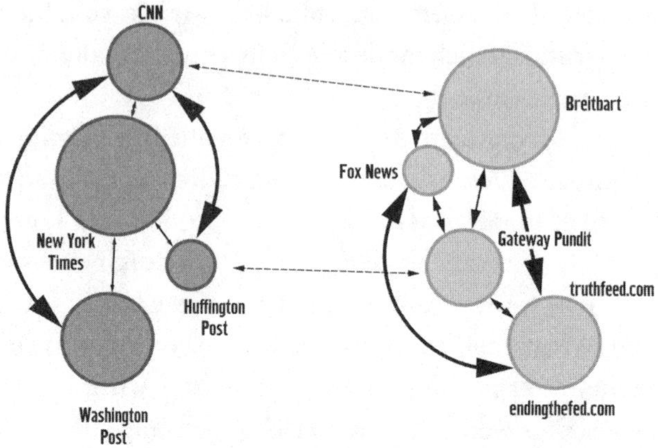

Gegenseitige Verlinkung verschiedener US-Medien, schematisch

Die Abbildung vereinfacht das Bild ein wenig, indem sie sich nur auf die größten Medien beschränkt. Wie Sie sehen, bestehen nur noch sehr wenige Verbindungen zwischen den Welten; überwiegend verweisen Medien nur noch auf ideologisch verwandte andere. Auch die Leserschaft ist überwiegend strikt geteilt. Die Publikationen der anderen Seite werden ignoriert und oft als grundsätzlich nicht vertrauenswürdig angesehen. Das bringt uns zum Problem der sogenannten Fake News.

Fake News und Informationserschöpfung

Es war vor allem Donald Trump, der Fake News als Kampfbegriff geprägt hat, in Deutschland sind es vor allem Anhänger von AfD und Pegida, die von der »Lügenpresse« sprechen. Aber auch am anderen Ende des politischen Spektrums ist das Grundgefühl verbreitet, weiten Teilen der Nachrichten schlicht nicht mehr trauen zu können. Können die Erfahrungen der Superforecaster einen Weg aus diesen Problemen weisen?

Informationserschöpfung, Filterblasen und Fake News haben eines gemeinsam: Sie sind präzisen Vorhersagen extrem abträglich. Wer nur wahllos zu viel Informationen aufnimmt, bis er den Wald vor lauter Bäumen nicht mehr sieht, wer nur das wahrnimmt, was er glauben will, und in der Folge auch auf erfundene Geschichten hereinfällt, wenn sie nur das eigene Weltbild bestätigen, der wird in dem Moment, in dem die eigenen Annahmen an der Wirklichkeit gemessen werden, schlecht dastehen.

Es liegt also nahe, anzunehmen, dass die Superforecaster im Allgemeinen Wege gefunden haben, diese Probleme zu umgehen oder zumindest unter Kontrolle zu bekommen. Kann das Medienverhalten der Superforecaster einen Weg aus der Misere anzeigen? Leider ist dieses Verhalten nicht in ähnlicher Gründlichkeit untersucht worden wie ihre psychologischen Merkmale, sodass wir uns etwas mehr auf subjektive Eindrücke und Anekdoten verlassen müssen. Was hingegen untersucht wurde, war ihr politischer Bildungsgrad (siehe Kapitel 4). Das insgesamt hohe Niveau legt nahe, dass die meisten Superforecaster regelmäßig zahlreiche Informationsquellen nutzen, und das auch nicht erst seit gestern, sondern seit vielen Jahren. Unter Informationsüberfluss scheinen sie jedoch kaum zu leiden. Meine auf eigenen Erfahrungen und persönlichen Gesprächen mit anderen fußende Hypothese lautet, dass die meisten Superforecaster durch jahrelangen intensiven Medienkonsum gelernt haben, Informationen stark zu filtern, und zwar nicht nach ideologischem Gutdünken, sondern nach tatsächlicher Relevanz.

Als ich im Alter von 13 Jahren begann, regelmäßig Tages- und Wochenzeitungen zu lesen, habe ich sehr darauf geachtet, möglichst breit informiert zu sein. Am Anfang bedeutet dies oft, das politische Tagesgeschäft und seine einzelnen Akteure sehr genau zu studieren. Nach und nach sind einem diese dann sehr vertraut. Ohne sie gezielt auswendig gelernt zu haben, konnte ich mit 16 ohne Probleme alle deutschen Bundesminister, alle

Ministerpräsidenten der Länder und alle Regierungschefs der EU beim Namen nennen und vermutlich meistens auch sagen, was letzte Woche im Bundestag diskutiert wurde.

Heute könnte ich das nicht ansatzweise; bei den Namen käme ich eventuell auf die Hälfte, wahrscheinlich aber nicht mal mehr das. Bei insgesamt mindestens ebenso hohem Konsum an Nachrichten filtere ich Informationen also heute völlig anders, und zwar ohne dies jemals bewusst entschieden zu haben! Andere Superforecaster geben an, ähnliche Entwicklungen gemacht zu haben. Was nehme ich also im Vergleich zu früher stärker wahr? In einem Satz formuliert, würde ich sagen: Alles, was morgen (in einem Monat, in einem Jahr, in zehn Jahren) noch von Interesse ist. Das bedeutet vor allem ausführlichere Hintergrundberichte über längerfristige Entwicklungen, zum Beispiel Reportagen über den ökonomischen Niedergang einer Region wie des amerikanischen »Rust Belt« oder Analysen der strategischen Situation in einem besonders spannungsreichen Teil der Welt wie dem südchinesischen Meer.

Natürlich hat jeder Mensch seine ganz eigenen Interessen, thematisch oder auch regional. Auch ich verfolge manche Regionen der Welt, etwa den Nahen und Mittleren Osten, mit mehr Aufmerksamkeit als andere (Südostasien). Subjektives Interesse und Desinteresse will ich niemandem absprechen. Die fundamentale Frage aber sollte immer sein: Wenn ich ein Jahr später diese Zeitung in der Hand halte (auch wenn ich das nicht mehr physisch tue), wird der Artikel dann noch von Interesse sein? Je weniger man diese Frage mit einem überzeugten »Ja« beantworten kann, desto weniger Aufmerksamkeit sollte man investieren.

Natürlich sind Superforecaster auch nicht komplett immun gegen die kurzlebige Hysterie des medialen Zyklus; auch wir haben in der Summe viel zu viel Zeit mit dem amerikanischen Präsidentschaftswahlkampf 2016 verbracht. In akuten Krisensituationen, wie dem rapiden ISIS-Vormarsch im Jahr 2014 oder der Ebolakrise, soll und muss man auch tagesaktuelle Nachrichten lesen. Grundsätzlich aber ist das meiste politische und wirtschaftliche Tagesgeschehen getrost zu ignorieren: Ob es die heutige Bundestagssitzung ist, der jüngste internationale Gipfel oder der Konjunkturausblick für die nächsten drei Monate – nur ganz selten sind diese Themen von bleibender Relevanz. Erst im Rückblick wird oft klar, worin die möglicherweise bleibende Bedeutung bestimmter Ereignisse liegt.

Wenn wir im Rahmen eines Projekts doch tagesaktuelle Themen analysieren müssen, gehen die meisten von uns gezielt vor: Anstatt zuerst auf den ohnehin frequentierten Seiten nach Artikeln zum Thema Ausschau zu halten, benutzen wir eher die Google-Nachrichtensuche; nicht weil Google an sich vertrauenswürdiger ist, sondern weil wir auf diesem Weg meist vielfältigere Quellen erhalten. Dies führt in der Summe zu relevanteren und weniger ideologisch verzerrten Ergebnissen.

Es gibt noch sehr viel radikalere Ansätze, um den Ansturm tagesaktueller Infos einzudämmen. Beim sogenannten Informationsfasten versuchen Menschen, über begrenzte Zeiträume, beispielsweise einen Monat lang, jede Form von »Nachrichtenaufnahme« (was genau Nachrichten sind, ist dabei nicht immer ganz klar) zu vermeiden.

Ich persönlich habe solche Ansätze bislang nie ausprobiert und bleibe auch skeptisch. Als Erfahrung mag eine kurzfristige Radikaldiät hilfreich sein, als langfristige Lösung taugt sie jedoch kaum. Ich empfehle eher kleinere, vorsichtigere Schritte und Experimente, wie dieses:

Rufen Sie eine große Nachrichtenseite auf, zum Beispiel *Spiegel Online.* Scrollen Sie herunter und lesen die kurzen Header der ersten zehn Artikel auf der Titelseite. Klicken Sie anschließend auf die Artikel, lesen Sie und beantworten dann die Frage: »Habe ich aus dem Lesen des Artikels irgendwelche wertvollen Informationen gezogen, die ich aus dem Header allein noch nicht hätte ziehen können?« Fällt die Antwort darauf negativ aus, handelt es sich um eine Art von Artikel, die Sie in Zukunft häufiger ignorieren sollten. Stellen Sie fest, dass die allermeisten Artikel in diese Kategorie fallen, sollten Sie das entsprechende Medium in Zukunft vielleicht eher meiden, denn massenhaftes Lesen von Schlagzeilen alleine ist gründlicher Information sicher nicht zuträglich.

Was ich Ihnen ausdrücklich nicht vorschreiben will, ist die Art der Medien, die Sie zurate ziehen. Ich persönlich konsumiere überhaupt keine Fernsehnachrichten und nur extrem wenig Radiosendungen oder Podcasts. Das ist aber keineswegs unbedingt der Königsweg, den ich anderen nahelegen will. In erster Linie lese ich einfach deshalb lieber, weil ich so das Tempo der Informationsaufnahme selbst bestimmen kann. Gerade im Bereich Radio und Podcast gibt es ganz hervorragende Quellen für tiefer gehende Informationen und Analysen.

Ein Wort zu Twitter im Speziellen: Aufgrund der extrem hohen Frequenz, mit der Informationen dort auf uns einprasseln, gilt die Plattform vielen als Inbegriff der informationellen Überladung. Für mich ist sie jedoch inzwischen ein essenzieller Teil einer sorgfältig ausgewählten Nachrichtendiät, weil ich nirgendwo sonst vergleichbare Möglichkeiten zur Interaktion mit derart vielfältigen Informationsquellen habe. Wie auch auf Facebook gilt: Folgen Sie auf Twitter möglichst nicht den großen Nachrichtenseiten, sondern finden Sie die originellen Stimmen, die unabhängige, intelligente Einschätzungen zu den für Sie relevanten Themen liefern.

Ideologische Filterblasen

Als zweites Problem nach dem Überfluss an Information hatten wir die Bildung ideologischer Filterblasen ausgemacht. Wie politische Ideologie die Vorhersage beeinträchtigen kann, hatten wir in Kapitel 2 am Beispiel der Sowjetexperten besprochen. Wie also gelingt es Superforecastern, sich nicht hiervon blenden zu lassen?

Sie werden hierzu manchmal die Aussage finden, Superforecaster seien überwiegend »zentristisch« in ihren politischen Ansichten, das heißt Anhänger von Positionen der Mitte. Das stimmt im Großen und Ganzen zwar, sagt aber noch nicht viel aus. Vor allem warne ich vor dem Schluss, sie seien deshalb grundsätzlich »unideologisch« – Ideologie bezeichnet ein weites Set an impliziten und expliziten Annahmen über die Welt und ist nichts, was sich nur an den Extremen des politischen Spektrums findet. Sogenannte Positionen der Mitte (die ja auch je nach Zeit und Ort sehr unterschiedlich aussehen können) fußen genauso auf im weiteren Sinne ideologischen Annahmen wie radikalere Ansichten. Was Superforecaster jedoch mehr als andere tun, ist, zu reflektieren, wie sehr Ansichten darüber, was sein *sollte*, von Voraussagen darüber, was sein *wird*, zu trennen sind. Dies ist naturgemäß leichter, wenn wir zu einem Thema (einem Land, einer Region) keinen starken emotionalen Bezug haben; zu Donald Trumps Chancen lagen gerade amerikanische Superforecaster eher daneben.

Der zweite, naheliegende, aber deswegen noch lange nicht einfach zu befolgende Rat lautet: Verlassen Sie bewusst die Blase. Ein Superforecaster, Doug Lorch, hat hierzu einen extremen Weg gewählt. Er hat ein Programm geschrieben, in dem er über 200 verschiedene Medien, von großen Zeitungen und Fernsehsendern bis zu obskuren Blogs, gesammelt und nach verschiedenen Kriterien wie politische Ausrichtung, geografische Herkunft und Anspruchsniveau geordnet hat. Nachdem er einen Artikel in einem Medium gelesen hat, gibt ihm das Programm automatisch einen Vorschlag, welche anderen Medien er als Nächstes konsultieren sollte, um eine andere Perspektive zu erhalten. Auch unter den Superforecastern ranken sich Legenden um dieses Programm; ich selbst habe es nie in Aktion gesehen und bin daher auf Berichte aus zweiter Hand angewiesen. Lorchs Weg ist sicherlich extrem und dürfte in dieser Radikalität auch unter seinesgleichen nur wenige Nachahmer finden. Den dahinterstehenden Grundgedanken teile ich jedoch und glaube, ihn auch mit deutlich weniger Aufwand ansatzweise umsetzen zu können.

Meine Empfehlungen lauten: Suchen Sie gezielt Medien aus, deren politische Ausrichtung Ihnen eigentlich nicht zusagt. Natürlich hat das Grenzen; niemand muss zur Erweiterung des eigenen Horizonts Nazi-Seiten lesen. Aber fragen Sie sich einmal: Wann habe ich das letzte Mal einen intelligenten Leitartikel gelesen, der eine vollkommen andere Position einnimmt als meine eigene? Überlegen Sie: Wo sind eigentlich meine eigenen blinden Flecken?

Für mich, der ich in einem überwiegend linksliberalen Milieu groß geworden bin und noch immer lebe, bedeutet das vor allem, immer wieder auch intelligente konservative Stimmen zu lesen (eine große Auswahl interessanter einzelner Autoren vereint etwa das Portal www.unz.com, darunter auch einige, die mir regelmäßig die Galle hochkommen lassen).

Aber die ohnehin stark vereinfachende Links-rechts-Achse ist nur ein Aspekt des Themas. Wenn ich einen Monat lang die *FAZ* gegen die *taz* (oder umgekehrt) tausche, erhalte ich vielleicht einige neue Einblicke, ich lese aber immer noch eine Zeitung, die sich ganz klar an den gebildeteren Teil der Bevölkerung wendet. Sie müssen nicht unbedingt die *Bild*-Zeitung lesen, aber fragen Sie sich: Welche Medien konsumieren weite Teile der Bevölkerung regelmäßig, von denen ich aktuell praktisch nichts mitbekomme? (Dass weite Teile der gebildeten Schichten der USA Trumps Wahlchancen lange unterschätzten, hat viel damit zu tun, dass sie weite Teile ebendieser Medien nahezu vollständig ignoriert haben.) Und Sie müssen noch nicht einmal im eigenen Land aufhören. Heutzutage ist es ein Leichtes, englischsprachige Ausgaben von internationalen Medien zu lesen. *Russia Today, Al-Jazeera, China Daily* etc. sind ohne große Schwierigkeiten zugänglich. Dabei geht es nicht darum, dass Sie von *Russia Today* etwa bessere oder zuverlässigere Informationen erhalten als von ARD oder auch CNN (wobei auch die Qualität von CNN heutzutage eher bescheiden ist), sondern eine andere Perspektive, die alleine deshalb relevant ist, weil sie so oder so ähnlich von circa 150 Millionen Menschen in Russland eingenommen wird. Ich behaupte: Wer regelmäßig *Russia Today* gelesen hat, wurde von Russlands Handeln in Syrien 2015 oder auch in der Ukraine 2014 weniger überrascht als diejenigen, die diese Perspektive komplett ignoriert haben.

Alle bisherigen Ratschläge zum Vermeiden der Filterblase beziehen sich auf die Auswahl der verwendeten Informationsquellen. Es geht aber nicht immer nur darum, *was* ich lese (höre, schaue), sondern auch, *wie* ich Informationen aufnehme und in mein Weltbild einfüge. Im letzten Kapitel hatten wir am Beispiel von Donald Trumps Wahlkampf zwischen Juni 2015 und November 2016 ein Beispiel dafür gesehen, wie man seine Einschätzungen im Lichte neuer Informationen anpassen kann. Keiner der dort erwähnten Schritte hätte erfordert, besonders ungewöhnliche Quellen zurate zu ziehen; alle relevanten Informationen waren in gängigen Mainstream-Quellen zugänglich. Ein weiteres eindrucksvolles Beispiel aus jüngerer Vergangenheit für die Weigerung zur Überprüfung der eigenen Annahmen stellt der syrische Bürgerkrieg dar und vor allem die Rolle der USA darin.

Als der Bürgerkrieg 2011 begann, nahmen viele Beobachter an, die USA würden früher oder später militärisch eingreifen und einen Sturz Assads herbeiführen, ähnlich wie dies im selben Jahr in Libyen geschah. Oft wurde dabei auch mehr oder weniger explizit behauptet, die gesamte Aufstandsbewegung sei maßgeblich von den USA initiiert und unterstützt, um letztlich einen Vorwand für die direkte Intervention zu schaffen. Ich war auch 2011 überwiegend skeptisch gegenüber diesen Theorien, musste aber einräumen, dass sie auf der Basis der damals vorliegenden Informationen zumindest nicht widerlegbar waren. Aber wie sieht es heute aus?

Die letzte Behauptung ist nicht ohne Weiteres überprüfbar; wir wissen heute, dass eine gewisse Unterstützung bestimmter als »moderat« klassifizierter Rebellengruppen stattgefunden hat. Der genaue Umfang dieser Unterstützung ist schwer zu beziffern; in jedem Fall scheint sie in der Summe ineffektiv gewesen zu sein. Auch spricht nach gegenwärtiger Beweislage vieles dafür, dass der allergrößte Teil der direkten Unterstützung nicht von den USA selbst, sondern von anderen Staaten, insbesondere Saudi-Arabien, Türkei und Katar, kam. Aber ein anderer Punkt erscheint mir viel zentraler: Wenn die USA von vornherein eine Intervention zum Sturz Assads planten und nur einen Vorwand schaffen wollten, warum fand diese Intervention dann nie statt? Im Jahr 2011 konnte man noch annehmen, dass sie bevorstünde, aber spätestens 2013 deutete das gesamte beobachtbare Verhalten der USA darauf hin, dass sie eine direkte Intervention mit allen Mitteln zu vermeiden suchten, selbst als nach dem Chemiewaffeneinsatz von Ghouta im August 2013 eine große Zahl von Stimmen danach verlangte.

Interessanterweise beharren viele Vertreter der These von der von Anfang an amerikanisch gesteuerten Aufstandsbewegung bis heute auf ihr. Aus meiner Sicht war die These 2011 zumindest haltbar, aber im Laufe der Zeit zunehmend unwahrscheinlicher.

Spätestens nach August 2013 war sie durch die dann vorliegenden neuen Informationen im Kern widerlegt. Das heißt in der Folge auch, dass spätestens ab dann eine amerikanische Intervention zum Sturz Assads extrem unwahrscheinlich wurde. Tatsächlich fand eine Intervention 2014 statt, nur war sie eben nicht gegen Assad gerichtet, sondern gegen den mit ihm verfeindeten Islamischen Staat (IS).Das Beispiel illustriert gut, wie schwierig es sein kann, die nüchterne Vorhersage dessen, was bestimmte politische Akteure tun *werden,* zu trennen von normativen Ansichten darüber, was diese Akteure tun *sollten* oder welche moralische Stellung sie insgesamt haben. Viele der Stimmen, die unermüdlich weiter meinten, die USA würden am nächsten Tag anfangen, Assad zu bombardieren, sind nicht zufällig oft scharfe Kritiker der amerikanischen Nahostpolitik. Nur: Keine der ausgeführten Überlegungen ist abhängig von moralischen Urteilen. Ob Sie die Politik der USA in der Region insgesamt überwiegend gutheißen oder nicht, ob Sie annehmen, dass die Entscheidung gegen eine Intervention aus moralisch hochstehenden Gründen oder kalter Berechnung erfolgte, ob Sie glauben, eine Intervention hätte irgendetwas zum Besseren wenden können oder alles nur noch schlimmer gemacht – keine dieser Fragen sollte im Idealfall die Vorhersage beeinflussen. Das Ganze ist übrigens ein weiteres hervorragendes Beispiel für den »Augenmaßbayesianismus«, den wir im letzten Kapitel kennengelernt haben. Die Grundüberlegung ist natürlich auch ohne Kenntnis des Satzes von Bayes nachvollziehbar, aber man kann sie auch als ausdrücklich bayesianische Rechnung ausführen.

Nehmen wir an: Ein Beobachter ist Mitte 2011 sehr sicher, dass die USA grundsätzlich planen, Assad auf dem Wege einer direkten Intervention zu stürzen (Wahrscheinlichkeit A beträgt 90 Prozent). Wenn diese Annahme zutrifft, findet eine Intervention höchstwahrscheinlich innerhalb von sechs Monaten statt (bedingte Wahrscheinlichkeit B beträgt 80 Prozent, 20 Prozent für *keine Intervention*). Eine Intervention ohne vorherige Absicht wird ausgeschlossen. Die gesamte Wahrscheinlichkeit einer Intervention liegt demnach bei 72 Prozent (also 28 Prozent für keine Intervention).

Nach Ablauf von sechs Monaten ohne Intervention, also Ende 2011, ist die Wahrscheinlichkeit, dass A korrekt ist, entsprechend gesunken:

$P(A|B) = 0{,}9 \cdot {}^{0{,}2}/_{0{,}28} = 0{,}643 = 64{,}3$ Prozent.

Nach weiteren sechs Monaten, also Mitte 2012, liegt sie bei gleichbleibenden bedingten Wahrscheinlichkeiten nur noch bei:

$0{,}64 \cdot {}^{0{,}2}/_{0{,}488} = 0{,}263 = 26{,}3$ Prozent

und schon Ende 2012 bei nur noch:

$0{,}263 \cdot {}^{0{,}2}/_{0{,}79} = 0{,}067 = 6{,}7$ Prozent.

Die Rechnung enthält natürlich dramatische Vereinfachungen: Sie nimmt an, die USA seien ein einziger Akteur mit festen, nicht veränderlichen Absichten. In der Realität ist der gesamte außen- und verteidigungspolitische Apparat der USA natürlich kein Monolith, sondern gespalten in Fraktionen mit ganz unterschiedlichen Plänen. Wir wissen, dass Teile dieses Apparats, insbesondere in einflussreichen Thinktanks, stark für eine Intervention geworben haben. Es ist absolut plausibel, dass sich die Ansichten von Schlüsselfiguren, insbesondere von Präsident Barack Obama selbst, zur Durchführbarkeit einer Intervention im entsprechenden Zeitraum geändert haben. Genau diese Komplexitäten sind es aber, die Spekulationen über die wahren Motive und Pläne weltpolitischer Akteure so schwierig machen und uns zur Vorsicht mahnen sollten. Die wenigsten Beobachter dürften eine Rechnung wie diese so ausformuliert haben, aber zu Übungszwecken kann dies äußerst hilfreich sein.

Ganz ähnliche Überlegungen kann man zu anderen aktuell heiß diskutierten Fragen anstellen. Überlegen Sie, zu welchen Sie besonders starke Meinungen hegen – was sind die entscheidenden zukünftigen Prüfsteine für die Annahmen, auf denen Ihre Position basiert?

Prüfsteine für Annahmen heiß diskutierter Fragen

Inwieweit müssen wir unsere Ansichten über Donald Trump im Lichte seiner Amtshandlungen revidieren? Während ich dies schreibe, im November 2017, lässt sich die ganze Tragweite dieser Frage noch nicht abschätzen. Vorsichtig würde ich aber behaupten, dass sich die Einschätzung Trumps als instabil, impulsiv und sprunghaft in seinen Entscheidungen überwiegend bestätigt hat. Hingegen hat sich die Angst vor einer ideologisch konsistenten rechtsextremen Politik überwiegend als unbegründet herausgestellt.

Wie sieht es mit dem Iran-Deal zu Nuklearenergie aus? Befürworter wie Gegner sollten ausformulieren, welche Erwartungen sie an ihre Position knüpfen und an welchem Punkt sie diese revidieren müssten. Könnte es ein Ausmaß an diplomatischer Entspannung oder auch an inneren Reformen in Iran geben, das dazu führt, dass ein Gegner des Abkommens seinen Irrtum eingesteht? Wie müsste ein Befürworter reagieren, wenn einige Jahre nach dem Abkommen Iran erfolgreich eine Atombombe testet?

Denken Sie an Angela Merkels Flüchtlingspolitik, speziell an die Entscheidung zur faktischen Grenzöffnung und Suspendierung der Dublin-Regeln im Herbst 2015. Zu diesem Thema hat in Deutschland praktisch jeder eine Meinung. Welche Annahmen liegen Ihrer persönlichen Meinung zugrunde? Gäbe es eine Entwicklung, etwa in den Bereichen Kriminalität, Terrorismus oder Arbeitsmarktintegration, in den nächsten fünf bis zehn Jahren, die Ihre Meinung ändern würde? Müssten Sie eingestehen, Probleme über- oder unterschätzt zu haben?

Wie auch bei der Vorhersage kann es helfen, sich die eigenen Ansichten zu solchen Fragen gelegentlich zu notieren, sonst schlägt auch hier wieder die *hindsight bias* zu. Heute ist eine Mehrheit der Amerikaner, insbesondere Anhänger der Demokraten, nicht nur der Ansicht, der Irakkrieg sei ein Fehler gewesen, sie meinen auch, schon 2003 dagegen gewesen zu sein. Zumindest ein Teil der Menschen muss sich dabei die eigene Vergangenheit schönreden, da Umfragen damals ganz klare Mehrheiten für den Krieg, auch unter Demokraten, zeigten.

Dass Vorhersage letztlich immer einen Test unserer Annahmen über die Gegenwart darstellt, hatten wir bereits ganz am Anfang dieses Buches festgestellt. Aber wenigen ist bewusst, dass entsprechend die Vorhersage einer der zentralen Prüfsteine ist, um auch Informationen mit zweifelhaftem Wahrheitsgehalt überprüfen zu können. Damit kann sie aus meiner Sicht auch einen wichtigen Beitrag zur Lösung des Problems der Fake News darstellen.

Natürlich können wir längst nicht jede Meldung auf ihren tatsächlichen Wahrheitsgehalt untersuchen – selbst wo dies prinzipiell möglich wäre, etwa weil sie anhand öffentlich zugänglicher Dokumente bestätigt oder widerlegt werden könnte, übersteigt es schlicht die Kapazitäten von Menschen, die dies nicht professionell tun. Auch sogenannte *Fact-Checker*-Seiten wie www.fact-check.org oder www.snopes.com oder sogenannter Erklärjournalismus wie www.vox.com lösen das Problem aus meiner Sicht nicht.

Snopes kann zwar *urban legends* sehr effizient widerlegen, aber bei politisch aufgeladeneren Fragen stößt die Seite an ihre Grenzen. Für den »Erklärjournalismus« von Vox gilt dies noch mehr. Bei einer komplexen und politisch umstrittenen Frage wie den genauen Auswirkungen der amerikanischen Gesundheitsreform »Obamacare« und den aktuell diskutierten Alternativen wird die vermeintliche Objektivität dieser Seiten oft arg strapaziert. Es gibt dann praktisch keine Erklärung mehr, die nicht ihrerseits wieder berechtigterweise für Unwahrheiten oder zumindest Auslassungen kritisiert werden könnte und wieder ebenfalls nicht 100 Prozent wasserdichte, aber eben auch nicht wirklich weniger wahrheitsgetreue Gegen-»Erklärungen« nach sich zieht. Bei einem Gegenstand von der Komplexität des amerikanischen Gesundheitswesens ist es die Menge an verfügbarer und überprüfbarer Information, die die einfache und unangreifbare Erklärung verhindert. Bei anderen Fragen ist es umgekehrt der Mangel an verlässlicher Information.

Das aktuell am stärksten brennende Beispiel ist die Diskussion um russische Einflussnahme auf den amerikanischen Präsidentschaftswahlkampf. Ich gestehe gerne ein, dass ich bei diesem Thema jeden Überblick darüber, was wir eigentlich wissen, verloren habe und mir ein fundiertes Urteil nicht zutraue. Das gilt sowohl für die Frage, was überhaupt geschehen ist, also in welchem Umfang russische Regierungsstellen überhaupt versucht haben, den Ausgang der Wahl zu beeinflussen, als auch für die zweite, nicht identische Frage, wie wichtig diese Versuche für das endgültige Ergebnis waren. Die in der Presse diskutierten Positionen reichen dabei von »Putin hat die Wahl gestohlen« bis »Es gibt keinerlei Belege für irgendeinen Effekt russischer Einflussnahme«.

Ich behaupte nicht, dass die Superforecaster einen echten Königsweg aus diesen Dilemma gefunden haben (weder bezüglich dieser speziellen Frage noch allgemein für das Problem der zuverlässigen Information über umstrittene Themen), aber der grundsätzliche Ansatz kann auch hier weiterhelfen. Wer versucht, möglichst genau vorherzusagen, muss von bestimmten Sichtweisen Abstand nehmen. Erstens gehen wir grundsätzlich von einer komplexen, multikausalen Welt aus, in der die Handlungen eines einzelnen Akteurs selten alles entscheidend sind. Weiterhin versuchen wir, uns so weit wie möglich von parteipolitischen Loyalitäten zu entfernen. Die Positionen in dieser Frage sind aber offensichtlich entlang Parteilinien gespalten; Demokraten schätzen überwiegend den russischen Einfluss als viel höher ein als Republikaner. Für uns ist das ein Warnzeichen, keine Extremposition einzunehmen, auch wenn wir nicht davon ausgehen, die Wahrheit liege immer notwendigerweise in der Mitte.

Schlussendlich ist aber die entscheidende Frage für mich, inwieweit wir die Entwicklungen seit der US-Wahl mit der Frage im Hinterkopf betrachten: »Ist die politische Entwicklung das, was wir erwarten würden, wenn Trump eine Marionette Putins ist?«, und die Antwort ist aus meiner Sicht eindeutig: Nein. Die Regierung Trump ist in vielen Bereichen auf schärferem Konfrontationskurs mit Russland als die vorherige Regierung von Obama (Stichworte Diplomatenausweisungen, Sanktionen, Unterstützung unterschiedlicher Kräfte in Syrien etc.).

Diese Schlussfolgerung bedeutet ausdrücklich nicht, dass es keine Einflussnahme gegeben hat oder dass sie nicht das Zünglein an der Waage in einigen sehr knappen Einzelstaatsergebnissen war. Sie ist aber unvereinbar mit dem Narrativ einer durchorchestrierten Verschwörung, in der Trump und Putin von Anfang an an einem Strang gezogen haben. Eine ähnliche Betrachtungsweise empfehle ich übrigens auch bei der Beurteilung anderer sogenannter Verschwörungstheorien. Grundsätzlich sind viele von uns zur offenen Diskussion auch abseitiger Theorien bereit. Prüfstein muss aber immer die grundsätzliche Plausibilität sein, und hier scheitern die meisten Theorien, nicht weil sie Menschen in Machtpositionen geheime beziehungsweise böse Motive unterstellen (was plausibel ist), sondern weil sie ein viel zu hohes Maß an geheimer Koordination und Planbarkeit annehmen.

Die Frage nach der Rolle von Medien im Zeitalter des Internets, die Frage, ob wir bereits in einem »postfaktischen« Zeitalter leben, wird eine der Kernfragen für die Zukunft unserer Gesellschaft sein. Ich hoffe, dass die Erfahrungen der Superforecaster auch hier einen kleinen Beitrag leisten können, den grundsätzlichen Anspruch auf Wahrheit nicht vollständig aufzugeben, auch und gerade da, wo wir einsehen, dass wir sie nicht zu 100 Prozent kennen können.

10
Ausblick:
Die Zukunft der Prognose

Ich hoffe, dass Sie mit der Lektüre dieses Buches einen echten Einblick in die Arbeit der Superforecaster erhalten haben, und das heißt für mich vor allem: dass ich verständlich machen konnte, was die Möglichkeiten und die Grenzen unserer Methoden sind. Das ist erfahrungsgemäß immer wieder ein Balanceakt. Die Öffentlichkeit schwankt in der Wahrnehmung von Prognosen oft zwischen grandioser Überschätzung und völliger Ablehnung. Natürlich sind wir keine Hellseher und kennen die Zukunft auch nicht. Und doch zeigen die Erfahrungen der letzten Jahre deutlich, dass echte Fortschritte in der Qualität von Prognosen möglich sind und man bei konsequenter Anwendung dieser Erkenntnisse tatsächlich signifikant seltener falschliegt.

In diesem Kapitel soll es nun um einige andere wichtige Personen und Strömungen gehen, die im gleichen Zeitraum zu diesem Thema wichtige Anstöße gegeben haben. Es soll außerdem ein Ausblick auf die Zukunft der Zunft gewagt werden – welche Erwartungen, Fortschritte und Rückschläge sind zu erwarten?

Ich hatte es schon an anderer Stelle erwähnt: Als ich mich im Sommer 2011, vor mehr als sechs Jahren, zur Teilnahme am Good Judgment Project entschloss, konnte ich in keiner Weise absehen, wohin dieser Weg mich führen würde. Die Vorhersage des eigenen Wegs, der eigenen Entwicklung, ist eine besondere Herausforderung. Es ist eben leichter, auf die Weltpolitik einen nüchternen, von Ängsten wie Wünschen möglichst freien Blick zu werfen als auf das eigene Leben. Im Jahr 2015, also gegen

Ende des ursprünglichen Forschungsprojekts, beschloss ich, zukünftig die Vorhersage in den Mittelpunkt meiner Arbeit zu stellen, und habe den Schritt in die Selbstständigkeit gewagt. Der Start war nicht immer einfach; zwischenzeitlich habe ich daneben noch als Vertretungslehrer mit lernbehinderten Schülern gearbeitet und Airbnb-Apartments gemanagt, um meinen Lebensunterhalt zu verdienen. Selbst damals hatte ich noch keinerlei Pläne, dieses Buch zu schreiben; dass es dazu kam, verdankt sich einer Reihe sehr unwahrscheinlicher Zufälle.

Inzwischen kann ich von der Mischung aus Autorenhonorar, Vorträgen, Workshops und Beratertätigkeit leben. Außerdem bin ich Teil des internationalen Netzwerks der Superforecaster für Good Judgment Inc., den nach Ablauf des ursprünglichen Projekts gegründeten kommerziellen Offshoot. GJI berät zahlreiche Unternehmen, Regierungs- und Nichtregierungsorganisationen zur Weiterentwicklung der eigenen Vorhersagearbeit. Die Art dieser Arbeit ist im Wesentlichen das, was bei Gründung der Firma angedacht war, also Seminare zu Prognosemethoden und Beratung bei der Abhaltung interner Vorhersageturniere. Aber schon bei der Art unserer Klienten haben wir wieder große Überraschungen erlebt. Dass wir uns inhaltlich inzwischen mehr mit Fragen rund um die Zukunft von Ernährung und Landwirtschaft befassen als mit klassischer Geopolitik und Finanzmärkten, hat keiner von uns korrekt vorausgesagt.

Wir sehen: Superforecasting hin oder her, das Leben hält genug Überraschungen bereit. Können wir dennoch mögliche Entwicklungen für unser Feld im Voraus erkennen? Eine große Gefahr ist natürlich, dass unsere anhaltende Erfolgsserie von überwiegend guten Vorhersagen irgendwann reißen könnte und wir einmal wirklich verheerend danebenliegen. Die bisherige Bilanz aus über sechs Jahren ist zwar insgesamt zu konstant, um ausschließlich auf purem Glück zu beruhen, aber das bedeutet nicht, dass wir vor zukünftigen Fehlschlägen gefeit sind. Über eine große Zahl von Fragen würde ich jederzeit auf die Performance der Superforecaster vertrauen, aber die öffentliche Wahrnehmung funktioniert anders – einzelne spektakuläre Erfolge oder Fehlleistungen dominieren die Einschätzung. Bis zu einem gewissen Grad ist dies berechtigt, da einzelne Fragen ungleich folgenreicher sind; wer bei der Prognose einer weltweiten Wirtschaftskrise oder eines größeren Krieges danebenliegt, kann seine Reputation nur bedingt damit verteidigen, die Verschiebung der Parlamentswahl in Äquatorialguinea um zwei Wochen korrekt vorausgesagt zu haben. Aber selbst bei Fragen von ähnlicher Tragweite ist die Beurteilung nicht immer symmetrisch.

Nate Silver

Betrachten wir die Karriere von Nate Silver und dabei vor allem die letzten zehn Jahre. Silver, ein ausgemachter Datennerd, der sich seit Jahren mit statistischer Analyse von Sport beschäftigt hatte, begann anlässlich der US-Präsidentschaftswahl 2008 damit, eigene Analysen und Prognosen zu dieser zu veröffentlichen, anfangs auf seinem persönlichen Blog. Er wandte dabei ähnliche Prinzipien an, wie sie in den Jahrzehnten zuvor verschiedene Sportarten, insbesondere Baseball, revolutioniert hatten: die verstärkte Auswertung nüchterner Statistiken zur Beurteilung von Spielern, die die menschlichen Biases umgehen sollte. In der subjektiven Wahrnehmung von Spielern dominieren oft einzelne spektakuläre Aktionen, das eine Tor des Monats, der spektakuläre Traumpass, die Glanzparade in der 89. Minute (übersetzt in Fußballterminologie, denn, seien wir ehrlich, wer in Deutschland schaut schon Baseball?). Die weniger aufregenden Momente, die Dutzenden von sicheren Pässen im Aufbauspiel und vor allem die verhinderten gegnerischen Aktionen, bleiben hingegen unbemerkt. Um diese Dinge zu erfassen, müssen sehr kleinteilige Daten erhoben werden.

Heute ist diese Art der immer detaillierteren Sammlung von Daten auch im Fußball längst Standard, aber vor circa 20 Jahren konnten die Pioniere dieser Vorgehensweise damit noch echte Erfolge erzielen, da sie so unterbewertete und daher billigere Spieler unter Vertrag nehmen konnten.

Silver, der diese Revolution im Baseball miterlebt und mitgestaltet hatte, war der Ansicht, dass die politische Berichterstattung an ähnlichen Verzerrungen der Wahrnehmung litt, und das, obwohl vor Wahlen heute unglaubliche Mengen an Daten in Form von Umfragen gesammelt werden. Er erkannte einige Grundmuster: Erstens haben Medien ein grundsätzliches Interesse daran, eine Wahl als spannend und daher knapp darzustellen, selbst wenn die Umfragen dieses Bild nicht bestätigen. Sie neigen also dazu, selbst einen deutlichen und konstanten Vorsprung eines Kandidaten kleinzureden.

Zweitens neigen die Medien aus dem gleichen Grund dazu, Ausreißer unter den Umfragen überzubewerten. In der heißen Phase eines amerikanischen Präsidentschaftswahlkampfs werden heutzutage täglich mehrere Umfragen veröffentlicht. Aufgrund der normalen Fehlertoleranz ist es zu erwarten, dass diese in gewissem Umfang um den »wahren« Wert herumschwanken. Wenn also von zehn Umfragen acht Kandidat A mit 2 bis 4 Prozentpunkten vorne sehen, eine ein exaktes Unentschieden zeigt und eine Kandidat B mit 2 Prozentpunkten in Führung hat, ist es sehr wahrscheinlich, dass Kandidat A tatsächlich einen leichten Vorsprung hat. Die mediale Aufmerksamkeit richtet sich in solchen Fällen aber meist disproportional auf den Ausreißer. Drittens neigen Medien dazu, in jeder kleinen Schwankung der Umfragen, die oft genug schlicht ein Produkt des Zufalls ist, Anzeichen für größere Entwicklungen zu vermuten und über die Gründe hierfür zu spekulieren.

Aufbauend auf diesen Überlegungen konstruierte Silver sein eigenes Modell zur Aggregierung und Gewichtung von Umfragen und anschließender computergestützter Simulation von Tausenden Wahlabläufen mit errechneten Gewinnwahrscheinlichkeiten für alle 50 Einzelstaaten. In 2008 prognostizierte Silver auf der Basis dieses Modells einen ungefährdeten deutlichen Sieg für Barack Obama voraus, zu dem es auch kam. Die Parallelen zum Grundkonzept und zum Erfolg von GJP sind an diesem Punkt hoffentlich nur allzu offensichtlich.

Nach dieser allgemein gefeierten Performance wurde Silver von der *New York Times* unter Vertrag genommen und publizierte seine Prognosen folglich auf ihrer Webseite. Auch zu den Wahlen von 2010 und 2012 gelangen ihm ähnlich gute Prognosen; seine Seite wurde zur zentralen Anlaufstelle im Netz für interessierte Wahlbeobachter, zulasten etablierter medialer Autoritäten.

Nach 2012 gründete Silver in Kooperation mit dem Fernsehsende ESPN sein eigenes Medienunternehmen, das nun in ähnlicher Weise datengestützten Journalismus auch für ganz andere Bereiche anbot. Das Ergebnis war dann unter anderem die Kür des objektiv bestimmten besten Burritos Amerikas (den ich, Sie erinnern sich, bis heute nicht gekostet habe).

Für weite Teile der Öffentlichkeit war Silver die zentrale Autorität in Sachen Wahlprognose und Datenanalyse allgemein geworden. Mehrere Superforecaster gaben an, letztlich von Silvers Geschichte zur Teilnahme an GJP inspiriert worden zu sein, eben weil er einen Ansatz jenseits des etablierten Expertentums im Journalismus aufgezeigt hatte. Was geschah dann?

Wie in Kapitel 8 dargestellt, legte sich Silver während des republikanischen Vorwahlkampfs früh auf die Position fest, Trump sei letztlich chancenlos, und wiederholte diese Einschätzung mehrmals, auch als die Ereignisse dies mehr und mehr in Zweifel zogen. Seine Reputation als zuverlässiger Prognostiker litt darunter deutlich; in welchem Umfang er sie wiederherstellen kann, bleibt abzuwarten.

Die Geschichte ist für mich vor allem deshalb ein warnendes Beispiel für alle Prognostiker, weil Silver in eine allzu häufig sich bietende Falle getappt ist: Er hat sich dazu verleiten lassen, den klassischen Experten zu geben, obwohl sein ursprünglicher Ansatz immer ein anderer war.

Seine eigentliche Methode, seine »Kernkompetenz«, wenn man so will, war die Aggregierung von Umfragedaten, wenn diese reichlich zur Verfügung stehen. Er selbst hatte in der Vergangenheit immer wieder betont, wie viel unklarer die innerparteilichen Vorwahlkämpfe sind, und sich entsprechend weitgehend von diesen ferngehalten. Im aufgeheizten Klima des Vorwahlkampfs gegen Ende 2015 ließ er sich dann doch dazu hinreißen, eine eben nicht datengestützte Analyse zu veröffentlichen, die, auch wenn sie ausdrückliche numerische Wahrscheinlichkeiten enthielt, in ihrer ganzen Argumentationsweise viel mehr dem klassischen Expertenjournalismus entsprach, den er immer abgelehnt hatte. Bei der Vorhersage der eigentlichen Wahl im November 2016, für die belastbare Umfragedaten vorlagen, war seine Leistung denn auch deutlich besser. Als einer der wenigen Experten erkannte er, dass Trump sehr wohl eine reale Chance hatte und die Umfrageergebnisse in den entscheidenden umkämpften Einzelstaaten wie Ohio, Florida und Michigan eben extrem knapp waren.

Für mich hält die Geschichte eine wichtige Lektion bereit: Menschen, die im Bereich der Prognose Fortschritte erzielen, müssen in der öffentlichen Kommunikation ihrer Ergebnisse extrem vorsichtig sein. Die Öffentlichkeit verlangt oft Aussagen einer Art und Weise, die unsere Methoden und Modelle schlicht nicht liefern können. Wenn wir uns dann doch zu diesen Aussagen hinreißen lassen, laufen wir Gefahr, ganz schnell unseren Ruf zu verspielen.

Schließlich möchte ich Ihnen auch Silvers Buch *The Signal and the Noise* (»Die Berechnung der Zukunft«) wärmstens empfehlen, da Sie darin sehr viel über das Thema lernen können.

Nassim Taleb

Wenn wir das Thema Vorhersage im öffentlichen Diskurs in den letzten zehn Jahren betrachten, darf natürlich auch der Name Nassim Taleb nicht fehlen. Die Beurteilung Talebs ist für mich nicht ganz einfach, da er auf der einen Seite mein Denken über das Thema entscheidend mitbeeinflusst hat, auf der anderen Seite aber inzwischen als scharfer Kritiker von praktisch allen Vorhersageansätzen im Allgemeinen und GJP im Speziellen hervorgetreten ist. Ich hoffe dennoch, diesem komplexen und streitbaren Denker in diesem begrenzten Raum gerecht werden zu können.

Taleb arbeitete seit den 1980er-Jahren als Trader an der Wall Street; eine erfolgreiche Wette auf extreme Kursbewegungen durch Optionsgeschäfte machte ihn am Tag des großen Börsencrashs vom 13.10.1987 finanziell unabhängig. Er arbeitete weiter im Finanzsektor, widmete sich jedoch seit den 1990ern verstärkt dem Schreiben. 2001 erschien sein erstes Buch, *Fooled by Randomness* (»Narren des Zufalls«). Aufbauend auf seinen Erfahrungen im Finanzgeschäft philosophierte Taleb darin über die Rolle des Zufalls und die menschliche Unfähigkeit, ihn als solchen zu erkennen; wir sehen vermeintliche Zusammenhänge, wo keine bestehen, überschätzen die Rolle von Fähigkeiten und unterschätzen die des Glücks bei der Beurteilung von Erfolg.

Schon *Fooled by Randomness* wurde grundsätzlich positiv aufgenommen und verkaufte sich gut. Der Erfolg seines zweiten Werks, *The Black Swan* (»Der Schwarze Schwan«) 2007 stellte es jedoch ein wenig in den Schatten. *The Black Swan* verkaufte sich weltweit über drei Millionen Mal und wurde regelmäßig in Listen der wichtigsten Bücher des Jahrzehnts gewählt.

Als »schwarze Schwäne« bezeichnet Taleb außergewöhnliche Extremereignisse, die niemand vorhergesehen hat und die man auch nicht vorhersehen konnte wie die Anschläge vom 11. September, das Attentat auf Kronprinz Franz Ferdinand 1914, das den 1. Weltkrieg auslöste, oder die Erfindung der Atombombe. Seine Position wird manchmal so interpretiert, dass solche Ereignisse grundsätzlich häufiger als gedacht geschehen. Dies ist jedoch nicht ganz korrekt: Zentral ist eher, dass der kombinierte Effekt derartiger Extremereignisse auf die Welt, in der wir leben, überproportional groß ist. Ihre eigentliche Häufigkeit ist hingegen nicht seriös bestimmbar.

War das Buch schon für sich genommen hochinteressant, substanzreich und auch unterhaltsam zu lesen, vergrößerte sich sein Ruhm noch zusätzlich durch glückliches Timing. Kurz nach Erscheinen brach die Finanzkrise von 2008 los, die viele Aussagen Talebs über die Unzulänglichkeit moderner Risikomanagementtechniken bestätigte. Tatsächlich vergrößerte er auch sein Privatvermögen in dieser Krise noch einmal erheblich durch erneute Wetten auf extreme Kursbewegungen. In der Folge zog er sich aus dem Finanzsektor zurück und widmete sich vollständig der Schriftstellerei und Forschung. Seitdem erschienen weitere Werke, *Antifragile* (»Antifragilität«) und *The Bed of Procrustes*.

Auch wenn Talebs Auftreten oft herablassend und selbstherrlich wirkt, kann man die Substanz seines Werks nicht leugnen. Es fußt auf einer hervorragenden Allgemeinbildung und stellt eine eigenständige Synthese vieler komplexer Felder wie Mathematik, Psychologie, Epistemologie und Geschichte dar.

Wie viele andere Superforecaster pflege ich zu Taleb eine gewisse Hassliebe; wir haben wohl alle zumindest eins seiner Bücher gelesen und wurden in unserem Denken auch vielfältig davon beeinflusst. Die Passagen in Kapitel 7 dieses Buches über den Unterschied zwischen normalverteilten Bereichen und solchen, in denen Extremfälle dominieren *(fat-tailed)*, sind sehr stark an Taleb angelehnt (bei ihm heißen solche Gebiete Mediokristan und Extremistan).

Anfangs stand Taleb, der auch persönlich mit Phil Tetlock befreundet war, dem Good Judgment Project positiv gegenüber und war zeitweise sogar Mitglied im wissenschaftlichen Beirat des Projekts. Er zitierte gern Tetlocks ältere Forschung über die Unzulänglichkeit von Experten als Beleg für seine generelle Skepsis gegenüber Prognosen allgemein.

Seitdem hat er jedoch einen deutlichen Wandel vollzogen. Der öffentlichen Darstellung des Erfolgs der Superforecaster begegnete er mit scharfer Ablehnung. Generell neigt er dazu, Menschen oft öffentlich, etwa über Twitter, sehr scharf anzugreifen, zum Teil auch wüst zu beschimpfen.

Talebs Bücher sind zweifellos lesenswert, insbesondere *The Black Swan;* seinen Beitrag zu dem Feld zu verneinen oder zu ignorieren ist sicherlich nicht legitim. Wie weit man bereit ist, ihm in seinen Ausführungen und kontroversen Positionen zu folgen, muss jeder selbst entscheiden – ignorieren würde ich ihn nicht.

Eine Anekdote bringt es für mich auf den Punkt: Bei einer Superforecasterkonferenz in London fragte ich einen Teilnehmer abends beim Bier nach seiner Meinung über Taleb. Seine Antwort war ein deutliches Augenrollen und ein lautes »Mann, ich kann den Typen nicht leiden!«. Nach kurzer Pause fügte er an: »Versteh mich nicht falsch, er hat immer noch recht mit … nun, fast allem.«

Rationalisten: Robin Hanson, Scott Alexander, Eliezer Yudkowsky

Scott Alexander, den begabten Schreiber mit dem musikalischen Bruder, hatte ich in Kapitel vier schon kurz vorgestellt, doch sind er und auch sein intellektuelles Umfeld der sogenannten Rationalisten noch weit darüber hinaus von Interesse im Kontext der Prognose und ihrer Entwicklung in den letzten Jahren.

Alexander ist Psychiater und schreibt ausschließlich nebenberuflich, was die schiere Menge seiner Textproduktion umso beeindruckender macht. Interessanterweise habe ich ihn und sein Blog *Slate Star Codex* (www.slatestarcodex.com) erst durch andere Superforecaster kennengelernt, also nachdem ich die entsprechenden Techniken des bayesianischen Aktualisierens und der Bias-Vermeidung selbst bereits jahrelang und mit einigem Erfolg praktiziert habe. Heute zählt *Slate Star Codex* zu meinen absoluten Lieblingslektüren; die Breite der behandelten Themen, die stilistische Eleganz und vor allem das Maß an eigener Reflexion beeindrucken mich stets aufs Neue.

Alexander ist eine der präsentesten Stimmen der Rationalistenbewegung, einer vor allem online aktiven, ansonsten in der Bay Area um San Francisco konzentrierten Gemeinschaft von Menschen, die sich die Verbreitung von Konzepten wie dem Bayesianismus und der systematischen Vermeidung von Biases auf die Fahnen geschrieben haben. Nicht umsonst heißt eine ihrer prominentesten Seiten *Overcoming Bias* (»Biases überwinden«) (www.overcomingbias.com) von Robin Hanson.

Viele Rationalisten sind bekannt dafür, sehr viel konsequenter als andere die Grundideen des Bayesianismus und der probabilistischen Vorhersage radikal auf das eigene Leben anzuwenden. Alexander beispielsweise veröffentlicht seit mehreren Jahren stets zum Jahreswechsel eine Reihe von Prognosen über das eigene Leben, verbunden mit einer Auswertung der Prognosen über das vergangene Jahr. Wenig überraschend sind seine Prognosen in der Summe meist exzellent kalibriert. Viele Menschen finden dies bei erster Betrachtung spontan extrem irritierend, da er auch hochemotionalen Fragen sehr nüchtern numerische Wahrscheinlichkeiten zuordnet, was dann zum Beispiel so aussieht:

- 70 Prozent Wahrscheinlichkeit, dass ich in einem Jahr noch mit meiner Freundin zusammen bin.
- 95 Prozent Wahrscheinlichkeit, dass ich noch in meinem jetzigen Beruf arbeite.
- 70 Prozent Wahrscheinlichkeit, dass ich umziehen werde.
- 90 Prozent Wahrscheinlichkeit, dass ich weder meine politische noch religiöse Zugehörigkeit grundlegend ändern werde.

Man muss diesen Ansatz nicht im Einzelnen nachahmen, aber faszinierend finde ich ihn doch. Selbst wenn man solch persönlichen Fragen nicht in eine schlichte Zahl übersetzen möchte, ist es natürlich trotzdem hilfreich, sich auf diese Weise zumindest die Möglichkeit bestimmter Entwicklungen vor Augen zu führen. Andere Rationalisten gehen noch weiter: Sie lassen ihre Hochzeitsgäste anonym die Wahrscheinlichkeit einschätzen, dass die gerade geschlossene Ehe mehr als drei Jahre hält …

Bryan Caplan, ein amerikanischer Ökonomieprofessor, der ebenfalls im weiteren Sinne zu den Rationalistenzirkeln zählt, nennt hingegen überhaupt keine einfachen Wahrscheinlichkeiten, sondern schließt grundsätzlich nur monetäre Wetten über die Zukunft ab, insbesondere zu Fragen der wirtschaftlichen und technischen Entwicklung. Dies geschieht meist öffentlich als Teil hitziger Auseinandersetzungen mit anderen Experten. Seine Bilanz dabei ist äußerst beeindruckend; er gewinnt die allermeisten seiner Wetten.

Viele Rationalisten beschäftigen sich stark mit der Entwicklung künstlicher Intelligenz, darunter Eliezer Yudkowsky, Initiator der Seite *Less Wrong* (www.lesswrong.com), auf der man viele grundlegende Einführungen in Fragen von Bayesianismus und Bias-Vermeidung findet. Künstliche Intelligenz ist eines der Felder, wo die Bilanz von Prognosen historisch verheerend war. Nach allerersten Ansätzen in den 1950er-Jahren erwarteten viele Menschen rapide Fortschritte und übermenschliche Maschinenintelligenz innerhalb weniger Jahrzehnte. Nachdem sich diese Prognosen zunächst nicht erfüllten und lange Zeit kaum Fortschritte zu verzeichnen waren, schlug die Stimmung oft ins Gegenteil. Die künstliche Intelligenz wurde als Luftschloss abgetan. Tatsächlich ereigneten sich jedoch im Stillen weitere langsame Fortschritte. Als Einschnitt gilt vielen die erste Niederlage eines amtierenden menschlichen Schachweltmeisters gegen einen Computer 1997 (Kasparow gegen Deep Blue).

Im Schach haben Menschen Computern seit über zehn Jahren absolut nichts mehr entgegenzusetzen. Doch im noch viel komplexeren Go, einem chinesischen Spiel, galt dies noch nicht. Hier waren Computer den stärksten Menschen über Jahrzehnte klar unterlegen, und viele erwarteten, dass dies auch so bleiben würde, da im Go eine Berechnung konkreter Zugvarianten viel schwerer ist und es mehr auf »intuitive« Mustererkennung ankommt. Im März 2016 schlug das Programm AlphaGo jedoch einen der weltweit stärksten Spieler und im Mai 2017 auch den amtierenden Weltmeister. Noch bemerkenswerter: Nur wenige Monate zuvor war das Programm wesentlich schwächer gewesen. Durch rekursives Lernen hatte es selbst rapide Verbesserungen erzielt.

Die Beispiele verdeutlichen, dass wir die Geschwindigkeit, mit der sich künstliche Intelligenz entwickelt, nur schwer abschätzen können und plötzliche »Explosionen« der Leistung möglich sind. Wir können uns nicht sicher sein, ob in anderen Bereichen, etwa beim maschinellen Verständnis menschlicher Sprache, nicht auch eines Tages ähnlich plötzliche Verbesserungen wie beim Go-Spiel geschehen können. Dies wirft die Frage auf, inwieweit unsere Gesellschaften auf die Konsequenzen vorbereitet sind. Es ist Leuten wie Yudkowsky oder auch Nick Bostrom zu verdanken, die daraus folgenden Fragen in die öffentliche Debatte gerückt zu haben.

Die Diskussion der Risiken künstlicher Intelligenz krankt oft daran, dass wir falsche Vorstellungen davon haben, wie diese Risiken aussehen. Das Problem sind nicht so sehr Szenarien wie aus Filmen wie *Terminator* oder *Matrix*, in denen Maschinen die Macht übernehmen und die Menschheit aktiv versklaven. Vielmehr besteht die Gefahr, dass wir immer komplexere Aufgaben an Algortihmen delegieren und deren Entscheidungswege nicht mehr nachvollziehen können. Es stellt sich dann das Problem der *value alignment* (»Übereinstimmung von Werten«): Wie können wir sicherstellen, dass die Entscheidungen menschlichen Werten entsprechen, wenn wir selbst die intuitiven menschlichen Entscheidungswege nur schwer erklären können? Das Extrembeispiel einiger Theoretiker ist der sogenannte Büroklammernmaximierer, eine gedachte Maschine, die auf die Produktion einer großen Zahl von Büroklammern programmiert wurde. Wenn diese Maschine nun ein höheres Maß an problemlösender Intelligenz erlangt, ohne dass sich an ihrer Zielsetzung etwas verändert, würde sie im Extremfall versuchen, die Kontrolle über alle Ressourcen des Planeten zu übernehmen, um diese der Büroklammernproduktion zuzuführen.

Das Problem: Wir wissen nicht wirklich, wie Menschen eigentlich entscheiden, wann man von einem solchen Ziel abrücken kann – wie kann es dann in eine Maschine einprogrammiert werden?

Etwas weniger weit hergeholt als dieses Beispiel sind Fragen aus der Medizinethik. Die meisten Menschen würden zustimmen, dass es ein sinnvolles Ziel ist, möglichst viele Leben zu retten. Dennoch lehnen die allermeisten ab, einen gesunden Menschen zu töten, um mit seinen Organen fünf andere Todkranke zu heilen, die andernfalls sterben müssten. Über die Antwort auf die Frage besteht Einigkeit, aber wenn man nach der Argumentation fragt, zeigt sich, dass die wenigsten ihre Position schlüssig begründen können.

Wie aber soll man dann Programmen, die im Medizinsektor die Verwendung knapper Ressourcen steuern sollen mit dem Ziel, möglichst viele Leben zu retten, solche Grundsätze einimpfen, wenn wir ihre logische Begründung nicht wirklich kennen? Wird die künstliche Intelligenz auch uns Forecaster demnächst ersetzen?

Ich wage dazu keine allzu entschiedene Prognose. Bereits jetzt benutzen wir ja in bestimmten Bereichen Computermodelle, zum Beispiel beim Wetter. Bei den schwerer modellierbaren Fragen über politische Entwicklungen können Algorithmen heute noch nichts beitragen, aber das kann sich potenziell sehr schnell ändern. Das maschinelle »Verständnis« menschlicher Sprache könnte ähnlich rapide Fortschritte machen, wie wir sie in anderen Bereichen gesehen haben. Für die nächsten zehn Jahre bin ich mir aber recht sicher, dass wir menschlichen Forecaster nicht vollständig überflüssig werden. Wahrscheinlich müssen wir aber Wege finden, für Teile unserer Arbeit auch zunehmend auf künstliche Intelligenz zur Unterstützung zurückzugreifen.

Die Rationalistenszene vereint viele hochintelligente Menschen, und es gibt in ihren Foren und Veröffentlichungen reichlich hervorragendes Material über Anwendung von Methoden zur Prognose. Alle hier genannten Individuen haben Texte verfasst, die mein Denken hierzu maßgeblich beeinflusst haben. Allerdings zeigt die Szene auch zum Teil fragwürdige, geradezu sektiererische und letztlich auch wenig rationale Züge. So werden einzelne Denker von ihren Anhängern geradezu verehrt und für nahezu unfehlbar, zumindest aber zum schlauesten Menschen, der je gelebt hat, erklärt. Auch werden aufbauend auf einzelnen Gedankenexperimenten, zum Beispiel darüber, ob Menschen in einer Computersimulation leben, Vorstellungen entwickelt, die ich nur als quasireligiös, nicht jedoch als rational bezeichnen kann. Es verhält sich mit Rationalität (beziehungsweise dieser speziellen Form davon) ähnlich wie mit vielen anderen Dingen: Die Dosis macht das Gift. Der Versuch, das eigene Leben oder ganze Gemeinschaften entlang dieser Prinzipien zu organisieren, führt auf merkwürdige Pfade.

Entwicklung der Prognose in Deutschland

Wie Sie bereits festgestellt haben, stammen praktisch alle der hier angesprochenen Entwicklungen im Bereich der Prognose aus den USA. Im Vergleich ist die deutsche Szene geradezu verschwindend gering. Wir sind insgesamt gerade einmal vier deutsche Superforecaster und öffentlich überwiegend wenig präsent. Viel schwerer wiegt jedoch die Tatsache, dass es in Deutschland bislang kaum eine öffentliche Debatte über die Frage gibt, wie gut unsere Experten in der Prognose sind und welche Präzision wir von ihnen erwarten können.

Die USA sind in dieser Hinsicht sicherlich nicht das gelobte Land; die Qualität von Prognosen in Medien, im wissenschaftlichen Bereich oder in den dort sehr einflussreichen Thinktanks ist wahrscheinlich insgesamt kaum besser als bei uns, möglicherweise durch die starke politische Polarisierung sogar eher schlechter. Was aber in den USA zu beobachten ist, ist eine Debatte, die durch die Werke von Silver, Taleb oder eben auch Tetlock angestoßen wurde, über die Möglichkeiten und Grenzen der Prognose und die Rolle von Experten darin. Eine wachsende

Zahl von öffentlich präsenten Experten legt inzwischen regelmäßig öffentlich Rechenschaft über eigene Prognosen ab und diskutiert dabei auch eigene Fehler. Vergleichbares sieht man in Deutschland kaum, dabei täten auch wir gut daran, uns dem Thema verstärkt zu stellen. Es wäre illusorisch zu glauben, Deutschland werde auf ewig eine Insel der wirtschaftlichen und politischen Stabilität bleiben. Für unsere geografische Nachbarschaft in Osteuropa und dem Nahen Osten gilt dies noch viel stärker, auch hier müssen wir dringend die Analyse der dominierenden Experten in Medien und politischen Stiftungen einer kritischeren Überprüfung unterziehen. Ich hoffe, dieses Buch kann einen kleinen Beitrag hierzu leisten.

Fünf Prognosen zu aktuellen Themen

Nachdem ich nun zehn Kapitel lang über die Notwendigkeit gesprochen habe, Prognosen abzugeben, um sie später überprüfen zu können, sollen nun fünf Prognosen zu aktuellen politischen, wirtschaftlichen und technologischen Themen folgen. Ich beurteile die Sicherheit meiner Einschätzung mit jeweils 80 Prozent, erwarte also, dass vier der fünf Prognosen sich als korrekt erweisen werden.

1. Innerhalb der nächsten zehn Jahre wird, anders als von vielen verkündet, im Labor aus Zellkulturen hergestelltes Fleisch keine signifikante Rolle auf dem Lebensmittelmarkt spielen (eine »signifikante Rolle« wäre ein Verzehr von mehr als ein Kilogramm im Jahr pro Bürger). Die technischen Schwierigkeiten, die im Labormaßstab bereits mögliche Herstellung auf industrielle Größenordnungen zu übertragen, werden zu groß bleiben.

2. Elektroautos werden nicht, wie immer wieder angekündigt, innerhalb einiger Jahre von einem Nischenprodukt zur dominanten Technologie werden. Stattdessen werden wir über einen Zeitraum von mehr als zehn Jahren ein Nebeneinander von Elektroautos und Verbrennungsmotor sehen, mit Marktanteilen jeweils zwischen 25 und 75 Prozent. Die Herausforderungen im Bereich Infrastruktur (Ladestationen) bleiben zu groß, und bei zu starkem Wachstum des Elektromarktanteils würden auch einige Rohstoffe wie Lithium oder Kobalt global knapp werden. Auch behält der Verbrennungsmotor gewisse Vorteile bezüglich Reichweite und Kosten, weshalb er nicht ganz verschwinden wird.

3. Die Eurozone bleibt, allen Unkenrufen zum Trotz, in den nächsten zehn Jahren im Wesentlichen erhalten. Einzelne Länder könnten sie zwar verlassen, der größte Teil aber, mindestens 75 Prozent in Bezug auf Bevölkerung und Wirtschaftskraft, wird den Euro als Zahlungsmittel behalten.

4. Die Demokratisierung der arabischen Welt, auf die viele noch vor einigen Jahren große Hoffnungen setzten, bleibt aus. In den nächsten fünf Jahren wird kein anderes arabisches Land außer Tunesien von Freedom House als »frei« eingestuft werden. Vermutlich auch nicht in den nächsten zehn, darin wäre ich mir aber nicht mehr zu 80 Prozent sicher, sondern nur noch zu 60 Prozent.

5. Der Berliner Flughafen BER wird an der jetzigen Stelle vermutlich nie in Betrieb gehen. Ich habe bereits mehrere Wetten gegen einzelne Eröffnungstermine gewonnen und bin inzwischen davon überzeugt, dass es dazu nicht mehr kommen wird. Was das Projekt endgültig scheitern lassen wird, weiß ich nicht, aber angesichts der bisherigen Probleme erscheint

eine erfolgreiche Fertigstellung praktisch ausgeschlossen. Um dies zu beurteilen, muss man übrigens kein Bauingenieur sein und die Probleme der Baustelle im Detail kennen. Das komplizierte System BER-Baustelle verrät dem Beobachter durch sein Verhalten, nämlich eine schwerwiegende Panne nach der anderen zu produzieren, genug über sich selbst. Auch dies ist eines der zentralen Themen Talebs und wird von ihm Lindy-Prinzip genannt. Je mehr Pannen und Verschiebungen ein Projekt bisher hatte, desto mehr sollte man in Zukunft noch erwarten; umgekehrt: Je älter etwas Nichtlebendiges wie ein Gebäude oder auch eine Organisation ist, desto höher ist seine Restlebenserwartung.

Ich hoffe, Sie werden mich in Zukunft an diesen Vorhersagen messen, und danke Ihnen, liebe Leserinnen und Leser, dass Sie mir bis hierhin gefolgt sind.

Die zehn goldenen Regeln der Prognose

1. Zeichnen Sie Ihre Vorhersagen auf. Wählen Sie dafür klar definierte Fragen. Im Rückblick muss die Antwort als richtig oder falsch bestimmbar sein.

2. Wählen Sie weder zu leichte noch zu schwere Fragen, sondern finden Sie den *sweet spot,* wo Vorhersage schwierig, aber möglich ist. Dazu zählt auch ein sinnvoller Zeithorizont.

3. Nehmen Sie eine Außenperspektive auf Ihre Frage ein und finden Sie sinnvolle Vergleichsklassen.

4. Bestimmen Sie, wenn möglich, näherungsweise eine (historische) Basisrate. Überlegen Sie: Wie würde sich die Wahrscheinlichkeit bei doppelt oder halb so langem Zeitrahmen verändern?

5. Recherchieren Sie weitere Informationen offen und ohne ideologische Scheuklappen. Das bedeutet auch, sich von eigenen Wünschen und Ängsten frei zu machen. Ereignisse werden nicht wahrscheinlicher, weil Sie sie fürchten oder auf sie hoffen.

6. Beurteilen Sie Experten in dem Gebiet kritisch, ohne alles zu ignorieren, was sie sagen. Überprüfen Sie die vergangene Bilanz der Experten bei der Vorhersage.

7. Reflektieren Sie immer wieder den eigenen Denkprozess. Sehen Sie nur noch Informationen, die Ihre bisherigen Annahmen bestätigen? Überschätzen Sie die Gesetzmäßigkeit bestimmter Zusammenhänge auf der Basis von viel zu wenigen Beispielen?

8. Tauschen Sie sich, wenn möglich, mit anderen aus, die an dem Gegenstand Interesse haben. Können diese eine neue Perspektive auf die Dinge zeigen?

9. Aktualisieren Sie Ihre Einschätzungen im Lichte neuer Informationen. Zeichnen Sie auf, wann Sie die Änderungen vollzogen haben und warum.

10. Werten Sie die eigenen Prognosen im Rückblick aus und betreiben Sie schonungslose Fehleranalyse. Vergessen Sie aber nicht: Eine gewisse Fehlerrate haben auch die besten Forecaster, und manchmal muss man sich auf der »falschen Seite von vielleicht« wiederfinden.

Auflösungen

Fragen und Auflösungen von Seite 120 f.:

1. In welchem Jahr wurde Mao Tse-tung geboren? (1893)
2. Wie groß ist die Entfernung zwischen Moskau und Neu-Delhi (Luftlinie)? (4338 Kilometer)
3. Wie viele Militärputsche ereigneten sich im 20. Jahrhundert in Bolivien? (13)
4. Wie viele gültige Stimmen wurden bei der iranischen Präsidentschaftswahl 2017 insgesamt abgegeben? (circa 41 366 000)
5. Wie groß war der Umsatz der gesamten US-amerikanischen Heimtierfutterindustrie in 2016? (24,6 Milliarden Dollar)
6. Wie groß war die indonesische Stromproduktion in 2016 in Milliarden Kilowattstunden? (circa 180 Milliarden)
7. Wie viele Einwohner hat Burkina Faso (Stand 2016)? (17,3 Millionen)
8. Wie groß war der finnische Verteidigungshaushalt in 2016? (2,66 Milliarden Euro)
9. In welchem Jahr fand die Massentaufe der Kiewer Rus, das wichtigste Einzelereignis der Christianisierung Russlands, statt? (988)
10. Wie viele Flugzeuge umfasst die Flotte der australischen Luftlinie Qantas (Stand 2016)? (118)
11. Welcher Prozentsatz der Bevölkerung Nigerias lebt im Großraum Lagos? (circa 12 Prozent)
12. Wie viele Hubschrauber verloren die sowjetischen Streitkräfte in Afghanistan zwischen 1979 und 1989? (333)
13. Wie viele Menschen starben in Deutschland in 2016 an Lungenkrebs? (40 000)

14. In welchem Jahr wurde Ayatollah Khomeini geboren? (1902)
15. Wie viele Kraftfahrzeuge, inklusive motorisierter Zweiräder, wurden in 2016 in Indien zugelassen? (circa 22 Millionen)
16. Wie lang ist die Landgrenze zwischen Kolumbien und Venezuela? (2219 Kilometer)
17. Wie groß war der Wert der argentinischen Sojaexporte in 2015 in US-Dollar? (circa 18 Milliarden Dollar)
18. Wie groß ist die Fläche des Kaspischen Meeres? (371 000 Quadratkilometer)
19. Wie hoch lag das chinesische Staatsdefizit in 2016 in US-Dollar? (413 Milliarden)
20. Wie viele Kilometer umfasst das U-Bahn-Netz von Madrid? (293 Kilometer)

Frage von Seite 182:
Wie hoch ist die Wahrscheinlichkeit nach 20 Würfen mit 16-mal Zahl?

- Die Lösung lautet: Nach zehn Würfen ist die Wahrscheinlichkeit 43 Prozent, nach 20 Würfen 84 Prozent.

Frage von Seite 191:
Wie viele Klavierstimmer gibt es im Großraum Chicago?

- Die Lösung lautet: Es gibt 290 Klavierstimmer in Chicago.

Literaturempfehlungen

Bücher

Bostrom, Nick: *Superintelligenz – Szenarien einer kommenden Revolution,* Berlin 2016.

Franklin, James: *The Science of Conjecture: Evidence and Probability before Pascal,* Baltimore 2001.

Kahneman, Daniel: *Schnelles Denken, langsames Denken,* München 2012.

Silver, Nate: *Die Berechnung der Zukunft: Warum die meisten Prognosen falsch sind und manche trotzdem zutreffen,* München 2013.

Taleb, Nassim: *Der Schwarze Schwan: Die Macht höchst unwahrscheinlicher Ereignisse,* München 2008.

Tetlock, Philip E.: *Expert Political Judgment – How Good Is It? How Can We Know?,* Princeton 2005.

Tetlock, Philip E., Gardner, Dan: *Superforecasting – Die Kunst der richtigen Prognose,* Frankfurt a. M. 2016.

Internetquellen

Bryan Caplan: http://econlog.econlib.org/authorbcaplan.html

Good Judgment Inc.: www.goodjudgment.com

Good Judgment Open: www.gjopen.com

Less Wrong: www.lesswrong.com

Robin Hanson: www.overcomingbias.com

Slate Star Codex: www.slatestarcodex.com

Dank

Die Zahl der Menschen, ohne die dieses Buch niemals das Licht der Welt erblickt hätte, ist lang. Besonderen Dank möchte ich aussprechen an: die Inititatoren des originalen Projekts, Phil Tetlock und Terry Murray, außerdem Warren Hatch und David Warwynen, die mich organisatorisch bei der Recherche unterstützt haben; Jan Pelkofer, Alexander Kuprianov, Martina Diehn, Michael Kneissler, Anna Shmaev, Daniel Wichmann, Iris Forster und Nadine Lipp, die das Buch in verschiedenen Stadien mit auf den Weg zu bringen geholfen haben; meinen Superforecasterkollegen Mike Bishop, Asim Manizada, Nick Hare, Reed Roberts, Regina Joseph, Elaine Rich, Michael Story, Scott Eastman und Sander Wagner für Unterkunft, Mitarbeit und Anregung; Lydia Laurenson und Melanie Nazmy-Ghandchi für guten Rat und zuletzt meiner Frau, Vanessa Jahn, für jahrelange Unterstützung auf meinem und unserem nicht immer einfachen Weg.

Register

9/11-Anschläge 58, 107

Abe, Shinzo 149 f.
Aden (Jemen) 11, 14
Ägypten 41, 113 f., 153
al-Assad, Baschar 125, 161, 218 f.
Alexander, Scott 89 f., 235 f.
AlphaGo 237
al-Qaida 59
Altertum 19–23
anchoring bias 148
Anker 112 ff., 116, 148
Anreizstruktur 38 ff., 55, 59, 107
Apartheid 46
Apophänie 126 f.
Äquatorialguinea 65, 116, 207, 228
Arafat, Jassir 149 f.
Arausio, Schlacht von 23
Archilochos 50 f.
Athen 156
Atombombe 233
Auguren 19, 23
Auto 25, 27, 242

Bankenabwicklungsmechanismus 71 f.
Baseball 228 f.
Basisrate *(base rate neglect)* 109 ff., 115 ff., 133, 148, 151, 153, 167, 170, 183–188, 194, 196 ff., 245
Bauernregeln 29
Bayes, Satz von 108, 178–182, 189 f., 193, 201, 204, 219, 235, 237
– Kriminologie 186 ff.
– medizinische Fehldiagnosen 182–186
Bayes, Thomas 178 f.
Bear Sterns 23
Berlin, Isaiah 51
Berliner Flughafen BER 242 f.
Berliner Mauer 45
Bernoulli, Jakob 160
Beyth, Ruth 130
bias siehe Verzerrung
Binomialverteilung 152–167, 172
Bishop, Mike 15, 57, 60, 68
Börsencrash 198, 232
Brandt, Willy 132
Brier-Score 44, 64, 79, 143, 145, 149
Bruttoinlandsprodukt 20, 23, 174, 192
Bundesnachrichtendienst (BND) 59
Büroklammernmaximierer 238
Bush, George W. 59, 178

Cain, Hermann 202
Caplan, Bryan 236
Cardano, Gerolamo 152, 157, 159 f.
Cäsar, Gaius Iulius 23
China 45, 118 f., 130 f., 139, 149 f.
CIA 58, 81
Clairvoyance-Test 41, 65
Club of Rome 48

Colbert, Stephen 178
common sense Bayesianism 201–205
confirmation bias 102–108, 113, 133
Cruz, Ted 202

Delphi 21 f.
Delphimethode 73
Demokratie 139, 242
Diagnose, medizinische 25 ff.
DNA-Test 186 f.
Downsyndrom 185 f.

Eastman, Scott 80 ff.
E-Book 139
Einschätzung
–, Anpassung von 178–205
–, erste 108–123
Eiserner Vorhang 44
Elektromobilität 140, 242
Epidemie 176
Erklärjournalismus 223
Eurokrise 17, 71
Eurozone 242
Expert Political Judgment (EPJ) 42, 62, 91, 93, 122, 131, 133
Experten 19–56, 71
Expertendilemma 42–50
Extremisierung 164 f.

Facebook 208 f., 214
Fact-Checker-Seiten 222
Fake News 206, 222
– und Informationserschöpfung 210–214
Fat-Tailed-Verteilung 172, 174 f., 234
Fehldiagnosen, medizinische 182–186
Fermat, Pierre de 160
Fermi, Enrico 189
Fermi-Schätzung 189–194
Filterblase 206–211
–, ideologische 215–221
Finanzkrise 23, 17, 71, 107, 233
Finnland, Verteidigungshaushalt 120, 192
Fischhoff, Baruch 130
Fleisch aus Zellkulturen 241
Flüchtlinge 117, 209, 222
Frage, gute 139 ff.
Franz Ferdinand, Kronprinz 233
Freedom House 41, 242
Frühjahrsgutachten 20, 23, 35 ff., 40
Fukushima 193, 197

Galton-Brett 172
Geopolitik 15, 42 ff., 57, 60, 227
Glücksspiel 152, 157, 160
Go 237 f.
Good Judgment Inc. (GJI) 227
Good Judgment Project (GJP) 15, 42, 57–75, 77, 81 f., 87 f., 95, 106 ff., 119, 122, 133, 136, 140, 142, 145, 148, 162 f., 165, 176, 206, 208, 226, 230, 232, 234
Google 120, 190 f., 193, 207, 213
– Glass 139
Gorbatschow, Michail 48
Griechenland 38 f., 49, 71, 153
Größenordnungen 110–115, 117 f., 122 f., 142 f., 171–176, 189–193

Hanson, Robin 235
Hare, Nick 78, 207
Herbstgutachten 35 ff., 40
Herdentrieb 72, 107
Herodot 129

Heuristik 100
hindsight bias 127, 130, 133, 171, 222
Hisbollah 117 ff., 123, 175
HIV-Test 183 f., 187
Horizont, zeitlicher 142 ff.
Huthi 12

Igel und Fuchs 50–56, 62, 92 f.
Indien 54, 153, 201
Informationserschöpfung 210–214
Informationsfasten 213
Intelligence Advanced Research Project Activity (IARPA) 58, 60 ff., 64
Intelligenz, fluide/kristalline 85 f.
–, künstliche 237 ff.
Internationaler Währungsfonds (IWF) 38 f., 71
Intervall 120 ff.
IQ-Test 83 ff.
Irak 58 f., 107, 222
Iran
- Jemen 12
- Nuklearenergie 221
Islamischer Staat (IS) 219
Israel 117 ff., 123, 175
Italien 108–112, 115 f., 167 ff.

Jemen, Bürgerkrieg 11 f., 14
Joseph, Regina 82, 139
Jugoslawien 55

Kahneman, Daniel 96 ff., 102, 112 f., 124
Kalibrierung 44, 145 ff.
Kalter Krieg 131, 199
Kasparow, Garri 237
Kassandra 128 f.
Katzen haben Sex in Seattle 190 f.
Keynes, John Maynard 135
Khomeini, Ayatollah 121
Kim Jong-un 87
Kimbrer, Krieg gegen 19, 22
Klavierstimmer im Großraum Chicago 191
Kochtopf auf Herd 24, 27
Konjunkturprognose 20, 33–42
Körpergröße 173
Krebs 184 f.
Krieg 170 f.
Kriminologie 186 ff.
Krösus, König 129
Kubakrise 200
Kubrick, Stanley 138

Laie, informierter 57–75
Laplace, Pierre-Simon 160
Lateinamerika, Militärdiktaturen in 45, 47, 139
Lazarsfeld, Paul 132
Leberschau 20, 22
Lehman Brothers 23
Lem, Stanisław 138
Lindy-Prinzip 243
Lorch, Doug 215 f.
Lorenz, Edward 29 f., 32
Lungenentzündung 26

Mallius Maximus, Gnaeus 19, 23
Mammografie 184 f.
Manizada, Asim 79, 82
Mao Tse-tung 120
Medizinethik 238 f.
Mellers, Barbara 61, 91
Merkel, Angela 222
Mesopotamien 153, 156

Minto, Tim 98
Moore, Don 61
Murray, Terry 61

Nachrichtendienste 15 f., 58 ff., 64 f., 207
Nahost-Friedensprozess 46
narrative bias 125
NATO 17, 140 f.
Netanjahu, Benjamin 17 f.
Nixon, Richard 130
Normalverteilung 172 ff.
Nuklearreaktorkatastrophe 193–198
Nuklearwaffenkrieg 198 ff.

Obama, Barack 12, 57, 220, 224, 230
Obamacare 223
Ödipus, König 128 f.
Offenheit 91–96
Orakel 21 f.
Ostukraine 17

Pakistan 201
Pascal, Blaise 160
Phantom von Heilbronn 186
Poisson, Siméon Denis 168
Poisson-Verteilung 167–171, 177, 194, 200
Polonium 149 f.
prediction market 13
Prognose siehe Vorhersage
Prognosemarkt 11, 74
Prophezeiung, selbsterfüllende/zerstörende 34 f., 49
Putin, Wladimir 144, 223 f.

Ramanujan, Srinivasa 89
Rationalisten 235–240
Raven-Matrix 85 f.
Reagan, Ronald 132
Regenwahrscheinlichkeit 31 f.
Rezession 37 f., 49
Rich, Elaine 81 f.
Rom 19–23, 153
Rückkopplung, positive/negative 34
Rückschauverzerrung *(hindsight bias)* 126 f., 130 ff.
Russland
- Krim 17
- NATO 17, 140 f.
- Syrien 217
- US-Wahlkampf 223 f.

Sanhedrin 154 f., 161
Saudi-Arabien, Jemen 11 f., 14
Schach 88 f., 98, 237
Schmetterlingseffekt 29 f., 32
Schock, exogener 54
Science-Fiction 138
scope insensitivity 115, 118 f., 123, 171
Selbsteinschätzung 62, 91–95
Selbstüberschätzung 131 f.
self-defeating prophecy 49
Silver, Nate 78, 203 f., 228–232, 240
Snopes 223
Soldat 132
Sowjetunion
–, Ende der 44, 47 f., 53, 55, 132
- Nuklearreaktorkatastrophe 196 f.
- Nuklearwaffenkrieg 199 f.
- SALT-I-Vertrag 131
- Zusammenbruch 132
Sport 228 f.
Standardabweichung 172 f.

Sternbeobachtung 21
Südafrika 46
sunk cost fallacy 105
Superforecaster 13 f., 16 ff., 68 ff., 73 f., 76–95, 98, 106, 127, 133, 139, 145, 149 f., 166, 177, 202, 207, 210 ff., 215 f., 224–228, 230, 233 ff., 240
- Fähigkeiten 87–95
- Konferenz 77–82
Supermarkt 13, 74
Syrien 125, 161, 217, 224
System 1 und 2 (Kahneman) 97–101, 112, 115
Szenarioübung 55, 125

Taleb, Nassim 232 ff., 240, 243
Technikprognosen, langfristige 134–139
Teilungsproblem 157
Telearbeit 135 f.
Telekom-Aktie 105
Tetlock, Philip E. 42 ff., 50 ff., 54 f., 61 f., 91, 131, 133, 234, 240
Traumdeutung 21
Troja 128 f.
Trump, Donald 105, 206, 210, 215, 217, 221, 224, 230 f.
- und *common sense Bayesianism* 201–205
Tschernobyl 194
Tversky, Amos 96, 98, 113
Twitter 214, 234

Überbevölkerung 48 f.
urban legends 223
Urne
- mit Münzen 179 ff.
- mit schwarzen und weißen Kugeln 162 ff., 179
USA
- Abschiebungen 118
- Bevölkerungswachstum 137
- Jemen 11 f.
- Nuklearwaffeneinsatz 198 f.
- Syrien 217 ff.
- Wahlkampf 223 f., 228 ff.

Valentin, Karl 128
value alignment 238
Verfügbarkeitsheuristik 100 ff., 111, 124
Vergangenheit, Fortschreiben der 127 f.
Verknüpfungstäuschung 123 ff.
Verschwörungstheorie 224
Verzerrung *(bias)* 28, 96 f., 99 ff., 112 f., 115, 117, 124 ff., 130 f., 133, 146, 171, 209, 222, 228 f., 235, 237
Virtual Reality 138
Vision 21
Vogelgrippe 117, 176
Vogelschau 19 f., 22
Vorhersage 16
- zu aktuellen Themen 241 ff.
- Aufzeichnung 18, 101, 133 f., 144, 202, 245 f.
-, Auswertung der eigenen 144–151
- Definition 24–28
- Entwicklung in Deutschland 240 f.
-, falsifizierbare 41
-, goldene Regeln der 245 f.
-, kurz-/langfristige 53, 62, 74, 133–139

- Markt 74
-, probabilistische 27, 43 f., 143, 151, 235
- Status und Präzision 46 f., 55 f.
-, Zukunft der 226–243
Vox 223

Wachstumsprognose 20, 23, 36–40, 49 f., 174
- Griechenland 38 f., 49
Wahlumfragen 229 ff.
Wahrscheinlichkeit 43 ff., 108–112, 115–120, 122, 127, 142 f., 152–177
-, A-priori- 179 f., 182 f.
- historische Entwicklung 153–157, 166
Wahrscheinlichkeitsrechnung 166, 177 f.
-, inverse 179
Waldsterben 50
Watkins, John Elfreth 136 f.
Wechsler-Test 83
Weltwirtschaft 37, 48 f.
Wettervorhersage 25, 27–34, 36 f., 40, 44, 101, 143, 239
Wikipedia 109, 207
Wirtschaftsforschungsinstitute 20, 35, 39
Wulff, Christian 67 f.
Würfelspiel 152, 159 f., 166

Yasukuni-Schrein 149 f.
Yudkowsky, Eliezer 237 f.

Zufall 70, 166 f., 232
Zusammenhang, kausaler 126